PONS

Schulgrammatik PLUS
DEUTSCH

Umfassend nachschlagen, verstehen, wissen

von Elke Hufnagel

PONS GmbH
Stuttgart

PONS

Schulgrammatik PLUS DEUTSCH

Umfassend nachschlagen, verstehen, wissen

von Elke Hufnagel

Auflage A1 5 4 3 2 1 / 2012 2011 2010 2009

Redaktion: Bettina Höfels
Logoentwurf: Erwin Poell, Heidelberg
Logoüberarbeitung: Sabine Redlin, Ludwigsburg
Einbandgestaltung: Schmidt & Dupont, Stuttgart
Layout/**Satz:** grundmanngestaltung, Karlsruhe
Druck und Bindung: L.E.G.O. S.p.A., in Lavis (TN)

Printed in Italy.
ISBN: 978-3-12-561442-0

So benutzt du dieses Buch

Die **PONS Schulgrammatik Plus – Deutsch** bietet dir Erklärungen und übersichtliche Darstellungen zu allen Grammatikthemen, die du für die Schule wirklich brauchst.
Mit dem besonderen Plus – den Hinweisen zu den wichtigsten **Regeln der Rechtschreibung und Zeichensetzung**, die plausibel in die Grammatik eingebettet sind – ist diese Grammatik ein idealer Begleiter durch deine gesamte Schullaufbahn.

Wenn du die deutsche Grammatik auf einfache und verständliche Weise wiederholen oder Fragen gezielt nachschlagen möchtest, bist du hier genau richtig.
Diese Grammatik bietet dir eine übersichtliche Darstellung der aktuellen deutschen Sprache, und die klar formulierten Regeln werden durch aussagekräftige Beispiele veranschaulicht.
Das ausführliche **Inhaltsverzeichnis** und das umfangreiche **Stichwortregister** führen dich schnell zur Lösung deiner Frage.

Auch die **Regeln zur Rechtschreibung und Zeichensetzung** kannst du mithilfe der beiden Verzeichnisse einfach und schnell nachschlagen.
Darüber hinaus sind die Regeln direkt in die Grammatik eingebettet. Immer wenn man aus der Grammatik heraus einen sinnvollen Bogen zu wichtigen Regeln der Rechtschreibung und Zeichensetzung schlagen kann, findest du am Seitenrand eines der folgenden Symbole:

R1 Dieses Zeichen verweist auf eine Verknüpfung mit wichtigen Regeln zur Rechtschreibung.

Z1 Dieses Symbol zeigt an, dass hier wichtige Regeln zur Zeichensetzung zu beachten sind.

Die entsprechenden Regeln findest du dann gleich im Anschluss des Kapitels. Zur besseren Übersicht sind die Regeln der Rechtschreibung orange hinterlegt, die Regeln zur Zeichensetzung stehen auf grauem Untergrund.

Viel Spaß und Erfolg mit deiner Schulgrammatik Plus!

Inhaltsverzeichnis

Inhalt

Inhaltsverzeichnis

Bausteine der Sprache

Laute (Vokale, Konsonanten)

Laute sind die kleinsten Bausteine der gesprochenen Sprache. Sie werden in der geschriebenen Sprache mit Buchstaben wiedergegeben. Der deutschen Schriftsprache liegt das lateinische Alphabet zugrunde.

a b c d e f g h i j k l m n o p q r s t u v w x y z
A B C D E F G H I J K L M N O P Q R S T U V W X Y Z

Wir unterscheiden **Vokale** (Selbstlaute) und **Konsonanten** (Mitlaute).

Zu den einfachen Vokalen gehören die Grundvokale *a, e, i, o, u* und – eine Besonderheit des Deutschen – die so genannten Umlaute *ä, ö, ü*. Daneben werden den einfachen Vokalen die **Diphthonge** (Doppellaute, Zwielaute) *ei, ai, au, eu* und *äu* zugeordnet.

	GRUNDVOKALE	UMLAUTE
Einfache Vokale	a, e, i, o, u	ä, ö, ü,
Diphthonge	ei, ai, au, eu	äu

Das *y* wird meistens wie ein *ü* gesprochen.

Hyazinthe, Hymne, Myrthe, Physik

R 24-62 Alle anderen Laute werden Konsonanten genannt.

b, c, d, f, g, h, j, k, l, m, n, p, q, r, s, ß, t, v, w, x, z

R 1-23 Es gibt im Deutschen lang und kurz gesprochene Vokale. Einen betonten Vokal sprichst du in aller Regel lang, wenn nur ein oder gar kein Konsonant folgt. Kurz sprichst du ihn meistens, wenn zwei oder mehr Konsonanten folgen.

AUSSPRACHE DER VOKALE

GRUNDVOKALE		UMLAUTE	
LANG	KURZ	LANG	KURZ
N**a**me	D**a**ch	J**ä**ger	**Ä**rger
Esel	W**e**lle	l**ö**sen	**ö**fter
Pr**i**se	St**i**mme	W**ü**ste	B**ü**rger
Oper	kl**o**pfen		
Literat**u**r	s**u**rren		

Silben

Wörter setzen sich aus **Sprecheinheiten** zusammen, die man **Silben** nennt. Es gibt einsilbige und mehrsilbige Wörter. Wenn du mehrsilbige Wörter langsam aussprichst oder vorliest, kannst du die Pausen zwischen den einzelnen Silben hören. R 63-74

Wind, Baum, Blatt	(einsilbig)
Ba-na-ne, A-pri-ko-se	(mehrsilbig)

Wir unterscheiden offene und geschlossene Silben. Offene Silben enden mit einem Vokal, geschlossene Silben mit einem oder mehreren Konsonanten.

Scho-ko-la-de	(offene Silben)
lang-sam	(geschlossene Silben)

Offene Silben müssen nicht immer einen Konsonanten enthalten. Sie können auch mit einem einzigen Vokal oder Diphthong gebildet werden.

U-fer, **A**-pri-ko-se	(Vokal)
Eu-le, **Au**-la	(Diphthong)

Wortbausteine

Viele Wörter im Deutschen bestehen aus mehreren Elementen. Wir nennen diese Elemente **Wortbausteine** und unterscheiden dabei den **Wortstamm**, das **Präfix** (Vorsilbe) und das **Suffix** (Endung).

Einfache Wörter besitzen immer nur einen Wortstamm, Zusammensetzungen aus mehreren Wörtern haben entsprechend mehr Stämme. Wörter ohne einen Wortstamm gibt es nicht.

Bahn Fahrt ⟶ Bahnfahrt   hell wach ⟶ hellwach

Präfixe und Suffixe sind keine selbstständigen Wortbausteine, sondern ergänzen den Wortstamm. Sie haben verschiedene Funktionen. Zunächst werden sie bei der Flexion von Wörtern verwendet, also immer dann, wenn ein Wort seiner grammatischen Funktion im Satz entsprechend verändert und gebeugt wird. Man nennt sie **Flexionspräfixe** bzw. **Flexionssuffixe**. Dabei gilt: Das Präfix steht immer vor, das Suffix stets nach dem Stamm.

spend-en	er spend-ete	sie hat ge-spend-et	(Präfix/Suffix)
sing-en	sie sing-t	sie haben ge-sung-en	(Präfix/Suffix)

Daneben gibt es im Deutschen aber auch etliche Präfixe und Suffixe, mit denen vorhandene Wörter in neue abgewandelt werden können. Diese Vorsilben und Endungen nennt man **Ableitungspräfixe** bzw. **Ableitungssuffixe.** Auch für sie gilt: Das Präfix steht immer vor, das Suffix nach dem Stamm.

be-fahr-bar	un-be-fahr-bar	(Präfix/Suffix)
un-zer-trenn-lich	un-freund-lich	(Präfix/Suffix)

Wortbildung

Es sind vor allem die drei Wortbausteine (Stamm, Präfix, Suffix) und Kombinationen daraus, die es uns ermöglichen, bestehende Wörter in neue umzuformen und dabei ihre Bedeutung zu verändern oder anders einzufärben.

Werden mit Hilfe der Wortbausteine bestehende Wörter in neue abgewandelt, sprechen wir von **Wortbildung**. Zu den wichtigsten Spielarten der Wortbildung zählen **Ableitungen** und **Zusammensetzungen**.

Ableitungen

Ableitungen mit Präfixen und Suffixen

Neben den so genannten Flexionspräfixen und -suffixen gibt es im Deutschen **Vorsilben** und **Endungen**, mit denen vorhandene Wörter in neue abgewandelt werden können. Mitunter wird dabei der ursprüngliche Wortsinn sogar ins Gegenteil verkehrt.

Solche Neubildungen, bei denen einem bestehenden Wort Vorsilben und Endungen hinzugefügt werden, heißen auch **Ableitungen.** Die Vorsilben und Endungen nennt man **Ableitungspräfixe** und **Ableitungssuffixe.** In der folgenden Übersicht sind die gebräuchlichsten Präfixe und Suffixe, mit denen neue Wörter gebildet werden können, zusammengestellt.

PRÄFIXE		SUFFIXE			
ge-	**ge**brauchen	-lich	freund**lich**	-schaft	Erb**schaft**
be-	**be**stehen	-ig	trau**rig**	-ei	Lecker**ei**
er-	**er**richten	-isch	kind**isch**	-nis	Ergeb**nis**
ver-	**ver**brauchen	-bar	straf**bar**	-ieren	telefon**ieren**
zer-	**zer**reißen	-haft	leb**haft**	-eln	wirb**eln**
ent-	**ent**schließen	-sam	acht**sam**	-weise	glücklicher**weise**
Miss-	**Miss**geschick	-los	freud**los**	-s	recht**s**
miss-	**miss**verstehen	-ung	Erwart**ung**		
Ge-	**Ge**schenk	-heit	Kind**heit**		
Un-	**Un**glück	-keit	Sauber**keit**		
un-	**un**möglich	-igkeit	Genau**igkeit**		
Ur-	**Ur**ahne	-tum	Reich**tum**		
ur-	**ur**komisch	-er	Fahr**er**		

Häufig ergeben sich bei Ableitungen unterschiedliche Wortarten: *Fahrer* (Nomen), *fahrig* (Adjektiv). Um welche Wortart es sich handelt, erkennst du meist an den Suffixen.

-lich, -ig, -isch, -bar, -haft, -sam, -los ⟶ Adjektiv
-ung, -heit, -keit, -igkeit, -tum, -er, -schaft, -ei, -nis ⟶ Nomen
-ieren, -eln ⟶ Verben
-weise, -s ⟶ Adverbien

Ableitungen mit Ablaut und Umlaut

Neue Wörter können auch mit Hilfe der so genannten **inneren Abwandlung** gebildet werden. Dabei wird ein Wort durch einen **Ablaut** oder durch einen **Umlaut** im Innern verändert.

ABLAUT

Ein Vokal oder Diphthong (*a, e, i, o, u, ei, au, eu*) wird durch einen anderen Vokal ersetzt. Das trifft auf viele Nomen zu, die von Verben abgeleitet sind.

w**a**chsen ⟶ W**u**chs
br**e**chen ⟶ Br**u**ch
h**e**lfen ⟶ H**i**lfe
gr**ei**fen ⟶ Gr**i**ff
fl**ie**ßen ⟶ Fl**u**ss

UMLAUT

Ein Grundvokal wird durch einen Umlaut (*ä, ö, ü, äu*) ersetzt. Oft wird diese Variante der Wortbildung noch mit angefügten Ableitungspräfixen oder -suffixen kombiniert.

z**a**hm	z**ä**hmen	K**u**nst	k**ü**nst-lich
L**a**st	l**ä**st-ig	t**u**mmeln	Ge-t**ü**mmel
r**o**t	r**ö**t-lich	M**au**s	M**äu**s-chen
Br**o**t	Br**ö**t-chen	T**au**	ver-t**äu**en

Ableitungen ohne Veränderungen

Daneben gibt es Ableitungen, die ohne die Anfügung von Präfixen oder Suffixen, auch ohne Ab- oder Umlaute gebildet werden. Lediglich die Wortart ändert sich. Man spricht in diesen Fällen von einer **Konversion**.

suchen (Verb)	→	Suche (Nomen)
Wechsel (Nomen)	→	wechseln (Verb)
Spiegel (Nomen)	→	spiegeln (Verb)
Tank (Nomen)	→	tanken (Verb)
kühl (Adjektiv)	→	kühlen (Verb)

Z1

Ableitungen mit Abkürzungen, Buchstabenwörtern und Kürzeln

Auch Verkürzungen von Wörtern werden der Wortbildung zugerechnet, denn mit ihnen lassen sich gleichfalls neue, oft formelhafte Bezeichnungen ableiten. Es gibt vor allem drei Varianten der Verkürzung vorhandener Wörter:

Abkürzungen

evtl.	eventuell	vgl.	vergleiche!
s.o.	siehe oben	z. B.	zum Beispiel
sog.	so genannt	Abs.	Absender
u. a.	und andere, und anderes, unter anderem, unter anderen	Dr.	Doktor
u.a.m.	und andere/anderes mehr	Nr.	Nummer
u.s.w.	und so weiter	S.	Seite
v.a.	vor allem	Str.	Straße
		Tel.	Telefon

Abkürzungen werden nur in der Schriftsprache verwendet, in der mündlichen Rede musst du sie vollständig aussprechen.

Z2

Buchstabenwörter

Man nennt Buchstabenwörter auch **Initialwörter**. Das *Initial* oder die *Initiale* heißt übersetzt *Anfangsbuchstabe*. Entsprechend bleibt bei dieser Variante der Verkürzung nur der Anfangsbuchstabe einer Wortform oder eines Wortteils übrig.

ARD	**A**rbeitsgemeinschaft der öffentlich-rechtlichen **R**undfunkanstalten der Bundesrepublik **D**eutschland
BRD	**B**undes**r**epublik **D**eutschland
CD	**c**ompact **d**isc (digitaler Datenträger)
DFB	**D**eutscher **F**ußball-**B**und
DVD	**d**igital **v**ersatile **d**isc (digitaler Datenträger)

EM	**E**uropa**m**eisterschaft
EU	**E**uropäische **U**nion
ICE	**I**nter**c**ity-**E**xpresszug
LKW/Lkw	**L**ast**k**raft**w**agen
OSZE	**O**rganisation für **S**icherheit und **Z**usammenarbeit in **E**uropa
PKW/Pkw	**P**ersonen**k**raft**w**agen
SMS	für engl. **S**hort **M**essage **S**ervice (Kurznachricht)
THW	**T**echnisches **H**ilfs**w**erk
UKW	**U**ltra**k**urz**w**elle
WM	**W**elt**m**eisterschaft

Buchstabenwörter kommen auch als Teile von Wortverbindungen vor. Einige von ihnen sind nur in solchen Verbindungen gebräuchlich.

HNO-Arzt	(**H**als-**N**asen-**O**hren-Arzt)	CD-Regal	EU-Kommission
U-Bahn	(**U**ntergrund-Bahn)	DFB-Pokal	ICE-Strecke

Buchstabenwörter können in der Schriftsprache verwendet werden. Gesprochen werden sie wie die Laute im Alphabet.

CD – [*ce de*]

Kürzel

Bei den so genannten Kürzeln fallen Teile des ursprünglichen Wortes weg.

Abo	Abonnement
Schalte	Schaltung im Fernsehen
Video	Videoband, Videoclip, Videofilm
Foto	Fotografie
Disko/Disco	Diskothek

Diese Kurzformen können ebenfalls als Teile von Wortverbindungen gebraucht werden.

Alufolie	Aluminiumfolie
Biofleisch	Fleisch aus natürlicher, artgerechter Haltung
Fotoalbum	Album für Fotografien
Ökostrom	umweltfreundlich gewonnener Strom
Schokokuss	mit Schokolade überzogenes Gebäck

Weitere Kurzformen, die so genannten **Silbenwörter**, werden mit den Anfangs- oder Schlusssilben eines Wortes gebildet.

Arge	**Ar**beits**ge**meinschaft	Kita	**Ki**nder**ta**gesstätte
Kripo	**Kri**minal**po**lizei	Trafo	**Tra**ns**fo**rmator

Z2 Einigen Kurzformen liegen Buchstabenwörter zugrunde. Sie werden aber wie Kürzel und nicht mit einzelnen Buchstaben gesprochen. Auch sie kommen als Teile in Verbindungen mit anderen Wörtern vor.

ESA	*[esa]*	**E**uropean **S**pace **A**gency (europäische Weltraumorganisation)
PISA	*[pisa]*	**P**rogramme for **I**nternational **S**tudent **A**ssessment, ein internationaler Vergleich von Schülerleistungen
TÜV	*[tüv]*	**T**echnischer **Ü**berwachungs-**V**erein
VIP	*[vip]*	**v**ery **i**mportant **p**erson (sehr wichtige, bekannte Person)

PISA-Studie
TÜV-Plakette
VIP-Lounge

Zusammensetzungen

Auch mit Hilfe so genannter Zusammensetzungen können im Deutschen bestehende Wörter in neue umgewandelt werden. Eine Zusammensetzung (Kompositum, Plural: Komposita) besteht aus zwei oder mehreren selbstständigen Wörtern. Dabei sind Verbindungen unterschiedlicher Wortarten möglich.

ZUSAMMENSETZUNGEN	WORTARTEN
Schlossgarten	Nomen + Nomen
Gehweg	Verb + Nomen
Leichtgewicht	Adjektiv + Nomen
Übermut	Präposition + Nomen
eilfertig	Verb + Adjektiv
messerscharf	Nomen + Adjektiv
überdeutlich	Präposition + Adjektiv
hochheben	Adjektiv + Verb
danksagen	Nomen + Verb
unterbringen	Präposition + Verb

Steht an erster Stelle einer Zusammensetzung ein Verb, entfällt die Infinitivendung *-en* oder *-n*.

geh~~en~~	+	Weg	→	Gehweg
bummel~~n~~	+	Zug	→	Bummelzug

Steht ein Nomen an erster Stelle, wird es oft durch ein so genanntes Fugenelement ergänzt (*-s*, *- es*, *- ens*, *- n*, *-er*).

Staat-**s**-minister
Eis-**es**-kälte
Herz-**ens**-wunsch
Sonne-**n**-schein
Kind-**er**-garten

Daneben können in Zusammensetzungen von mehreren Wörtern auch Präfixe und Suffixe vorkommen.

Be-gleit-**er**-schein-**ung** Luft-feucht-**igkeit**

Zusammensetzungen können weitere Verbindungen mit anderen zusammengesetzten Wörtern eingehen.

schreiben + Tisch → Schreibtisch
unter + Lage → Unterlage
Schreibtisch + Unterlage → Schreibtischunterlage

In Zusammensetzungen unterscheiden wir zwischen dem **Bestimmungs**- und dem **Grundwort**. Den **letzten Teil** einer Zusammensetzung bildet immer das so genannte **Grundwort**. Es entscheidet über die grammatischen Merkmale der gesamten Zusammensetzung, etwa über die Wortart und, bei Zusammensetzungen mit Nomen, auch über das Genus.

Bestimmungswort	+	**Grundwort**	→	**Wortart (Zusammensetzung)**
gehen (Verb)	+	**Weg** (Nomen)	→	Gehweg (**Nomen**)
leicht (Adjektiv)	+	**Gewicht** (Nomen)	→	Leichtgewicht (**Nomen**)
über (Präposition)	+	**Mut** (Nomen)	→	Übermut (**Nomen**)
eilen (Verb)	+	**fertig** (Adjektiv)	→	eilfertig (**Adjektiv**)
Messer (Nomen)	+	**scharf** (Adjektiv)	→	messerscharf (**Adjektiv**)
über (Präposition)	+	**deutlich** (Adjektiv)	→	überdeutlich (**Adjektiv**)
hoch (Adjektiv)	+	**heben** (Verb)	→	hochheben (**Verb**)
Dank (Nomen)	+	**sagen** (Verb)	→	danksagen (**Verb**)
unter (Präpostion)	+	**bringen** (Verb)	→	unterbringen (**Verb**)

Bestimmungswort	+	Grundwort	→	Genus (Zusammensetzung)
der Schlüssel	+	(**der**) Bund	→	**der** Schlüsselbund (**Maskulinum**)
der Schlüssel	+	(**die**) Blume	→	**die** Schlüsselblume (**Femininum**)
der Schlüssel	+	(**das**) Loch	→	**das** Schlüsselloch (**Neutrum**)
gehen	+	(**der**) Weg	→	**der** Gehweg (**Maskulinum**)
vor	+	(**die**) Gabe	→	**die** Vorgabe (**Femininum**)
leicht	+	(**das**) Gewicht	→	**das** Leichgewicht (**Neutrum**)

Das **Bestimmungswort**, das immer an **erster Stelle** einer Zusammensetzung steht, erläutert und bestimmt das Grundwort näher. Das kann mit unterschiedlichen Hinsichten geschehen, die deutlich werden, wenn man das Bestimmungswort umschreibt.

Gehweg	→	ein Weg, auf dem man geht (Eigenschaft)
taghell	→	so hell wie am Tag (Vergleich)
Schreibtisch	→	ein Tisch, an dem man schreiben kann (Zweck, Eigenschaft)
Gasexplosion	→	eine Explosion, die von Gas verursacht wird (Grund)

Rechtschreibung

Die Schärfung und Dehnung der Vokale

Jedes Wort im Deutschen enthält wenigstens einen Vokal, und oft hängt die Schreibung davon ab, ob der Vokal kurz oder lang gesprochen wird. Kurz gesprochene Vokale erfahren ihre Betonung durch die so genannte **Schärfung**, lang gesprochene werden durch eine **Dehnung** betont.

Schärfung

Schärfung durch Konsonantenhäufung

R1 Wird ein Vokal kurz und geschärft gesprochen, können ihm zwei oder mehr unterschiedliche Konsonanten folgen. Man spricht dann von einer **Konsonantenhäufung**. Meist kannst du die Konsonanten beim Hören unterscheiden.

Sche**rz** Su**mpf** sta**rt**en Ku**nd**e Ka**st**en

Schärfung durch Konsonantenverdoppelung

R2 Nach einem betonten kurzen Vokal können auch zwei gleiche Konsonanten stehen. Du musst in diesen Fällen den Konsonanten, den du hörst, beim Schreiben verdoppeln (**Konsonantenverdoppelung**).

We**tt**er	Sta**mm**	Me**ss**er
Ro**bb**e	spe**rr**en	re**nn**en
o**ff**en	Ri**pp**e	Ha**ll**e

Der Doppelkonsonant bleibt in allen verwandten Wörtern erhalten, auch bei veränderter Betonung.

spe**rr**en	Spe**rr**e	spe**rr**ig	Spe**rr**müll
Gruppe	gruppieren		

R3 Enden Nomen auf *-in*, *-nis*, *-as*, *-is*, *-os* oder *-us,* wird der Konsonant im Plural verdoppelt.

Freund**in**	Freund**innen**	Kürb**is**	Kürb**isse**
Erleb**nis**	Erleb**nisse**	Albatr**os**	Albatr**osse**
Atl**as**	Atl**asse**	Glob**us**	Glob**usse**

R4 Wenn auf einen kurzen Vokal die Konsonanten *k* oder *z* folgen, werden sie in aller Regel nicht verdoppelt, sondern als *ck* oder *tz* wiedergegeben.

Da**ck**el	stre**ck**en	Brü**ck**e	Glo**ck**e
Ta**tz**e	fli**tz**en	pe**tz**en	Lakri**tz**e

Nur einige Fremdwörter sind von dieser Regel ausgenommen.

A**kk**usativ	Sa**kk**o	Pi**zz**a	Ski**zz**e

R5 Treffen in einer Wortzusammensetzung drei gleiche Konsonanten aufeinander, schreibst du alle drei Buchstaben.

Bre**nnn**essel	Schi**fff**ahrt	Fußba**lll**iga

Du kannst diese Zusammensetzungen aber auch mit Bindestrich schreiben. Oft erleichtert der Bindestrich das Lesen.

Brenn-**N**essel	Schiff-**F**ahrt	Fußball-**L**iga

Folgende Ausnahmen solltest du dir aber merken:

Mittag (nicht ~~Mitttag~~)
Drittel (nicht ~~Dritttel~~)
dennoch (nicht ~~dennnoch~~)

Dehnung

Wird ein Vokal lang ausgesprochen, spricht man von einer Dehnung des Vokals. Die Schreibung der gedehnten Vokale variiert: Die langen Vokale *a, e, i o, u* und die Umlaute *ä, ö, ü* können mit einem angefügten *-h* wiedergegeben, der lange *i*-Laut mit einem nachgestellten *-e* gekennzeichnet werden. Man spricht in diesen Fällen auch von einem Dehnungs-*h* bzw. Dehnungs-*e*.

Z**ah**l M**eh**l **ih**r K**oh**le St**uh**l
M**ie**ne d**ie**nen v**ie**le

Mitunter werden lang gesprochene Vokale beim Schreiben auch verdoppelt. Das betrifft die Vokale *a, e* und *o*.

St**aa**t B**ee**re Z**oo**

Daneben gibt es aber auch Wörter, bei denen die Dehnung eines Vokals im Schriftbild nicht besonders gekennzeichnet wird.

Abend L**e**der g**i**b l**o**ben g**u**t B**ä**r l**ö**sen T**ü**te

Die Regeln im Einzelnen:

Schreibung mit Dehnungs-*h*

R6 Nach einem langen Vokal wird meist ein *-h* eingefügt, wenn die Konsonanten *l, m, n* oder *r* folgen.

ho**hl** za**hm** Za**hn** me**hr**
kü**hl** Le**hm** Bo**hn**e wa**hr**
Stu**hl** la**hm** kü**hn** se**hr**

Das Dehnungs-*h* bleibt in allen Formen der Wortfamilie erhalten.

kü**h**l – Kü**h**le – kü**h**len – gekü**h**lt
za**h**m – zä**h**men – gezä**h**mt
ho**h**l – Hö**h**le

R7 Der lange *i*-Laut wird meist nicht mit dem Dehnungs-*h* wiedergegeben.
Nur wenige Pronomen sind von dieser Regel ausgenommen.

i**hm** i**hr** i**hn**en i**hr**em i**hr**e i**hr**en

Achte noch auf die folgenden Ausnahmen:
In Wörtern, die mit *eih* geschrieben werden, ist das *h* kein Dehnungs-*h*. Vielmehr gehört es zur nächsten Silbe. Das betrifft aber nur wenige Wörter, die du dir leicht merken kannst.

ged**ei-h**en l**ei-h**en R**ei-he** R**ei-h**er s**ei-h**en verz**ei-h**en
w**ei-h**en W**ei-h**er

Es gibt noch einige weitere Wörter, bei denen das *h* kein Dehungs-*h* ist, obwohl es auf einen langen Vokal folgt. Auch in diesen Fällen gehört es zur nächsten Silbe.

bl**ü-h**en dr**o-h**en fl**ie-h**en H**ö-he** h**o-he** Kr**ä-he** r**u-h**en s**e-h**en

Die Schreibung mit Dehnungs-*e* nach langem -*i*

R8 Das lang gesprochene -*i* wird bei deutschen Wörtern meistens mit einem nachgestellten Dehnungs-*e* wiedergegeben.

D**ie**b T**ie**r h**ie**r
L**ie**be v**ie**r w**ie**gen
s**ie**ben W**ie**se schl**ie**ßen

Nur wenige Wörter im Deutschen sind von dieser Regel ausgenommen.

m**i**r – d**i**r – w**i**r du g**i**bst – er g**i**bt – g**i**b!

R9 Fremdwörter, die mit einem langen -*i* oder auf -*ier* oder -*ieren* enden, schreibst du mit-*ie*.

Theor**ie** Furn**ier** stud**ieren**
Symmetr**ie** Pap**ier** funktion**ieren**
Geograf**ie** Turn**ier** impon**ieren**

Auch hier gibt es nur wenige Ausnahmen, die du am besten auswendig lernst.

Fak**i**r Em**i**r
Saph**i**r Tap**i**r
Vamp**i**r Geys**i**r
Wes**i**r Kef**i**r

Schreibung mit Doppelvokal

R10 In einigen Wörtern werden die lang gesprochenen Vokale *a*, *e* und *o* als Doppelvokale *aa*, *ee*, *oo* geschrieben.

W**aa**ge B**ee**t M**oo**s

Die langen Vokale *u* und *i* sind von dieser Regel ausgenommen: Ein *uu* oder *ii* gibt es im Deutschen nicht.

R11 Werden Ableitungen oder andere Formen dieser Wörter mit einem Umlaut gebildet, so wird der Umlaut nicht verdoppelt.

P**aa**r → P**ä**rchen
H**aa**r → H**ä**rchen
S**aa**l → S**ä**le

Schreibung ohne Dehnungszeichen

Viele Wörter mit langem Vokal werden ohne Dehnungszeichen geschrieben.

N**a**se w**e**ben Bl**u**me Mandar**i**ne H**o**se **ü**ben **Ö**se n**ä**mlich

R12 Die Vorsilbe *ur-/Ur-* und die Endungen *-bar*, *-sal*, *-sam* schreibst du immer ohne Dehnungszeichen und mit einfachem Vokal.

uralt/Urwald Trüb**sal**
schein**bar** lang**sam**

R13 Nach den Diphthongen (Doppellauten) *ai*, *ei*, *au*, *eu* und *äu* wird kein Dehnungszeichen eingefügt.

K**ai**ser **Ei**mer l**au**fen **Eu**le S**äu**le

R14 Wenn auf einen langen Vokal ein einzelner Konsonant folgt, schreibst du den Vokal ohne Dehnungszeichen.

St**a**pel B**e**sen St**u**be B**o**te l**ü**gen b**ö**se einf**ä**deln

R15 Beginnen Wörter mit einem *t*, einem *sch* oder *qu*, so wird ein folgender langer Vokal meistens ohne Dehnungszeichen geschrieben.

T**a**l	T**o**n	T**u**be	t**u**ten	T**ü**r
Sch**u**blade	schw**ü**l	Sch**u**le		
Qu**o**te	Qu**a**l	qu**e**r		

R16 Viele Fremdwörter oder aus anderen Sprachen entlehnte Wörter werden mit einem langen *i*-Laut gesprochen. Das betrifft u. a. die Endungen *-til*, *-ine*, *-ise* und *-in-*. Meistens schreibst du den *i*-Laut in diesen Fällen ohne Dehnungs-*e* und mit einfachem *-i*.

Rep**til**	Kan**tine**	Dev**ise**	Medi**zin**	B**i**ber
Projek**til**	Kab**ine**	Mark**ise**	Benz**in**	T**i**ger
infan**til**	Turb**ine**	Kr**ise**	Keros**in**	Krokod**i**l
tak**til**	Masch**ine**	präz**ise**	Diszipl**in**	Kl**i**ma
Ven**til**	Apfels**ine**	Repr**ise**		B**i**bel
sub**til**	Mandar**ine**	Expert**ise**		stab**i**l
	Gard**ine**			

Gleich und ähnlich klingende Vokale

e/ä und eu/äu

R17 Die Vokale *e/ä* und *eu/äu* klingen meist sehr ähnlich oder sogar gleich.

Ehre **Äh**re Be**u**te Br**äu**te

Oft hilft es, wenn du prüfst, ob sich Wörter mit diesen schwierigen Lauten von verwandten Wörtern mit *a/au* ableiten lassen. Ist dies der Fall, schreibst du *ä* bzw. *äu* statt e/eu.

B**ä**ckerei	⟷	b**a**cken	B**äu**me	⟷	B**au**m
G**ä**rtner	⟷	G**a**rten	blau**äu**gig	⟷	**Au**ge
Gew**ä**sser	⟷	W**a**sser	ger**äu**mig	⟷	R**au**m
kr**ä**nkeln	⟷	kr**a**nk	L**äu**fer	⟷	l**au**fen
W**ä**lder	⟷	W**a**ld	R**äu**ber	⟷	R**au**b

R18 Einige Wörter gibt es allerdings, die mit *ä/äu* geschrieben werden, obwohl sie sich nicht auf verwandte Wörter mit *a/au* zurückführen lassen. Schlage am besten im Wörterbuch nach, wenn du unsicher bist.

ähnlich Ähre Äther Bär gähnen Käfer Säge Säbel
Knäuel Säule sich räuspern sich sträuben

R19 Wenige Wörter haben verwandte Wörter mit *a/ä* und werden dennoch mit *e* geschrieben.

Eltern **Ä**ltere schm**e**cken Geschm**a**ck

ei/ai

R20 Auch die beiden Diphthonge *ei/ai* sind in der Aussprache oft nicht voneinander zu unterscheiden. Die meisten Wörter werden aber mit *ei* geschrieben.

br**ei**t **Ei**mer F**ei**er L**ei**ter m**ei**nen r**ei**ch S**ei**te T**ei**ch w**ei**t w**ei**ß

R21 Die wenigen Wörter, die mit *ai* geschrieben werden, lernst du am besten auswendig. Merke dir auch, dass alle verwandten Wörter gleichfalls mit dem Doppellaut *ai* geschrieben werden müssen.

H**ai**	(H**ai**fischflosse)	L**ai**e	(l**ai**enhaft)
H**ai**n	(H**ai**nbuche)	M**ai**	(M**ai**feiertag)
K**ai**	(K**ai**mauer)	M**ai**s	(M**ai**sfeld)
K**ai**ser	(K**ai**serwetter)	S**ai**te	(S**ai**teninstrument)
L**ai**b	(Brotl**ai**b)	W**ai**se	(W**ai**senknabe)
L**ai**ch	(Fischl**ai**ch)		

wieder oder *wider*?

R22 Die Schreibung der beiden Wörter *wieder* und *wider* fällt mitunter schwer, denn beide *i*-Laute werden lang gesprochen. Bedeutungsunterschiede helfen dir aber bei der Rechtschreibung: *Wieder* wird vor allem im Sinne von *nochmals*, *erneut* und *zurück* gebraucht, und drückt eine Wiederholung oder eine Rückkehr in einen früheren Zustand aus. *Wider* hat die Bedeutung von *(ent)gegen* und bringt einen Gegensatz oder Widerspruch zum Ausdruck.

Das Verfahren wird **wie**der aufgenommen.
Sie haben sich **wie**dererkannt.
Sie w**i**dersetzten sich der Anordnung.

R23 Beide Wörter kommen meist in Wortzusammensetzungen vor. Verbindungen mit *wider* werden grundsätzlich zusammengeschrieben.

widerstreben **wider**stehen **wider**setzen **wider**rechtlich

Verbindungen mit *wieder* schreibst du vor allem zusammen, wenn *wieder* im Sinne von *zurück* gebraucht wird.

Morgen wird er wiederkommen. (zurückkommen)
Sie hat mir mein Buch wiedergegeben. (zurückgeben)
Sie haben ihre Freiheit wiedergewonnen. (zurückgewinnen)

Hat *wieder* die Bedeutung von *nochmals*, *erneut* und drückt es also eine Wiederholung aus, schreibst du getrennt.

Es wird wieder hergestellt. (erneut herstellen)
Ihr ist der Name wieder eingefallen. (erneut einfallen)
Sie haben wieder gewonnen. (erneut gewinnen)

Homophone

Gleich lautende Wörter mit unterschiedlicher Schreibung und Bedeutung nennt man **Homophone.** In der folgenden Übersicht sind Homophone zusammengestellt, die häufiger vorkommen.

HOMOPHONE	
MIT/OHNE DEHNUNGS-*H*	
dehnen (ausweiten, strecken)	denen (Pronomen)
Mahl (Essen)	Mal (Zeitpunkt)
mahlen (etwas zerkleinern)	malen (ein Bild malen)
Sohle (eines Schuhs)	Sole (Salzbrühe)
Wahl (Alternative, Abstimmung)	Wal (Meeressäugetier)
wahr (bewiesen, richtig)	war (Präteritum von *sein*))
währen (dauern)	wären (Konjunktiv von *sein)*

HOMOPHONE

MIT DOPPELVOKAL/DEHNUNGS-*H*	
Leere (leer, verlassen, Leersein)	Lehre (Ausbildung, Unterricht)
leeren (leer machen)	lehren (unterrichten)
Meer (großes Gewässer)	mehr (in höherem Maße)
MIT/OHNE DEHNUNGS-*E*	
Fieber (erhöhte Körpertemperatur)	Fiber (Pflanzen- oder Muskelfaser)
Lied (Gesangsstück)	Lid (Augendeckel)
Miene (Gesichtsausdruck)	Mine (Sprengkörper; Bleistifteinlage)
Stiel (Griff, Stange; Stängel bei Blumen)	Stil (Ausdrucksweise)
wieder (noch einmal)	wider (gegen, entgegen)
MIT *E/Ä*	
Beeren (Früchte)	Bären (Raubtier)
Ehre (Ansehen, Achtung)	Ähre (Teil eines Getreidehalms)
Felle (Pl. von Fell, Tierpelz)	Fälle (Pl. von Fall, Angelegenheit)
Gewehr (Waffe)	Gewähr (Garantie)
Lerche (Singvogel)	Lärche (Nadelbaum)
Stelle (Ort)	Ställe (Pl. von Stall, Gebäude für Tiere)
Welle (Woge)	Wälle (Pl. von Wall, Schutzdamm; Mauer)
Wende (Drehung)	Wände (Pl. von Wand, Mauer)
MIT *EU/ÄU*	
heute (an diesem Tag)	Häute (Pl. von Haut)
Leute (Menschen)	Läute! (Imperativ von läuten, klingeln)
MIT *EI/AI*	
Leib (Körper)	Laib (Brot)
Seite (im Buch)	Saite (Musikinstrument, Tennisschläger)
Weise (Art; kluger Mensch; Melodie)	Waise (elternloses Kind)

Gleich und ähnlich klingende Konsonanten

Nicht immer kannst du dich bei der Schreibung von Konsonanten an der Aussprache orientieren. Es gibt im Deutschen nämlich einige Mitlaute, die zwar gleich oder sehr ähnlich ausgesprochen, im Schriftbild aber unterschiedlich wiedergegeben werden. Die folgenden Hinweise helfen dir, diese schwierigen Konsonanten richtig zu schreiben.

b, d, g und p, t, k

Grundsätzlich gilt: Die Konsonanten *b, d, g* werden stimmhaft, also weich, die Konsonanten *p, t, k* dagegen stimmlos, d.h. hart ausgesprochen. Stehen sie im Anlaut eines Wortes, ist der Unterschied meist noch deutlich zu hören.

stimmhaft (weich)	**stimmlos** (hart)
backen	**p**acken
Donner	**T**onne
Gasse	**K**asse

Im Inlaut und vor allem im Auslaut eines Wortes klingen *b, d, g* und *p, t, k* dann aber oft sehr ähnlich. Meist kann in diesen Fällen zwischen stimmhafter und stimmloser Aussprache gar nicht mehr unterschieden werden.

Kal**b**	Ty**p**
Ba**d**	Ta**t**
Ber**g**	Wer**k**

Bei der Rechtschreibung dieser gleich lautenden Konsonanten helfen dir einige Tricks:

Verlängerung und Ableitung

R24 Wenn nicht zu hören ist, ob ein Wort im Auslaut mit den Buchstaben *b, d, g* oder *p, t, k* geschrieben werden muss, verlängere es einfach. Bilde also andere Formen des betreffenden Wortes, in denen die schwierigen Konsonanten nicht mehr im Auslaut stehen; so wird deutlich, wie du sie schreiben musst. Bei Adjektiven und Nomen klappt die Verlängerung meist gut, wenn du den Genitiv Singular oder den Nominativ Plural bildest. Du kannst aber auch andere verwandte Wörter aus der Wortfamilie heranziehen, in denen die Buchstaben besser zu hören sind.

Kal**b**	Käl**ber**/kal**ben**	Ty**p**	Ty**pen**/ty**pisch**
Ba**d**	Bä**der**/ba**den**	Ta**t**	Ta**ten**/tä**tig**
Ber**g**	Ber**ges**/ber**gig**	Wer**k**	Wer**kes**/wer**keln**

Ebenso kannst du nach dem **Stammwort** fragen, in dem du die fraglichen Buchstaben oft auch deutlicher hörst. Man spricht hier von einer **Ableitung**.

du schrei**b**st → schrei**b**en   schä**d**lich → der Scha**d**en   fra**g**lich → die Fra**g**e

-ig/-lich

R25 Auch die unterschiedliche Schreibung der Endungen *-ig* und *-lich* lässt sich oft nicht anhand der Aussprache erschließen. Häufig klingen beiden Endungen gleich. Verlängere wieder den Auslaut, dann hörst du, wie die Endung geschrieben werden muss.

freud**ig**	eine freud**ige** Nachricht	fröh**lich**	eine fröh**liche** Runde
rost**ig**	ein rost**iger** Nagel	mög**lich**	mög**liche** Gefahren
staub**ig**	ein staub**iger** Weg	vergeb**lich**	vergeb**liche** Mühe

x-Laut

Der x-Laut kann in der Schriftsprache auf verschiedene Weise wiedergegeben werden, mit *x, ks, cks, gs, chs.*

bo**x**en   Schla**ks**   schnurstra**cks**   neuerdin**gs**   ausbü**chs**en

R26 Am Wortanfang, also im Anlaut eines Wortes, schreibst du den *x*-Laut immer mit dem Buchstaben *x*. Es gibt übrigens nicht viele Wörter im Deutschen, die so beginnen.

Xanten   **X**anthippe   **X**aver   **X**enia   **X**ylofon

R27 In der Wortmitte kommen mehrere Schreibungen vor. Der *x*-Laut kann hier mit *x*, mit *chs* und *ks* wiedergegeben werden.

Bo**x**er   A**chs**e   kie**ks**en

R28 Am Wortende (Auslaut) kommen alle Schreibvarianten vor: *x, ks, cks, gs, chs.*

Fa**x**   Mur**ks**   Kna**cks**   monta**gs**   Fla**chs**

Suche, wenn du unsicher bist, wieder nach verwandten Wörtern. Bei konjugierten Formen mit *x*-Laut bietet sich oft der Infinitiv an, aber auch in anderen Wörtern aus der Wortfamilie ist meist deutlicher zu hören, wie geschrieben werden muss.

eine verkor**ks**te Sache	Kor**k**en	
er tri**cks**te	Tri**ck**	tri**cks**en
Kna**cks**	kna**ck**ig	kna**ck**en
freita**gs**	Freita**g**	

R29 In Tiernamen wird der *x*-Laut immer mit *chs* geschrieben.

Da**chs** Eide**chs**e Fu**chs** La**chs** Lu**chs** O**chs**e

f-Laut

Die f-Laute, obwohl sie oft gleich oder ähnlich klingen, können im Deutschen unterschiedlich geschrieben werden, mit *f, v, pf* und *ph*.

Fest Katastro**ph**e Dam**pf** **V**ater

R30 Meist wird der *f*-Laut mit dem Buchstaben *f* wiedergegeben.

Freund	Stie**f**el	Gol**f**
fest	Sti**f**t	Schil**f**
Fabrik	Rei**f**en	zwöl**f**

Merk dir aber die folgenden Ausnahmen, bei denen der f-Laut mit *v, pf* oder *ph* wiedergegeben wird:

Schreibung mit *v*

R31 Die Vorsilbe *ver-* und die Präposition *vor* (auch als Verbzusatz) werden immer mit *v* geschrieben.

verstehen **ver**eist **ver**trackt **vor**stellen **vor**bereiten **Vor**bild

R32 Auch im Anlaut und im Auslaut einiger Wörter schreibst du den *f*-Laut mit *v*.

Vater	Archi**v**
viel	bra**v**
vier	oli**v**
Vogel	passi**v**
voll	negati**v**

(In Fremdwörtern wird das *v* nicht wie ein *f*, sondern wie ein *w* gesprochen: **V**ampir, **V**illa, **V**isum, **V**okabeln, Re**v**olution, reser**v**ieren, absol**v**ieren, ner**v**ös.)

Schreibung mit *pf*

R33 Im Inlaut, also in der Wortmitte, ist das *pf* meist gut zu hören.

Kar**pf**en   tro**pf**en   A**pf**el

R34 Im Auslaut eines Wortes fällt es oft schwerer, das *pf* zu erkennen. Hier kann aber die Verlängerung wieder helfen. Finde in Zweifelsfällen ein verwandtes Wort. In der Wortmitte hörst du das *pf* deutlicher.

To**pf** – Tö**pf**e   Na**pf** – Nä**pf**e   Dam**pf** – dam**pf**ig

R35 Im Anlaut hört man das *pf* oft nicht. Merk dir die Wörter am besten oder schlag im Wörterbuch nach, wenn du unsicher bist.

Pfad   **Pf**effer   **Pf**irsich   **pf**lanzen   **Pf**örtner   **Pf**und

Schreibung mit *ph*

R36 In Fremdwörtern wurde der *f*-Laut früher meist mit *ph* wiedergegeben. Inzwischen sind etliche Fremdwörter im Deutschen so gebräuchlich, dass du sie auch mit *f* schreiben kannst.

Phantasie	**F**antasie
Del**ph**in	Del**f**in
Gra**ph**ik	Gra**f**ik
Geogra**ph**ie	Geogra**f**ie
Saxo**ph**on	Saxo**f**on
Mikro**ph**on	Mikro**f**on
Photogra**ph**ie	**F**otogra**f**ie

Bleib innerhalb eines Textes am besten bei einer Schreibweise, verwende also für alle Wörter entweder die eingedeutschte oder die originale Schreibung.

R37 Daneben gibt es einige Fremdwörter, bei denen die eingedeutschte Schreibung noch nicht erlaubt ist. Schlag in Zweifelsfällen im Wörterbuch nach.

Atmos**ph**äre   Katastro**ph**e   **Ph**ase   **Ph**armazie   **Ph**ilologie   **Ph**ilosophie

z-Laut

R38 Auch der *z*-Laut kann unterschiedlich geschrieben werden, mit *z, tz,* oder *zz*. Meist wird er mit dem Buchstaben *z* wiedergegeben, so am Anfang eines Wortes, nach den Konsonanten *l, n, r* und nach einem langen Vokal oder Diphthong.

Zaun **Z**eit **z**erstreut **z**imperlich **Z**oo **z**urück **Z**weig **Z**wiebel
sa**lz**ig Pe**lz** sto**lz** glä**nz**end Pfla**nz**e Mü**nz**e Gewü**rz** kü**rz**en schme**rz**en
Kap**uz**e d**uz**en Ka**uz** b**eiz**en r**eiz**en s**iez**en

R39 Nach einem kurzen Vokal folgt allerdings *tz*.

ansp**itz**en ers**etz**en Ges**etz** H**itz**e K**atz**e Matr**atz**e sch**ätz**en

R40 Der Doppelkonsonant *zz* kommt nur in Fremdwörtern vor.

Pi**zz**a Ra**zz**ia Ski**zz**e

ent-/end-, Statt/Stadt, seit/seid, tot/Tod

Es gibt im Deutschen einige gleich lautende Wörter und Silben, bei denen weder die Verlängerungsprobe noch Ableitungen klären, ob sie mit *d* oder *t*, mit *dt* oder *tt* geschrieben werden. In diesen Fällen kannst du dich aber oft an Bedeutungsunterschieden orientieren, mitunter hilft dir auch die Bestimmung der Wortarten bei der Schreibung weiter.

end- oder *ent-*?

Die beiden Vorsilben *ent-* und *end-* sind ihrem Klang nach nicht voneinander zu unterscheiden, denn die Konsonanten *t* und *d* werden beide stimmlos, also hart gesprochen. Wenn du dir aber die unterschiedliche Bedeutung der beiden Silben klarmachst, fällt die richtige Schreibung nicht mehr schwer.

R41 Die Vorsilbe *end-* hängt mit dem Wort *Ende* zusammen und wird im Sinne von *Schluss, am Ende* gebraucht.

endlos	Endausscheidung	Endspiel
endgültig	Endeffekt	Endverbraucher
endlich	Endfassung	
Endspurt	Endzustand	

R42 Die Vorsilbe *ent-* kommt meist in der Bedeutung von *weg-* (wegnehmen, loswerden) vor.

entfallen	entnehmen	Entfernung
enthüllen	entwenden	Enteignung
enterben	entkernen	Entlassung

R43 Bei einigen Wörtern lässt sich die Vorsilbe nicht eindeutig im Sinne von *Schluss/Ende* oder *weg-* auslegen. Du schreibst in diesen Fällen *ent-* stets mit *t*.

entdecken **ent**werfen **ent**zünden **ent**wirren **ent**stehen

R44 Ebenso wird das Wort *entgegen* immer mit *t* geschrieben.

entgegenkommen **entgegen**nehmen **entgegen**sehen **entgegen**gesetzt

***Stadt* oder *Statt*?**

Die beiden gleich lautenden Wörter *Statt/-statt* und *Stadt-/-stadt* hängen sprachgeschichtlich eng miteinander zusammen, und doch gibt es Bedeutungsunterschiede, an denen du dich bei der Schreibung orientieren kannst. Das betrifft vor allem Zusammensetzungen mit diesen beiden Wörtern.

R45 Du schreibst *Stadt-/-stadt* mit *dt*, wenn das Wort die Bedeutung von *Siedlung* oder *größerer Ort* hat, also im heutigen Sinne von *Stadt* gebraucht wird.

Stadt/-stadt
(größere Ortschaft)

Kreisstadt
Innenstadt
Geisterstadt
Großstadt
Weltstadt
Städtetag
Stadtstaat
Stadtmensch
Stadtpark
Stadtverwaltung

Das gilt auch für die Pluralformen.

Großstä**dt**e Innenstä**dt**e Kreisstä**dt**e

R46 Du schreibst hingegen *-statt* mit *tt* immer dann, wenn es im Sinne von *Stelle* oder auch *(Stand)Ort/Platz* verwendet wird. Das gilt auch für das abgeleitete Wort *-stätte*. Beide Varianten kommen in Zusammensetzungen fast nur noch als Grundwort, also an letzter Stelle der Zusammensetzung vor.

Ebenso schreibst du die Pluralformen mit *tt*.

Gaststä**tt**en   Gedenkstä**tt**en   Kindertagesstä**tt**en

R47 Wie das Nomen *Statt* lassen sich auch die Präposition und die Konjunktion *statt* auf die Bedeutung *Stelle/Platz* zurückführen: Beide Wortarten werden im Sinne von *stellvertretend (von)* oder *anstelle (von)* gebraucht. Du schreibst auch sie darum stets mit *tt*.

Statt eines Briefes schickte sie eine E-Mail.
Er spielt lieber Fußball, (an)**statt** sein Zimmer aufzuräumen.
Wir konnten nicht zur Geburtstagsfeier kommen, **statt**dessen schickten wir einen Blumenstrauß.

***seit* oder *seid*?**

Die unterschiedliche Schreibung der beiden gleich gesprochenen Wörter *seit* und *seid* fällt leicht, wenn du daran denkst, dass sie zu verschiedenen Wortarten gehören.

R48 Das Wort *seit* ist eine Präposition, mit der man eine Zeitangabe macht.

Sie wohnen **seit** 2001 in Hamburg.
Seit einer Woche haben wir Ferien.
Die neue Regelung gilt **seit** September vergangenen Jahres.

R49 Bei dem Wort *seid* handelt es sich hingegen um eine Verbform, nämlich um die 2. Person Plural Präsens des Hilfsverbs *sein*.

Seid ihr fertig?

Seid bitte nicht so laut!

Ihr **seid** herzlich eingeladen!

tod-/tot-, Tod-/Tot-

Mitunter kannst du dich bei der unterschiedlichen Schreibung der beiden Wörter *Tod* und *tot* an die Aussprache halten oder die Schreibung erschließen, indem du die Verlängerungsprobe anwendest.

R50 Das Nomen *der Tod* wird immer mit *d* geschrieben. Wenn du unsicher bist, verlängere das Wort einfach, dann kannst du das stimmhafte *d* hören.

des To**d**es   der To**d**

R51 Das Nomen *der/die Tote* wird mit einem stimmlosen Konsonanten gesprochen und im Schriftbild entsprechend mit *t* wiedergegeben.

Man gedenkt der To**t**en.

R52 Das Adjektiv *tot* wird mit *t* geschrieben. Auch hier hörst du das stimmlose *t*, wenn du das Wort, zum Beispiel durch eine Umstellung im Satz, verlängerst.

Die Maus ist to**t**. (Verlängerung: die to**te** Maus)

R53 Gleichfalls kannst du dich bei einigen Wortzusammensetzungen an der Aussprache orientieren. So werden Zusammensetzungen mit *tod + es* weich und stimmhaft gesprochen und stets mit *d* geschrieben.

Todesursache   **Todes**stoß   **todes**mutig

In Zusammensetzungen mit *tot + en* wird der Konsonant dagegen stimmlos gesprochen und im Schriftbild entsprechend mit *t* wiedergegeben.

Totenkult   **Toten**sonntag   **toten**still

R54 Daneben gibt es aber Zusammensetzungen, bei denen die Konsonanten *t* und *d* gleich klingen. In diesen Fällen hilft dir nicht die Aussprache, oft aber die Bestimmung der Wortart bei der Rechtschreibung. Merk dir einfach:

Viele zusammengesetzte Adjektive mit *tod-* werden ohne die Fugenelemente (*es-*, *en-*) gebildet. Du schreibst in diesen Fällen *tod-* in aller Regel mit *d*.

tod-

todschick, todmüde, todlangweilig, todsicher, todtraurig, todernst, todkrank, todelend, todunglücklich

Der Wortbestandteil *tod-* dient hier meist als Verstärkung und wird im Sinne von *sehr*, *äußerst* gebraucht.

Die meisten zusammengesetzten Verben und davon abgeleitete Partizipien werden mit *tot-* gebildet und also mit *t* geschrieben.

tot-

totärgern, totgeärgert, totfahren, totgefahren, totarbeiten, totgearbeitet, totsagen, totgesagt, totlaufen, totschweigen, totgeschwiegen, totgelaufen

In der Regel schreibst du diese Zusammensetzungen zusammen. Beachte aber die beiden folgenden Ausnahmen, bei denen auch die Getrenntschreibung möglich ist.

tot geboren	totgeboren
tot geglaubt	totgeglaubt

R55 Grundsätzlich getrennt geschrieben werden alle Zusammensetzungen mit dem Hilfsverb *sein* und einige wenige andere Verbindungen.

tot sein
sich tot stellen
tot umfallen
tot scheinen

R56 Das Adjektiv *tödlich* schreibst du immer mit einem *d*.

sich tö**d**lich langweilen, tö**d**lich verunglücken, eine tö**d**liche Gefahr

Der *s*-Laut

Der *s*-Laut kann im Deutschen stimmhaft und stimmlos gesprochen werden.

Na**s**e	(stimmhaft)
na**ss** – wei**ß**	(stimmlos)

Die Varianten in der Aussprache helfen dir bei der richtigen Schreibung:

Das einfache *s*

R57 Der stimmhafte *s*-Laut steht am Anfang eines Wortes vor einem Vokal oder Diphthong und in der Wortmitte nach einem Vokal oder Diphthong. Du gibst ihn in der Schriftsprache immer mit einem einfachen *s* wieder.

Sonne	**Ras**en
sieben	**Bes**en
sein	**lös**en
sondern	**Wies**e
Sender	s**aus**en

R58 Nach einem Konsonanten schreibst du den *s*-Laut immer mit einfachem *s*.

Kre**bs**e sel**bst** Hü**ls**e

R59 Ebenso steht ein einfaches *s*, wenn die Konsonanten *t* oder *p* folgen. Du sprichst das *s* in diesen Buchstabenverbindungen häufig wie das *sch* in *Schlange* aus.

Stadt **st**reng vor**st**ellen **Sp**aß **sp**äter be**sp**rechen

Schreibung mit *ß*

R60 Nach einem betonten langen Vokal oder nach einem Diphthong folgt der stimmlose *s*-Laut. Du schreibst ihn meist mit *ß*.

Str**aß**e Gr**uß** Str**auß** r**eiß**en

Es gibt aber auch Wörter, die nach einem langen Vokal oder Diphthong am Wortende mit dem einfachen *s* geschrieben werden.

Gra**s** Hau**s** Lo**s** lie**s**

In diesen Fällen gibt es einen einfachen Trick, der dir bei der richtigen Schreibung hilft: Suche einfach andere Formen des Wortes. Werden sie mit dem stimmhaften *s*-Laut gebildet, schreibst du auch die Endung mit einfachem *-s*.

Grä**s**er ⟶ Gra**s** Lo**s** ⟶ Lo**s**e
Häu**s**er ⟶ Hau**s** lie**s** ⟶ le**s**en

Schreibung mit *ss*

R 61 Du gibst den *s*-Laut mit *ss* wieder, wenn er nach einem betonten kurzen Vokal stimmlos gesprochen wird.

Gen**uss** Fl**uss** Kl**asse** k**üss**en bew**uss**t

Einige Wörter sind von dieser Regel ausgenommen. Sie werden im Singular mit einfachem *s* und nur im Plural mit *ss* geschrieben. Das gilt auch für Wörter, die auf *-nis* enden.

Kürb**is** Kürb**isse** Ereig**nis** Ereig**nisse**
B**us** B**usse** Zeug**nis** Zeug**nisse**

R 62 Werden Wörter, die derselben Wortfamilie angehören, teils mit langem, teils mit kurzem Vokal gebildet, gelten die bekannten Regeln: Nach einem kurzen betonten Vokal schreibst du den *s*-Laut mit *ss*, nach einem langen Vokal oder Diphthong gibst du ihn mit *ß* wieder.

Gen**uss** Gen**ieß**er
geg**oss**en g**ieß**en
R**iss** re**iß**en

Die Trennung von Wörtern

Manchmal fehlt am Ende einer Zeile der Platz, ein Wort zu Ende zu schreiben. Viele Wörter kannst du dann aber trennen und in der nächsten Zeile fortsetzen. Beachte dabei die folgenden Regeln.

R63 Einfache Wörter mit mehreren Silben werden nach Sprechsilben getrennt.

Wa-gen	Ba-na-ne	Stei-ne	Lie-fe-rung
Le-ben	lau-fen	Tul-pe	trau-rig

Denk daran, Suffixe sind keine Nachsilben und Sprecheinheiten, sondern Endungen, die der Flexion und der Wortbildung dienen. Für die Trennung bedeutet dies: Beginnt eine Endung mit einem Vokal, wird sie zusammen mit dem voranstehenden Konsonanten abgetrennt.

SUFFIX (ENDUNG)	SPRECHSILBE (TRENNUNG)
lern-**en**	ler-**nen**
Lehrer-**in**	Leh-re-**rin**
freud-**ig**	freu-**dig**
Liefer-**ung**	Lie-fe-**rung**

R64 Einen einzelnen Vokal am Wortanfang oder -ende darfst du nicht abtrennen.

über	Apri-ko-se	Esel	Uhu
Efeu	Ufer	abends	Reue

R65 Die Diphthonge *ei*, *ai*, *au*, *eu* und *äu* können nicht getrennt werden.

wei-se	lau-fen	träu-feln
Wai-se	Leu-te	

R66 Einsilbige Wörter werden nicht getrennt.

Haus	Arm	Post
Baum	Tier	weg

R67 Steht in mehrsilbigen Wörtern ein einzelner Konsonant zwischen zwei Vokalen, nimmst du ihn mit auf die nächste Zeile.

fra-gen	Ki-no	lo-ben
se-hen	Spie-le	Be-we-gung

R68 Folgen in mehrsilbigen Wörtern zwei oder mehr Konsonanten aufeinander, trennst du nur den letzten Konsonanten ab.

Fens-ter	Mes-ser	Him-mel	wach-sen	knusp-rig
Toas-ter	Knos-pe	flit-zen	Mün-ze	kämp-fen

R69 Die Buchstabenverbindungen *ch*, *sch*, *ck* darfst du nicht trennen, wenn sie für einen einzelnen Laut stehen. Das gilt auch für die Verbindungen *ph*, *rh*, *sh*, *th* in Fremdwörtern.

Ku-chen	Fi-sche	We-cker	
lä-cheln	mi-schen	ba-cken	
Phi-lo-so-phie	Pyr-rhus	Hy-a-zin-the	Talk-show

R70 Zusammengesetzte Wörter und Wörter mit Präfixen trennst du nach ihren Bestandteilen.

Baum-stamm	Haus-wand	Schreib-tisch-stuhl
Ver-steck	ge-schickt	Ur-ahn

R71 Mehrsilbige Bestandteile einer Zusammensetzung werden wie einfache Wörter nach Sprechsilben getrennt. Und ebenso gilt: Folgen mehrere Konsonanten aufeinander, wird nur der letzte abgetrennt. Die Buchstabenverbindungen *ch*, *sch*, *ck*, *ph*, *rh*, *sh*, *th* darfst du nicht trennen, wenn sie für einen Laut stehen.

Bü-cher-re-gal   Sau-er-amp-fer   Ma-the-ma-tik-un-ter-richt

R72 Fremdwörter kannst du nach den deutschen Regeln oder auch nach den Regeln der Herkunftssprache trennen.

Ab-itur oder Abi-tur
Ex-amen oder Exa-men
Ma-gnet oder Mag-net

Die Buchstabenverbindungen *ph, rh, th, sh* darfst du in Fremdwörtern aber nicht trennen.

Sym-pa-thie Or-tho-pä-die Phi-lo-so-phie

R73 Zusammengesetzte Fremdwörter und Wörter, die aus einem Präfix und einem Fremdwort bestehen, werden nach ihren Bestandteilen, ihre Bestandteile wiederum wie einfache Wörter getrennt.

Up-date in-sta-bil
Hard-co-ver ge-stresst
Hap-py-end un-fair

R74 Es gibt Wörter, die nicht mehr als Zusammensetzungen erkannt oder empfunden werden. Das gilt für deutsche Wörter und oft auch für Fremdwörter. Du darfst diese Zusammensetzungen wie mehrsilbige einfache Wörter nach Sprechsilben trennen.

hin-auf oder hi-nauf
ein-an-der oder ei-nan-der
dar-um oder da-rum
Inter-esse oder Inte-resse
Päd-agoge oder Pä-da-goge

Trennungen, die zwar möglich und korrekt sind, aber den Wortsinn entstellen oder den Lesefluss stören, solltest du aber nicht durchführen.

besser be-in-hal-ten *statt* bein-hal-ten
besser An-alphabet *statt* Anal-phabet

Zeichensetzung

Punkt und Bindestrich bei Abkürzungen, Buchstabenwörtern und Kürzeln

Z1 Nach Abkürzungen steht in der Regel ein Punkt.

s. o. z. B. Abs. Str. Tel.

Steht die Abkürzung am Ende eines Satzes, hat der Punkt zugleich die Funktion eines Satzschlusszeichens. In Frage- oder Ausrufesätzen folgt nach dem Abkürzungspunkt das entsprechende Frage- oder Ausrufezeichen.

Er räumt den Schreibtisch auf, ordnet die Blätter, die Bücher u. a. m.
Hat er noch die alte Handy-Nr.?
Es ist doch die alte Handy-Nr.!

Z2 Nach Buchstabenwörtern (Initialwörter), auch wenn sie als Kürzel angesehen werden, wird kein Punkt gesetzt. Steht die Abkürzung allerdings am Satzende, folgt ein Punkt als Satzschlusszeichen. Handelt es sich um einen Frage- oder Ausrufesatz, wird entsprechend ein Frage- oder Ausrufezeichen gesetzt.

CD-Player OSZE-Akte PISA-Studie TÜV-Plakette

Er hätte den Film gern auf DVD.
Gibt es den Film auf DVD?
O ja, den Film gibt's längst auf DVD!

Verbindungen mit Buchstabenwörtern schreibst du mit Bindestrich. Das gilt auch, wenn das Initialwort an letzter Stelle der Verbindung steht oder nur aus einem Buchstaben gebildet ist.

CD-Player TÜV-Plakette Musik-CD S-Bahn C-Dur

Die zehn Wortarten

Im Deutschen unterscheiden wir zehn Wortarten.

WORTART	BEISPIELE
Nomen (Substantive, Hauptwörter)	Haus, Wald, Schönheit
Artikel (Geschlechtswörter)	der, die, das, ein, eine, ein
Pronomen (Fürwörter)	ich, euch, jemand, einer
Adjektive (Eigenschaftswörter)	schön, freundlich, rot
Adverbien (Umstandswörter)	gern, heute, dahinter
Verben (Zeitwörter, Tätigkeitswörter)	haben, spielen, laufen
Numeralien (Zahlwörter)	zwei, hundert, viele
Präpositionen (Verhältniswörter)	auf, neben, hinter, dank
Konjunktionen (Bindewörter)	und, aber, weil, dass
Interjektionen (Ausrufe- oder Empfindungswörter)	aha!, oje!, huch!

Die Wortarten lassen sich in zwei Gruppen einteilen, die flektierbaren (veränderbaren) und unflektierbaren (unveränderbaren) Wortarten, die auch Partikeln genannt werden.

FLEKTIERBARE WORTARTEN	UNFLEKTIERBARE WORTARTEN (PARTIKELN)
Nomen	Adverbien
Artikel	Präpositionen
Adjektive	Konjunktionen
Pronomen	Interjektionen
Numeralien	
Verben	

Flektieren bedeutet, dass die Wörter entsprechend ihrer grammatischen Rolle im Satz gebeugt, ihre Formen also durch Anhängen von Endungen oder weitere Umformungen verändert werden. Unter dem Oberbegriff **Flexion** fassen wir zwei Varianten der Beugung zusammen, die Konjugation und die Deklination. Verben werden konjugiert, alle anderen flektierbaren Wortarten werden dekliniert.

FLEXION

KONJUGATION	NACH:	DEKLINATION	NACH:
	Person	Nomen	
	Numerus	Artikel	Genus
Verben	Tempus	Adjektive	Numerus
	Modus	Pronomen	Kasus
	Genus Verbi	Numeralien	

Im folgenden Beispielsatz kommen die Präposition *aus* und die Konjunktion *und* vor. Sie gehören zu den unveränderbaren Wortarten und werden darum nicht flektiert. Alle anderen Wörter sind konjugiert bzw. dekliniert.

Meine Katze springt aus **dem Fenster** und **jagt den Hund der Nachbarn**.

KONJUGATION

VERB	PERSON	NUMERUS	TEMPUS	GENUS VERBI	MODUS	INFINITIV
springt	3. Person	Singular	Präsens	Aktiv	Indikativ	springen
jagt	3. Person	Singular	Präsens	Aktiv	Indikativ	jagen

DEKLINATION

	WORTART	GENUS	NUMERUS	KASUS
Meine	Possessivpronomen	Femininum	Singular	Nominativ
Katze	Nomen	Femininum	Singular	Nominativ
dem	Artikel	Neutrum	Singular	Dativ
Fenster	Nomen	Neutrum	Singular	Dativ
den	Artikel	Maskulinum	Singular	Akkusativ
Hund	Nomen	Maskulinum	Singular	Akkusativ
der	Artikel	Maskulinum	Plural	Genitiv
Nachbarn	Nomen	Maskulinum	Plural	Genitiv

Die zehn Wortarten

Nomen

R1-5 Nomen oder Substantive (Namenwörter, Hauptwörter) lassen sich je nach Bedeutung in verschiedene Gruppen einteilen. Wir unterscheiden vor allem zwei Gruppen:
R6-12
R25-30
Nomen, mit denen wir Lebewesen (Menschen, Tiere, Pflanzen) und Dinge, also Gegenständliches bezeichnen, werden **Konkreta** genannt (Singular: Konkretum). Auch Eigennamen können dieser Gruppe zugeordnet werden.
Nomen, mit denen wir z. B. Vorstellungen, Eigenschaften, Zustände oder Gefühle, also Ungegenständliches bezeichnen, werden **Abstrakta** genannt (Singular: Abstraktum).

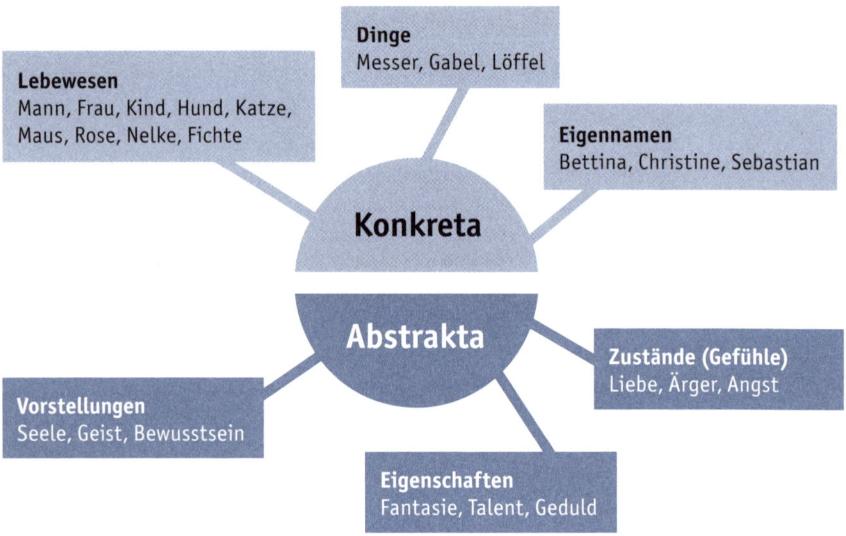

Nomen erkennst du meist an ihren **Begleitern**, vor allem am bestimmten oder unbestimmten Artikel oder an Präpositionen, die mit einem Artikel verschmolzen sind. Aber auch Pronomen oder unbestimmte Mengenangaben können Nomen begleiten. Sie ersetzen dann den Artikel.

BEGLEITER	BEISPIELE
bestimmter/unbestimmter Artikel:	**der** Garten, **ein** Haus
Präposition + Artikel:	**am** Morgen, **zum** Frühstück
Pronomen:	**meine** Tasche, **sein** Buch
unbestimmte Mengenangaben:	**einige** Schüler, **manche** Lehrer
	mehr Äpfel, **wenig** Kekse

Manchmal ist der **Begleiter** in einem **Adjektiv** versteckt, das dem Nomen beigefügt ist. In diesen Fällen steht das Adjektiv anstelle des Artikels *der, die, das* und passt sich dem Genus des Nomens an.

Das Kleid ist aus ganz weich**em** Stoff gearbeitet.
Er spricht mit laut**er** Stimme.
Sie hatte groß**es** Glück.

Auch andere Wortarten können im Deutschen als Nomen gebraucht werden. Man spricht dann von **nominalisierten** bzw. substantivierten **Wortarten**. Häufig haben sie ebenfalls Artikel, Pronomen oder unbestimmte Mengenangaben als Begleiter. Zu ihnen gehören:

WORTARTEN		NOMINALISIERUNGEN
Verben	lachen	sein Lachen
Adjektive	schön	das Schöne daran war ...
	gut	alles Gute
Partizipien	folgend	das Folgende/im Folgenden
	gelesen	sich an das Gelesene erinnern
Pronomen	sein	das Seine (zu etwas) beitragen
Numerale	zwei, drei	eine Zwei, eine Drei schreiben
Adverbien	hier, jetzt	im Hier und Jetzt
Präpositionen	aus	Der Ball landete im Aus.
Konjunktionen	wenn, aber	ohne (jedes) Wenn und Aber
Interjektionen	ach, krach	mit (einem) Ach und Krach

Alle Wörter, die auf *-heit, -keit, -ling, -mut, -nis, -sal, -schaft, -tum, -ung* enden, zählen gleichfalls zu den Nomen. Ebenso können mit den Endungen *-ei* und *-sel* Nomen gebildet werden.

Dunkel**heit**	Mann**schaft**
Heiter**keit**	Reich**tum**
Früh**ling**	Umgeb**ung**
Über**mut**	Lecker**ei**
Schick**sal**	Anhäng**sel**

Mit einfachen oder erweiterten Attributen oder Attributsätzen können Nomen näher bestimmt werden.

ein **schöner** Pullover	(Adjektivattribut)
ein **sehr schöner** Pullover	(erweitertes Adjektivattribut)
Dein Pullover, **der sehr schön ist**, steht dir gut.	(Attributsatz)

Die zehn Wortarten

Genus

Alle Nomen haben ein **Genus** (grammatisches Geschlecht). Es wird durch die **Artikel** (Geschlechtswörter) angegeben. Wenn man die Nomen *Wald, Wiese, Feld* ohne Artikel nennt, ist nicht zu erkennen, welches Genus diese Nomen haben. Erst durch die Artikel *der* Wald, *die* Wiese, *das* Feld wird das grammatische Geschlecht bestimmt. Im Deutschen gibt es drei Genera:

ARTIKEL + NOMEN	GENUS	
der Wald	Maskulinum	(männlich)
die Wiese	Femininum	(weiblich)
das Feld	Neutrum	(sächlich)

Der bestimmte Artikel lautet im Nominativ Plural für alle Genera gleich (*die* Wälder, *die* Wiesen, *die* Felder). Wenn du das Genus eines Nomens angeben willst, orientiere dich darum stets am Nominativ Singular des bestimmten Artikels.

Grammatisches und natürliches Geschlecht

Neben dem **grammatischen Geschlecht** (Genus) gibt es das **natürliche Geschlecht** (Sexus). Bei Lebewesen und Personenbezeichnungen entspricht das grammatische Geschlecht häufig dem natürlichen.

	GRAMMATISCHES GESCHLECHT	NATÜRLICHES GESCHLECHT
der Hahn	Maskulinum	Maskulinum
die Henne	Femininum	Femininum
der Mann	Maskulinum	Maskulinum
die Frau	Femininum	Femininum

Grammatisches und natürliches Geschlecht müssen aber nicht immer übereinstimmen. Dies gilt vor allem für Personenbezeichnungen, die mit dem Suffix *-chen* oder *-lein* enden. Sie stehen im Neutrum und unterscheiden sich oftmals vom natürlichen Geschlecht der bezeichneten Person.

	GRAMMATISCHES GESCHLECHT	NATÜRLICHES GESCHLECHT
das Mädchen	Neutrum	Femininum
das Fräulein	Neutrum	Femininum

Bei einigen Nomen kann man vom Genus nicht auf das natürliche Geschlecht schließen, weil sie sowohl männliche wie weibliche Personen bezeichnen.

	GRAMMATISCHES GESCHLECHT	NATÜRLICHES GESCHLECHT
der Teenager	Maskulinum	Maskulinum/ Femininum
die Person	Femininum	Maskulinum/ Femininum
das Baby	Neutrum	Maskulinum/ Femininum

Auch Nomen, mit denen wir Sachen oder Gegenstände bezeichnen, haben ein Genus, obwohl die bezeichneten Sachen oder Gegenstände gar kein natürliches Geschlecht besitzen.

	GRAMMATISCHES GESCHLECHT	NATÜRLICHES GESCHLECHT
der Palast	Maskulinum	-
die Hütte	Femininum	-
das Haus	Neutrum	-

Nomen mit mehreren Genera

Manche Nomen können mit unterschiedlichen Genera gebraucht werden. Dabei behalten einige ihre Bedeutung wie zum Beispiel *der/das Dotter* oder *der/das Laptop*.
Andere nehmen je nach Genus eine andere Bedeutung an. Diese gleich lautenden Nomen mit unterschiedlichen Genera und unterschiedlicher Bedeutung werden auch **Homonyme** genannt.

GENUS	BEDEUTUNG
der Band	Buch
das Band	Stoffstreifen
der Erbe	Person, die erbt
das Erbe	Hinterlassenschaft
der Flur	Korridor
die Flur	Wald und Feld
das Gehalt	Arbeitslohn
der Gehalt	Inhalt
der Kiefer	Gesichtsknochen
die Kiefer	Baum
der Mast	Mastbaum
die Mast	Tierfütterung

GENUS	BEDEUTUNG
der Moment	Augenblick
das Moment	Umstand; Merkmal
der Schild	Schutz
das Schild	Hinweis
das Tau	Seil
der Tau	Niederschlag
der Tor	Narr
das Tor	Pforte
der See	Binnensee
die See	Meer
der Verdienst	Einkommen
das Verdienst	Leistung

Numerus

Nomen gibt es im **Singular** (Einzahl) und im **Plural** (Mehrzahl). Man nennt diese beiden Formen auch den **Numerus** (die grammatische Zahl; Plural: Numeri) der Nomen.

Die Pluralformen der Nomen können im Deutschen auf unterschiedliche Weise gebildet werden: mit den Endungen *-e*, *-er*, *-en*, *-n*, *-s*, ohne besondere Endungen, nur mit den Umlauten *a/ä*, *o/ö*, *u/ü*, *au/äu* oder aus einer Verbindung von Endung und Umlaut.

SINGULAR	PLURALBILDUNG	PLURAL
	MIT ENDUNG ODER UMLAUT + ENDUNG	
der Tisch	*-e*	die Tisch**e**
der Stuhl	Umlaut + *-e*	die Stühl**e**
das Brett	*-er*	die Brett**er**
das Glas	Umlaut + *-er*	die Gläs**er**
	MIT ENDUNG	
die Uhr	*-en*	die Uhr**en**
die Vase	*-n*	die Vase**n**
das Foto	*-s*	die Foto**s**
	OHNE ENDUNG	
der Hocker	-	die Hocker
der Flügel	-	die Flügel
	NUR MIT UMLAUT	
der Vogel	Umlaut	die V**ö**gel
der Garten	Umlaut	die G**ä**rten

Manche Nomen kommen nur im Singular vor, weil sie nicht zählbar, sondern nur als Menge erfassbar sind:

das Fleisch, das Gold, das Silber, das Obst

Andere Nomen kommen nur im Plural vor. Man nennt sie Pluraliatantum (Singular: das Pluraletantum).

die Einkünfte, die Eltern, die Ferien, die Kosten, die Leute
die Vereinigten Staaten, die Balearen

Pluralbildung bei Fremdwörtern

Bei einigen Fremdwörtern wird der Plural nach den Regeln der Herkunftssprache gebildet. R 31-40

der Terminus	die Termini
der Numerus	die Numeri
das Lexikon	die Lexika

Daneben gibt es Fremdwörter, deren Pluralbildung Varianten zulässt:

der Atlas	die Atlanten/die Atlasse
der Globus	die Globen/die Globusse
der Monitor	die Monitoren/die Monitore
die Pizza	die Pizzas/die Pizzen

Bei Nomen, die aus dem Englischen ins Deutsche übernommen worden sind, bildet man den Plural in der Regel durch Anhängen eines *-s*. Manchmal entfällt es aber auch.

SINGULAR	PLURAL	ÜBERSETZUNG
das Baby	die Babys	Kleinkind
die Band	die Bands	Musikgruppe
die CD (Compact disc)	die CDs	Kompaktschallplatte
der Computer	die Computer	Rechner
die DVD	die DVDs	digital versatile disc (kompakte Speicherplatte für Ton- und Bilddaten)
die E-Mail	die E-Mails	elektronische Post
der Flirt	die Flirts	Liebelei
der Flop	die Flops	Misserfolg
das Handy	die Handys	Mobiltelefon
das Hobby	die Hobbys	Freizeitbeschäftigung
das Outfit	die Outfits	äußere Aufmachung
der Reporter	die Reporter	Berichterstatter
der Safe	die Safes	Geldschrank
die SMS	die SMS	Kurzmitteilung über ein Handy
der Snack	die Snacks	Imbiss
die Soapopera	die Soapoperas	Fernsehserie über das Alltagsleben
die Story	die Storys	Geschichte zum Lesen
das T-Shirt	die T-Shirts	kurzärmeliges Hemd
der VIP (very important person)	die VIPs	wichtige Person des öffentlichen Lebens

Kasus

Nomen können innerhalb eines Satzes in verschiedenen Kasus (Fällen) vorkommen. Wir unterscheiden im Deutschen vier Kasus.

Nominativ	1. Fall	**Der Ball** rollt über die Straße.
Genitiv	2. Fall	Der Ball **des Jungen** rollt über die Straße.
Dativ	3. Fall	Der Ball gehört **dem Jungen.**
Akkusativ	4. Fall	Der Junge möchte **seinen Ball** zurückholen.

Fragen helfen dir, den jeweiligen Kasus der Nomen zu ermitteln.

Nominativ	1. Fall	**Der Ball** rollt über die Straße. **Wer/was** rollt über die Straße?
Genitiv	2. Fall	Der Ball **des Jungen** rollt über die Straße. **Wessen** Ball rollt über die Straße?
Dativ	3. Fall	Der Ball gehört **dem Jungen.** **Wem** gehört der Ball?
Akkusativ	4. Fall	Der Junge möchte **seinen Ball** zurückholen. **Wen/was** möchte der Junge zurückholen?

Deklination

Werden die Formen eines Nomens entsprechend ihrer grammatischen Funktion im Satz gebeugt (flektiert), spricht man von der **Deklination.** Die Deklination betrifft das **Genus**, den **Numerus** und den **Kasus** des Nomens.

Der Ball der Kinder rollt über die Straße.

DEKLINATION

NOMEN	GENUS	NUMERUS	KASUS
Ball	Maskulinum	Singular	Nominativ
Kinder	Neutrum	Plural	Genitiv
Straße	Femininum	Singular	Akkusativ

Es gibt verschiedene Arten der Deklination: die **schwache,** die **starke** und die **gemischte Deklination.** Man unterscheidet sie nach den Genitivformen im Singular und den Nominativformen im Plural.

STARKE DEKLINATION DER MASKULINA

	SINGULAR	PLURAL
Nominativ	der Lehrer, Tag	die Lehrer, Tag**e**
Genitiv	des Lehrer**s**, Tag**es**	der Lehrer, Tag**e**
Dativ	dem Lehrer, Tag(e)	den Lehrern, Tagen
Akkusativ	den Lehrer, Tag	die Lehrer, Tage

Signale für die starke Deklination der Maskulina:

- angehängtes ***-s*** oder ***-es*** im Genitiv Singular
- angehängtes ***-e***, ***-er***, ***-s*** oder keine Endung im Nominativ Plural
- Selten taucht heute im Dativ Singular noch ein ***-e*** auf:
  *in diesem Sinn**e**, im Lauf**e** der Zeit, auf dem Weg**e***

STARKE DEKLINATION DER FEMININA

	SINGULAR	PLURAL
Nominativ	die Maus, Oma, Mutter	die Mäus**e**, Oma**s**, Mütter
Genitiv	der Maus, Oma, Mutter	der Mäuse, Omas, Mütter
Dativ	der Maus, Oma, Mutter	den Mäusen, Omas, Müttern
Akkusativ	die Maus, Oma, Mutter	die Mäuse, Omas, Mütter

Signale für die starke Deklination der Feminina:

- Die Formen im Singular sind alle gleich.
- angehängtes ***-e*** oder ***-s*** oder keine Endung im Nominativ Plural

STARKE DEKLINATION DER NEUTRA

	SINGULAR	PLURAL
Nominativ	das Bad, Büro	die Bäd**er**, Büro**s**
Genitiv	des Bad**es**, Büro**s**	der Bäder, Büros
Dativ	dem Bad, Büro	den Bädern, Büros
Akkusativ	das Bad, Büro	die Bäder, Büros

Die Signale für die starke Deklination der Neutra:

- angehängtes ***-s*** oder ***-es*** im Genitiv Singular
- angehängtes ***-e***, ***-er***, ***-s*** oder keine Endung im Nominativ Plural

Die normale Endung bei maskulinen und neutralen stark deklinierten Nomen im Genitiv Singular ist **-s. Aber:** Es kann ***-es*** angehängt werden, wenn das Nomen nur aus einer Silbe besteht, z. B. *Tag**es**, Bad**es**, Wort**es***, oder wenn die letzte Silbe betont ist, z. B. *Erfolg**es**, Besitz**es***.

Dagegen muss *-es* angehängt werden, wenn ein Nomen auf *-s, -ß, -sch, -st, -x* oder *-z* endet, z. B. *Glas**es**, Geiz**es***.

Alle Nomen mit einem Umlaut im Plural werden stark dekliniert z. B.:

der St**u**hl die St**ü**hl**e** die L**au**s die L**äu**s**e** das H**u**hn die H**ü**hn**er**

SCHWACHE DEKLINATION DER MASKULINA

	SINGULAR	PLURAL
Nominativ	der Junge	die Jung**en**
Genitiv	des Jung**en**	der Jung**en**
Dativ	dem Jung**en**	den Jung**en**
Akkusativ	den Jung**en**	die Jung**en**

SCHWACHE DEKLINATION DER FEMININA

	SINGULAR	PLURAL
Nominativ	die Tür	die Tür**en**
Genitiv	der Tür	der Tür**en**
Dativ	der Tür	den Tür**en**
Akkusativ	die Tür	die Tür**en**

Die Signale für die schwache Deklination der Maskulina und Feminina:

- Im Singular enden die maskulinen Nomen im Genitiv, Dativ und Akkusativ auf *-en*.
- Im Plural enden sowohl die maskulinen als auch die femininen Nomen immer auf *-en*.

Es gibt keine neutralen Nomen mit schwacher Deklination.

Einige Nomen im Maskulinum und Neutrum werden im Singular stark, im Plural aber schwach dekliniert. Man spricht hier von der gemischten Deklination.

GEMISCHTE DEKLINATION

	SINGULAR	PLURAL
Nominativ	das Ohr	die Ohr**en**
Genitiv	des Ohr**es**	der Ohr**en**
Dativ	dem Ohr	den Ohr**en**
Akkusativ	das Ohr	die Ohr**en**

Weitere Beispiele für die gemischte Deklination:

das Auge, des Aug**es**, aber: die Aug**en**

das Bett, des Bett**es**, aber: die Bett**en**

das Hemd, des Hemd**es**, aber: die Hemd**en**

der Staat, des Staat**es**, aber: die Staat**en**

Zusammengesetzte Nomen

Zusammensetzungen (Komposita; Singular: Kompositum) entstehen, wenn man einem so genannten **Grundwort** andere selbstständige Wörter voranstellt, zum Beispiel Nomen, Adjektive oder Verben. Sie bestimmen das Grundwort näher und werden darum auch **Bestimmungswörter** genannt. R 13-30

BESTIMMUNGSWORT		GRUNDWORT		ZUSAMMENSETZUNG	BESTIMMUNG
Buch	+	Seite	⟶	Buchseite	die Seite in einem Buch
Geh	+	Weg	⟶	Gehweg	ein Weg, auf dem man geht
Schreib	+	Tisch	⟶	Schreibtisch	ein Tisch, an dem man schreibt

Es gibt im Deutschen verschiedene Varianten der Zusammensetzung, stets gilt aber: Das Bestimmungswort bildet den ersten Bestandteil der Zusammensetzung, das Grundwort den letzten. Dabei richten sich alle grammatischen Merkmale der Zusammensetzung nach dem Grundwort. Ist es ein Nomen, so wird die gesamte Zusammensetzung als Nomen gebraucht, und auch das Genus übernimmt sie dann vom Grundwort.

ZUSAMMENSETZUNG	GENUS
NOMEN + NOMEN	
das Buch + **die Seite**	**die** Buch**seite**
der Sand + **die Düne**	**die** Sand**düne**
ADJEKTIV + NOMEN	
groß + **die Stadt**	**die** Groß**stadt**
leicht + **das Gewicht**	**das** Leicht**gewicht**
VERB + NOMEN	
gehen + **der Weg**	**der** Geh**weg**
loben + **die Rede**	**die** Lob**rede**
ANDERE WORTARTEN + NOMEN	
viel + **der Fraß**	**der** Viel**fraß**
gegen + **der Wind**	**der** Gegen**wind**

Steht an erster Stelle einer Zusammensetzung ein Nomen, werden häufig so genannte Fugenelemente (*-s, -es, -ens, -n, -er*) eingefügt.

Staat-**s**-minister Herz-**ens**-wunsch Kind-**er**-garten Eis-**es**-kälte Sonne-**n**-schein

Steht ein Verb an der ersten Stelle, entfällt die Infinitivendung *-en* oder *-n*.

geh~~en~~ + Weg ⟶ Gehweg bummel~~n~~ + Zug ⟶ Bummelzug

Rechtschreibung

Groß- und Kleinschreibung bei Nomen, Eigennamen, festen Begriffen und geografischen Bezeichnungen

Das erste Wort eines Satzes schreibt man mit einem großen Anfangsbuchstaben. Das gilt auch für einen selbstständigen Satz nach einem Doppelpunkt. Ebenso wird das erste Wort in der direkten Rede großgeschrieben.

Morgen wird die Sonne scheinen.
Ich bin sicher: **M**orgen wird die Sonne scheinen.
Der Nachrichtensprecher kündigt an: „**M**orgen wird die Sonne scheinen."

Auch das erste Wort in einer Überschrift oder einem Titel (Buch, Film, Zeitschrift) schreibst du groß.

Ein aufregendes Ferienerlebnis
Die Wochenzeitschrift „**D**ie Zeit" erscheint immer donnerstags.
Den Roman „**D**ie unendliche Geschichte" hat Michael Ende geschrieben.

Nomen

R1 Nomen werden immer großgeschrieben. Du erkennst sie meist an ihren Begleitern.

bestimmter/unbestimmter Artikel:	**der G**arten, **ein H**aus
Präposition + Artikel:	**am M**orgen, **zum F**rühstück
Pronomen:	**meine T**asche, **sein B**uch
unbestimmte Mengenangaben:	**einige S**chüler, **manche L**ehrer

Nomen, bei denen der Begleiter fehlt, aber hinzugedacht werden kann, schreibst du ebenfalls groß.

(das) **H**aus und (den) **H**of verlieren (= den gesamten Besitz verlieren)
Er weiß (einen/keinen) **R**at.

Aber: Superlative in Verbindung mit *am* schreibst du immer klein.

am besten **am s**chönsten **am s**chnellsten

Merk dir einfach folgenden Trick: Immer wenn du *am* sinnvoll in *an dem* zerlegen kannst, handelt es sich um den Begleiter eines Nomens, das du groß schreibst. Ergibt die Zerlegung keinen Sinn, schreibst du klein, denn in diesen Fällen handelt es sich um einen Superlativ.

Der Leopard läuft **am** (~~an dem~~) **s**chnellsten von allen.

R2 Alle Wörter, die mit den Suffixen *-heit, -keit, -ling, -mut, -nis, -sal, -schaft, -tum, -ung* enden, sind Nomen. Auch mit den Endungen *-ei* und *-sel* können Nomen gebildet werden. Sie werden großgeschrieben.

Dunkel**heit**	**M**ann**schaft**	**F**rüh**ling**	**S**chick**sal**	**L**ecker**ei**
Heiter**keit**	**R**eich**tum**	**Ü**ber**mut**	**U**mgeb**ung**	**A**nhäng**sel**

R3 Werden andere Wortarten als Nomen gebraucht (nominalisiert), schreibst du sie groß. Häufig haben sie ebenfalls Artikel, Pronomen oder unbestimmte Mengenangaben als Begleiter, an denen du sie erkennen kannst. Fehlt der Begleiter, kann er aber hinzugedacht werden, handelt es sich gleichfalls um eine Nominalisierung, die du großschreiben musst. Zu den Wortarten, die nominalisiert werden können, gehören:

WORTARTEN		NOMINALISIERUNGEN
Verben	lachen	**sein L**achen
Adjektive	schön	**das S**chöne daran war ...
	gut	**alles G**ute
Partizipien	folgend	**das F**olgende/**im F**olgenden
	gelesen	sich an **etwas G**elesenes erinnern
Pronomen	sein	**das S**eine (zu etwas) beitragen
Numerale	zwei, drei	**eine Z**wei, **eine D**rei schreiben
Adverbien	hier, jetzt	**im H**ier und **J**etzt
Präpositionen	aus	Der Ball landete **im A**us.
Konjunktionen	wenn, aber	ohne (jedes) **W**enn und **A**ber
Interjektionen	ach, krach	mit (einem) **A**ch und **K**rach

R4 Nomen wie *Dank, Laut, Trotz, Zeit* und *Kraft* können auch als Präpositionen verwendet (denominalisiert) werden. Sie werden dann kleingeschrieben.

Er ist **dank** deiner Hilfe fertig geworden.
Die Verordnung wurde **kraft** Gesetzes aufgehoben.

R5 Ebenso können Nomen wie *Schuld, Recht, Leid, Gram, Pleite, Angst, Bange, Klasse* die Eigenschaften eines Nomens verlieren und zu Adjektiven werden, wenn sie mit *sein* oder *werden* verbunden sind. Du schreibst sie dann klein.

Sie **waren** nicht **schuld.**
Wir **sind** es **leid.**
Er **ist pleite.**
Er **ist** nicht **recht** (richtig) informiert.
Mir wird **angst** und **bange.**
Unser Team **ist** einfach **klasse**!

Eigennamen, feste Begriffe und geografische Bezeichnungen

R6 Eigennamen schreibst du immer groß.

Susanne **L**ehmann **H**amburg **E**lbe **N**ordsee

R7 Werden mehrteilige Eigennamen oder feste Begriffe mit einem Adjektiv gebildet, wird auch das Adjektiv großgeschrieben. Das gilt für geografische Namen, für Amtsbezeichnungen, für historische Ereignisse und besondere Kalendertage wie auch für Namen von Tierarten bzw. -rassen.

das **S**chwarze Meer
die **C**hinesische Mauer
der **R**egierende Bürgermeister
Friedrich der **G**roße
die **F**ranzösische Revolution
der **W**estfälische Friede
der **E**rste Mai
der **D**eutsche Schäferhund

R8 Bei mehrteiligen festen Begriffen, die weder einen besonderen Umstand noch ein einzigartiges Ereignis bezeichnen, schreibt man die Adjektive klein.

das **n**eue Jahr
der **s**chwarze Tee
die **a**nalytische Geometrie
der **s**panische Wein

R9 Bildet ein Adjektiv mit dem folgenden Nomen eine Redewendung oder einen Begriff, der im übertragenen Sinne gebraucht wird, darfst du das Adjektiv auch großschreiben.

die **r**ote Karte (Fußball) — die **R**ote Karte (ein schwerer Tadel)

das **s**chwarze Brett (ein schwarz gestrichenes Brett) — das **S**chwarze Brett (Anschlagtafel)

R10 Adjektive, die von Personennamen abgeleitet sind und auf *-sch* enden, werden kleingeschrieben. Daneben ist aber auch die Großschreibung mit Apostroph möglich.

das **o**hmsche Gesetz/**Ohm'sche** Gesetz

die **s**chillersche Kunsttheorie/die **Schiller'sche** Kunsttheorie

R11 Alle Wörter, die von geografischen Eigennamen abgeleitet sind und auf *-er* enden, schreibst du groß.

der **B**erliner Bär — das **B**randenburger Tor

der **K**ölner Dom — die **S**chweizer Uhr

R12 Geografische Namen, die auf *-isch* enden, zählen zu den Adjektiven und werden kleingeschrieben.

die **f**ranzös**isch**e Küche — die **ch**ines**isch**e Seide

der **w**estfäl**isch**e Schinken — die **b**ayer**isch**e Weißwurst

Nur wenn sie Teil eines Eigennamens sind oder einen festen Begriff bilden, schreibst du sie groß.

die **F**ranzösische Revolution — die **C**hinesische Mauer

der **W**estfälische Friede — der **B**ayerische Wald

Getrennt- und Zusammenschreibung bei Verbindungen mit Nomen

Nomen + Adjektiv

R13 Bildet eine Verbindung aus einem Nomen und einem Adjektiv einen zusammengehörigen Begriff, schreibst du die Verbindung zusammen. Häufig verstärkt oder mindert in diesen Verbindungen das Nomen die Bedeutung des Adjektivs.

haushoch **bären**stark **stein**reich **brand**neu

Die zehn Wortarten

Nomen + Präposition

R14 Verbindungen aus einer Präposition und einem Nomen schreibst du in der Regel auseinander. Ist aber das Nomen als eigenständiges Wort verblasst, schreibst du die Verbindung zusammen.

anhand inmitten

Bei einigen dieser Verbindungen sind beide Schreibungen möglich, denn sie können als feste Zusammensetzungen und als Wortgruppen angesehen werden. Als Zusammensetzungen werden sie klein- und zusammengeschrieben, als Wortgruppen schreibst du sie getrennt, das Nomen musst du mit einem großen Anfangsbuchstaben beginnen.

an Stelle/anstelle	mit Hilfe/mithilfe
auf Grund/aufgrund	zu Grunde/zugrunde
im Stande/imstande	zu Hause/zuhause
in Frage kommen/infrage kommen	zu Mute sein/zumute sein

Nomen + Verb

R15 Verbindungen aus einem Nomen und einem Verb werden meist getrennt geschrieben.

Auto fahren Rad fahren Ski laufen Angst haben Schlange stehen

R16 Du schreibst Verbindungen aus einem Nomen und einem Verb allerdings zusammen, wenn das Nomen als eigenständiges Wort verblasst ist und die Verbindung darum einen feststehenden Begriff bildet.

teilnehmen preisgeben eislaufen kopfstehen leidtun irreführen

R17 Werden Verbindungen aus Nomen + Verb nominalisiert, schreibst du sie groß und zusammen.

das Radfahren **das S**kilaufen

Nomen + Partizip

R18 Bei Verbindungen aus einem Nomen und einem Partizip kannst du dich grundsätzlich an der Schreibung der entsprechenden Verbindung aus Nomen + Verb orientieren: Wird die zugrunde liegende Verbindung getrennt geschrieben, schreibst du auch die Verbindung aus Nomen und Partizip auseinander.

Schlange stehen Schlange stehend warteten sie vor dem Kino.

Wird die zugrunde liegende Verbindung aus Nomen + Verb zusammengeschrieben (das ist in der Regel der Fall, wenn das Nomen als eigenständiges Wort verblasst ist und die Verbindung darum einen feststehenden Begriff bildet), schreibst du auch die Verbindung mit dem Partizip zusammen.

preisgeben	preisgegeben
irreführen	irreführend
teilnehmen	teilnehmend

R19 Wenn in einer Verbindung aus einem Nomen + Partizip das Nomen den ersten Bestandteil bildet und einen längeren Ausdruck oder eine Wortgruppe verkürzt, schreibst du die Verbindung zusammen.

computergestützt	(für: mit Hilfe eines Computers erstellt)
angsterfüllt	(für: von / mit Angst erfüllt)
lichtdurchflutet	(für: von Licht durchflutet)
schmutzbefleckt	(für: mit Schmutz befleckt)
hausgemacht	(für: im Hause hergestellt)

R20 Wird die Verbindung aus einem Nomen und einem Partizip als eine nicht verkürzte Wortgruppe aufgefasst, darfst du diese Verbindung auch getrennt schreiben.

die **Erdöl fördernden/erdölfördernden** Staaten
viele **Rat suchende/ratsuchende** Bürger
eine **Respekt einflößende/respekteinflößende** Erscheinung

Folgende Einschränkung musst du aber beachten: Wird die Verbindung erweitert, schreibst du sie klein und zusammen, wenn sich die Erweiterung auf die gesamte Verbindung bezieht.

eine **besonders** respekteinflößende Erscheinung

Bezieht sich die Erweiterung nur auf den ersten Bestandteil der Verbindung, schreibst du sie auseinander und das Nomen mit großem Anfangsbuchstaben.

eine **besonderen R**espekt einflößende Erscheinung

Werden diese Verbindungen als Nomen gebraucht, kannst du sie getrennt oder zusammenschreiben. Schreibst du sie getrennt, musst du beide Wörter mit großen Anfangsbuchstaben beginnen.

die **H**ilfe **S**uchenden	die **H**ilfesuchenden

Die Schreibung mit Bindestrich bei Zusammensetzungen und Aneinanderreihungen

Nomen und Nominalisierungen

R21 Zusammensetzungen aus mehreren Wörtern schreibst du in aller Regel zusammen.

Autobahnbrücke	Kleinwagen
Verkehrsknotenpunkt	Schiebedach

Aneinanderreihungen und Zusammensetzungen, die auf Wortgruppen zurückgehen, werden dagegen mit Bindestrichen verbunden.

das Kopf-an-Kopf-Rennen	das Sowohl-als-auch
der Erste-Hilfe-Kasten	

R22 Infinitive, die sich aus mehr als zwei Bestandteilen zusammensetzen und als Nomen gebraucht werden, schreibst du mit Bindestrichen.

in die Luft gehen	zum In-die-Luft-Gehen
aus der Haut fahren	zum Aus-der-Haut-Fahren
auf die lange Bank schieben	das Auf-die-lange-Bank-Schieben

R23 Um die Lesbarkeit zu verbessern, kannst du in unübersichtlichen oder missverständlichen Zusammensetzungen Bindestriche setzen. Ebenso kannst du mit Bindestrich schreiben, wenn in einer Wortzusammensetzung drei gleiche Buchstaben (Vokale oder Konsonanten) aufeinandertreffen.

See-Elefant (Seeelefant)	Schwarz-Weiß-Malerei (Schwarzweißmalerei)
Fußball-Liga (Fußballliga)	Lotto-Annahmestelle (Lottoannahmestelle)

R24 Nomen werden auch in Zusammensetzungen und Aneinanderreihungen mit Bindestrich immer großgeschrieben. Bei nominalisierten Zusammensetzungen und Aneinanderreihungen mit Bindestrich, schreibst du das erste Wort groß, auch wenn es kein Nomen ist.

See-Elefant	das Sowohl-als-auch

Für nominalisierte Infinitive, die sich aus mehreren Bestandteilen zusammensetzen und mit Bindestrichen geschrieben werden, gilt: Das erste Wort, alle weiteren Nomen in der Verbindung und den Infinitiv schreibst du groß. Alle anderen Wortarten werden, wie gewöhnlich, kleingeschrieben.

zum **I**n-die-**L**uft-**G**ehen
zum **A**us-der-**H**aut-**F**ahren
das **A**uf-die-lange-**B**ank-**S**chieben

Eigennamen

R25 Zusammensetzungen mit mehreren oder mehrteiligen Eigennamen müssen mit Bindestrichen geschrieben werden.

Main-Donau-Kanal
Carl-Orff-Schule
Ingeborg-Bachmann-Preis
Ernst-Reuter-Platz
Konrad-Adenauer-Haus

R26 Auch Zusammensetzungen, die aus zwei Eigennamen bestehen (z.B. Doppelnamen) oder deren zweiter Teil ein Eigenname ist, werden mit Bindestrich verbunden.

Frau Wagner-Bauer
Schleswig-Holstein
Getränke-Meyer

R27 Steht an erster Stelle einer Zusammensetzung ein einfacher Eigenname oder ein geografischer Name, kannst du mit Bindestrich schreiben, wenn der Name hervorgehoben werden soll.

Goethe-Abend (oder Goetheabend)
Beethoven-Festhalle (oder Beethovenfesthalle)
Panama-Kanal (oder Panamakanal)

Straßennamen

R28 Straßennamen sind oft Zusammensetzungen, die aus einem Grundwort (2. Teil) und aus einem Bestimmungswort (1. Teil) bestehen. Du schreibst beide Wörter zusammen, wenn das Bestimmungswort nicht dekliniert ist. Das gilt auch für Verbindungen, die mit einem Fugenelement (*-n*, *-s*, *-en*) gebildet sind.

Bachstraße **Tor**weg **Kupfer**gasse **Königs**allee

Wenn das Bestimmungswort dekliniert ist, schreibst du getrennt.

Kölner Ring Mär**kische** Straße **Neues** Ufer **Alte** Liebe

Diese Regeln gelten auch für Verbindungen mit anderen Grundwörtern,
z. B.: *-platz*, *-graben*, *-steig*, *-promenade*.

R29 Setzt sich ein Straßenname aus mehr als einem Bestimmungswort zusammen, schreibst du mit Bindestrich.

Theodor-Heuss-Allee Heinrich-Heine-Straße

R30 Wenn Straßennamen eine Präposition enthalten, schreibst du getrennt. In diesen Fällen werden alle Wörter bis auf den Artikel großgeschrieben.

An der Vogelwarte **H**inter der Mauer **Z**ur **G**roßen Freiheit

Die Schreibung von Fremdwörtern

Häufig gebrauchte Fremdwörter werden oft den Regeln der deutschen Sprache angepasst: Sie bekommen ein Genus, und wir wenden die Groß- und Kleinschreibung und Getrennt- und Zusammenschreibung an.

R31 Nomen, die aus anderen Sprachen ins Deutsche übernommen worden sind, werden großgeschrieben. Du erkennst sie an ihren Begleitern, vor allem am bestimmten und unbestimmten Artikel.

das Sandwich
der Teenager

R32 Werden zusammengesetzte Fremdwörter wie Nomen gebraucht, schreibt man das erste Wort und weitere nominalisierte Bestandteile groß.

Multiple-**C**hoice-**V**erfahren
Duty-free-**S**hop

R33 Zusammengesetzte Fremdwörter schreibt man in der Regel zusammen. Besteht eine Zusammensetzung aus Nomen, kannst du wie im Deutschen aber auch Bindestriche setzen. Oft erleichtert diese Schreibweise das Lesen.

Science-Fiction (Sciencefiction)
Desktop-Publishing (Desktoppublishing)

R34 Zusammensetzungen, deren erster Bestandteil ein Adjektiv ist, kannst du zusammenschreiben, wenn die Betonung auf dem ersten Teil liegt. Bei anderer Betonung schreibst du immer getrennt.

Softnews (Soft News)
Harddisk (Hard Disk)

R35 Liegt einer Nominalisierung aus dem Englischen eine Verbindung aus Verb und Partikel zugrunde, wird meist mit Bindestrich geschrieben. Du kannst aber auch zusammenschreiben.

Play-back (Playback)
Show-down (Showdown)

R36 Aneinanderreihungen von Fremdwörtern und Zusammensetzungen, die aus Wortgruppen bestehen, werden mit Bindestrichen verbunden.

Do-it-yourself-Methode
No-Future-Generation

R37 Dem Plural-*s* eines Nomens aus dem Englischen geht nie ein Apostroph voraus. Das gilt auch für englische Abkürzungen.

Sho**ps**	C**Ds**	Tes**ts**
Snac**ks**	CD-RO**Ms**	VI**Ps**

R38 Der Plural von Wörtern aus dem Englischen, die auf *-y* enden, wird durch Anhängen des Plural-*s* gebildet.

Story	Stor**ys**
Hobby	Hobb**ys**
Handy	Hand**ys**

R39 Viele Fremdwörter sind inzwischen so gebräuchlich, dass auch die eingedeutschte Schreibung möglich ist.

Joghurt	Jogurt
Mayonnaise	Majonäse
Delphin	Delfin
chic	schick
Thunfisch	Tunfisch

Das gilt auch für Fremdwörter mit den Silben *-graph*, *-phon*, *-phot.*

Graphik	Grafik
Geographie	Geografie
Saxophon	Saxofon
Mikrophon	Mikrofon
Photographie	Fotografie

Bleib innerhalb eines Textes am besten bei einer Schreibweise, verwende also für alle Wörter entweder die eingedeutschte oder die originale Schreibung.

R40 Daneben gibt es aber viele Fremdwörter, bei denen eine eingedeutsche Schreibung noch nicht erlaubt ist. Schlag in Zweifelsfällen im Wörterbuch nach.

online	Philosophie
offline	Milieu
Computer	Synthese

Begleiter und Stellvertreter

Artikel

Artikel treten **nur in Verbindung mit Nomen** und als deren **Begleiter** auf. Sie stehen immer vor den Nomen. Man unterscheidet den bestimmten und den unbestimmten Artikel.
Der bestimmte Artikel heißt ***der, die, das***, der unbestimmte ***ein, eine, ein***.
Artikel geben das Genus (das grammatische Geschlecht) der Nomen an. Wir nennen sie darum auch **Geschlechtswörter**. Indem wir einem Nomen einen Artikel voranstellen, wird deutlich, ob das Nomen im Maskulinum, Femininum oder Neutrum steht.

	Bestimmter Artikel	**Unbestimmter Artikel**
Maskulinum	**der** Wagen	**ein** Wagen
Femininum	**die** Kutsche	**eine** Kutsche
Neutrum	**das** Schiff	**ein** Schiff

Manchmal stehen zwischen dem Artikel und dem Nomen einfache oder auch erweiterte Attribute, die das Nomen noch näher bestimmen.

ein **schönes** Haus
ein **sehr schönes** Haus
ein **für diese Wohngegend sehr schönes** Haus

Die Deklination des bestimmten Artikels

Der bestimmte Artikel ***der, die, das*** kommt im Singular und im Plural vor und wird gemeinsam mit dem Nomen dekliniert, das er begleitet. Er stimmt, anders gesagt, mit dem Nomen in Genus (Geschlecht), Numerus (Zahl) und Kasus (Fall) überein. Eine andere Bezeichnung für diese Übereinstimmung lautet **Kongruenz**. R9

Allen gefällt **das** neue **Schwimmbad**.

	GENUS	NUMERUS	KASUS
das Schwimmbad	Neutrum	Singular	Nominativ

SINGULAR

	MASKULINUM	FEMININUM	NEUTRUM
Nominativ	**der** Wagen	**die** Kutsche	**das** Schiff
Genitiv	**des** Wagens	**der** Kutsche	**des** Schiffes
Dativ	**dem** Wagen	**der** Kutsche	**dem** Schiff
Akkusativ	**den** Wagen	**die** Kutsche	**das** Schiff

PLURAL
Im Plural lautet der bestimmte Artikel für alle Genera gleich.

	MASKULINUM	FEMININUM	NEUTRUM
Nominativ	**die** Wagen	**die** Kutschen	**die** Schiffe
Genitiv	**der** Wagen	**der** Kutschen	**der** Schiffe
Dativ	**den** Wagen	**den** Kutschen	**den** Schiffe
Akkusativ	**die** Wagen	**die** Kutschen	**die** Schiffe

Die Deklination des unbestimmten Artikels

Der unbestimmte Artikel ***ein***, ***eine***, ***ein*** kommt nur im Singular, nicht im Plural vor. Es können im Plural stattdessen aber unbestimmte Zahlwörter stehen.

Singular	Hier soll **ein** Haus gebaut werden.
Plural	Hier sollen **Häuser** gebaut werden.
	Hier sollen **einige/etliche/viele Häuser** gebaut werden.

Ebenso wie der bestimmte Artikel wird der unbestimmte Artikel gemeinsam mit dem Nomen dekliniert, das er begleitet.
Die verneinten (negativen) Formen des unbestimmten Artikels lauten **kein, keine, kein**.

Jan schenkt **einem** guten **Freund ein** spannendes **Buch** zum Geburtstag.

	GENUS	NUMERUS	KASUS
einem Freund	Maskulinum	Singular	Dativ
ein Buch	Neutrum	Singular	Akkusativ

SINGULAR DES UNBESTIMMTEN ARTIKELS
Der unbestimmte Artikel wird wie das Possessivpronomen flektiert.

	MASKULINUM	FEMININUM	NEUTRUM
Nominativ	**ein** Wagen	**eine** Kutsche	**ein** Schiff
Genitiv	**eines** Wagens	**einer** Kutsche	**eines** Schiffes
Dativ	**einem** Wagen	**einer** Kutsche	**einem** Schiff
Akkusativ	**einen** Wagen	**eine** Kutsche	**ein** Schiff

SINGULAR DES UNBESTIMMTEN ARTIKELS - VERNEINT
Der verneinte (negative) unbestimmte Artikel wird wie das Possessivpronomen flektiert.

	MASKULINUM	FEMININUM	NEUTRUM
Nominativ	**kein** Wagen	**keine** Kutsche	**kein** Schiff
Genitiv	**keines** Wagens	**keiner** Kutsche	**keines** Schiffes
Dativ	**keinem** Wagen	**keiner** Kutsche	**keinem** Schiff
Akkusativ	**keinen** Wagen	**keine** Kutsche	**kein** Schiff

Verschmelzung mit Präpositionen

In der Umgangssprache wie auch in der Schriftsprache können Präpositionen mit dem bestimmten Artikel verschmelzen. Man spricht dann von einer **Kontraktion**. R6

Gebräuchlich sind vor allem folgende Verschmelzungen:

in + dem	**im** Garten	**bei + dem**	**beim** Fahrradhändler
um + das	**ums** Haus laufen	**in + das**	**ins** Schwimmbad gehen
an + dem	**am** Wochenende	**von + dem**	**vom** 5-Meter-Brett springen
für + das	**fürs** Erste	**an + das**	**ans** Meer fahren
zu + dem	**zum** Bus laufen	**auf + das**	**aufs** Geratewohl
zu + der	**zur** Schule gehen		

Der Gebrauch des bestimmten und des unbestimmten Artikels

Die Adjektive *bestimmt* und *unbestimmt* deuten schon darauf hin: Die Artikel geben an, ob mit einem Nomen auf etwas Bestimmtes oder Unbestimmtes verwiesen wird.

UNBESTIMMTER ARTIKEL	BESTIMMTER ARTIKEL
Mit dem unbestimmten Artikel kennzeichnet man ein Nomen, das im Zusammenhang eines Textes oder einer Rede zum ersten Mal erwähnt wird, sich also auf etwas bislang noch Ungenanntes und Unbestimmtes bezieht. Der unbestimmte Artikel kann durch *irgendein* ersetzt werden.	Mit dem bestimmten Artikel drückt man aus, dass ein Nomen bereits bekannt und bestimmt und im Zusammenhang des Textes oder der Rede schon einmal erwähnt worden ist. Der bestimmte Artikel kann durch *dieser* ersetzt werden.
Draußen bellt **ein (irgendein)** Hund.	**Der (dieser)** Hund gehört den Nachbarn.

Artikel können individualisierend und generalisierend gebraucht werden. Von einem individualisierenden Gebrauch spricht man, wenn dem Artikel ein Nomen folgt, das auf einzelne Individuen einer Gattung verweist. Generalisierend wird ein Artikel gebraucht, wenn das folgende Nomen die Gesamtheit einer Gattung bezeichnet.

INDIVIDUALISIERENDER GEBRAUCH

	SINGULAR	PLURAL
Unbestimmt	Draußen bellt **ein** Hund.	Draußen bellen Hunde.
Bestimmt	**Der** Hund gehört den Nachbarn.	**Die** Hunde gehören den Nachbarn.

Die zehn Wortarten

GENERALISIERENDER GEBRAUCH		
	SINGULAR	PLURAL
Unbestimmt	**Ein** Hund ist **ein** Säugetier.	Hunde sind Säugetiere.
Bestimmt	**Der** Hund ist **ein** Säugetier.	**Die** Hunde sind Säugetiere.

Wann kann der Artikel weggelassen werden?

Wenn Nomen im Plural unbestimmt bleiben sollen, entfällt der Begleiter, da es keine Pluralformen des unbestimmten Artikels gibt.

Draußen zwitschern **Vögel**.
Im Park spielen **Kinder**.
Auf dem Tisch liegen **Bücher**.

Vor Eigennamen und Titeln steht im Schriftdeutsch kein Artikel, vermeide ihn besser auch in der Umgangssprache.

Kathrin ist meine beste Freundin.
Herr Traubel vergisst ständig irgendetwas.
Doktor Feige hat mir einen Hustensaft verschrieben.

Werden Eigennamen oder geografische Namen näher bestimmt, steht aber auch vor ihnen der bestimmte Artikel.

Der nette Herr Traubel vergisst ständig irgendetwas.
Das in Westdeutschland gelegene Köln hat einen berühmten Dom.

Bei Nomen für Materialien, die nicht zählbar sind, entfällt der Artikel ebenfalls.

Pflanzen brauchen **Licht, Wasser** und gute **Luft**.
Zum Brotbacken braucht man **Mehl, Hefe, Salz** und **Wasser**.

Auch Nomen, mit denen wir Ungegenständliches bezeichnen (z.B. Zustände oder Gefühle, Vorgänge, Handlungen) oder im Allgemeinen sprechen, werden meist ohne Artikel gebraucht.

Wir hatten **Glück**. — **Musik** bereitet vielen Menschen große **Freude**.
Sport hält gesund. — **Computer** und **Kopierer** gehören in jedes moderne Büro.

Oft entfällt der Artikel auch in festen Redewendungen.

Schritt für Schritt	von Herzen
bei Tag und Nacht	mit Rücksicht auf
Feuer und Flamme sein	Einspruch einlegen

In Schlagzeilen, Überschriften, Anzeigen usw. wird ebenfalls auf die Artikel verzichtet.

Überschwemmung nach ausgiebigen Regenfällen
Überfall auf **Geldtransporter** aufgeklärt
Wegen **Renovierung** vorübergehend geschlossen

Pronomen

Pronomen stehen meist stellvertretend für Nomen oder Nominalgruppen. Man nennt sie darum auch **Stellvertreter** oder **Fürwörter**. R 1–3

Sven möchte das Fahrrad kaufen. Er möchte dieses kaufen, nicht jenes dort.

Daneben können einige Pronomen auch als **Begleiter** gebraucht werden. Sie stehen dann vor dem Nomen, auf das sie sich beziehen.

Sven möchte **dieses Fahrrad** kaufen.
Mein Rad gefällt ihm nicht.
Manche Räder sind wirklich nicht schön.

Wir unterscheiden folgende Pronomen.

PRONOMEN	BEISPIELE
Personalpronomen (persönliche Fürwörter)	ich, du, er/sie/es, wir, ihr, sie
Possessivpronomen (besitzanzeigende Fürwörter)	mein, dein, sein/ihr/sein, unser, euer, ihr
Demonstrativpronomen (hinweisende Fürwörter)	dieser, diese, dieses; der, die das; jener, jene, jenes derselbe, dieselbe, dasselbe derjenige, diejenige, dasjenige
Reflexivpronomen (rückbezügliche Fürwörter)	mich, dich, sich
Relativpronomen (bezügliche Fürwörter)	der, die, das; welcher, welche, welches wer, was
Interrogativpronomen (Fragefürwörter)	wer, was; welcher, welche, welches; was für (ein)
Indefinitpronomen (unbestimmte Fürwörter)	einige, irgendein, jeder, mehrere, viele manche, etliche, wenige

Die zehn Wortarten

Pronomen stellen Bezüge her, indem sie auf Folgendes verweisen oder sich auf schon Erwähntes rückbeziehen. Du kannst mit ihrer Hilfe umständliche Formulierungen oder Wiederholungen vermeiden und abwechslungsreiche Texte gestalten.

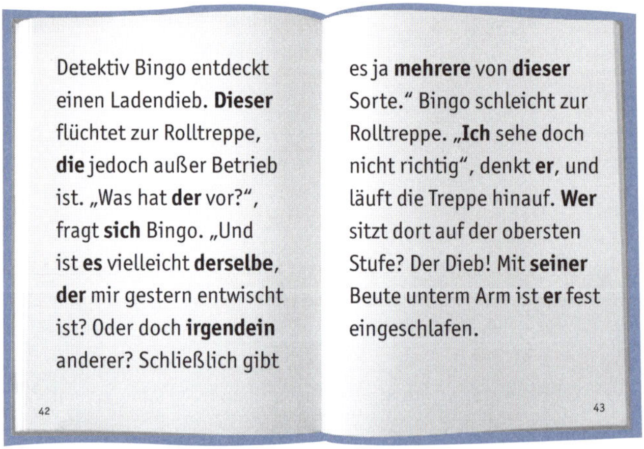

Personalpronomen

Das Personalpronomen (persönliches Fürwort) *ich, du, er, sie, es, wir, ihr, sie* hat stets die Funktion eines Stellvertreters. Es ersetzt die sprechende und die angesprochene Person ebenso wie die Person oder Sache, über die gesprochen wird.

	1. PERSON	2. PERSON	3. PERSON
Singular	ich	du	er, sie, es
Plural	wir	ihr	sie
	sprechende Person(en)	angesprochene Person(en)	besprochene Person(en)/ Sache(n)

Die Deklination des Personalpronomens

SINGULAR

	1. PERSON	2. PERSON	3. PERSON		
			MASKULINUM	FEMININUM	NEUTRUM
Nominativ	ich	du	er	sie	es
Genitiv	meiner	deiner	seiner	ihrer	seiner
Dativ	mir	dir	ihm	ihr	ihm
Akkusativ	mich	dich	ihn	sie	es

PLURAL

	1. PERSON	2. PERSON	3. PERSON
			Für die 3. Person Plural lauten die Personalpronomen für alle Genera gleich.
Nominativ	wir	ihr	sie
Genitiv	unser	euer	ihrer
Dativ	uns	euch	ihnen
Akkusativ	uns	euch	sie

Der Gebrauch des Personalpronomens

Mit den Formen der 3. Person bezieht man sich meist auf Personen oder Dinge, auf Handlungen oder Vorgänge, von denen zuvor schon die Rede war, und vermeidet so umständliche Wiederholungen.

Lars ist ein großer Fußballfan. **Er** freut sich schon auf die nächste WM.
Die Theater-AG probt **eine Komödie**. **Sie** soll im Frühjahr aufgeführt werden.
Das Schulfest war ein voller Erfolg. Allen hat **es** sehr gefallen.
Katrin und Vera verabreden sich. Gemeinsam wollen **sie** ins Kino gehen.

Mit dem Pronomen der 2. Person wendet man sich nur an Personen, mit denen man vertraut ist. R5

Hallo Vera,
ich habe **dich** und **deinen** kleinen Bruder gestern im Tierpark gesehen. **Ihr** habt **euch** ja mächtig amüsiert vor dem Affenkäfig. Immer wieder habt **ihr** versucht, die Affen nachzuäffen. Ich habe **euch** zugewinkt, aber **ihr** habt nur die Affen gesehen.

Für die höfliche Anrede (Höflichkeitsform) benutzt man die Formen der 3. Person Plural. R4

Können **Sie** mir sagen, wie spät es ist?
Ich danke **Ihnen**.

Die Genitivform des Personalpronomens ist inzwischen etwas ungebräuchlich und kommt fast nur noch in festen Redewendungen vor.

Er hat sich **ihrer** angenommen.
Sie will **seiner** gedenken.

Der Gebrauch des Pronomens *es*

Das Personalpronomen *es* ist vor allem Stellvertreter für Personen oder Dinge im Neutrum.

Das Mädchen läuft zum Park. **Es** trifft sich dort mit seinen Freundinnen.
Wem gehört **das Lineal**? **Es** gehört Lars.

Daneben kann *es* aber manchmal auch auf Nomen verweisen, die im Maskulinum oder Femininum oder auch im Plural stehen.

Draußen zwitschert **ein Vogel. Es** ist eine Amsel.
Draußen zwitschern **Vögel. Es** sind **Amseln.**

Das Pronomen *es* steht oft bei unpersönlichen Verben und übernimmt dann die Funktion des Subjekts. Vielfach kommt dies bei Verben vor, die Wetterereignisse beschreiben (*regnen, hageln, donnern, blitzen, nieseln, schneien*).

Es schneit schon den ganzen Tag.
Es blitzt und **donnert.**

Es kann anstelle eines prädikativ verwendeten Adjektivs gebraucht werden.

Als der Sturm endlich nachließ, waren alle **froh.** Ich war **es** auch.

Es wird auch als hinweisendes Wort auf einen *dass-Satz* oder eine Infinitivgruppe verwendet.

Es ärgert mich, **dass du immer zu spät kommst.**
Es hat mich gefreut, **von Ihnen zu hören.**

Das Pronomen *es* kann anstelle eines Satzes stehen, wenn aus dem Zusammenhang klar wird, was gemeint ist.

Gestern ist mein Computer kaputt gegangen. Ich habe **es** kommen sehen.

Am Satzanfang kann das Pronomen *es* auf ein Subjekt verweisen, das erst später im Satz genannt wird. Man gebraucht es in diesem Fall als Platzhalter.

Im Winter freuen sich **viele** aufs Skilaufen.
Es freuen sich im Winter **viele** aufs Skilaufen.

Das unpersönliche *es* kommt häufig in festen Wendungen vor.

Es handelt sich um eine wichtige Angelegenheit.
Gibt es denn nichts zu trinken? Nein, **es gibt** nur Brezeln.
Es war einmal eine Prinzessin ...

Possessivpronomen

Jedem Personalpronomen ist ein Possessivpronomen (besitzanzeigendes Fürwort) zugeordnet. R 1-3

	PERSONALPRONOMEN	POSSESSIVPRONOMEN
SINGULAR		
1. Person	ich	mein
2. Person	du	dein
3. Person	er, sie, es	sein, ihr, sein
PLURAL		
1. Person	wir	unser
2. Person	ihr	euer
3. Person	sie	ihr

Das Possessivpronomen gibt in aller Regel an, zu wem eine Person oder eine Sache gehört. Daneben kann es aber auch Verhältnisse beschreiben, denen weder ein Besitz noch eine Zugehörigkeit zugrunde liegen.

Es ist **mein** Fahrrad.
Sicher wird **deine** Mannschaft gewinnen.
Ihr müsst euch beeilen. Sonst verpasst ihr **euren** Bus.

Die Deklination des Possessivpronomens

Das Possessivpronomen stimmt in Person, Numerus und in der 3. Person Singular auch im Genus mit dem **Besitzer** überein. Zugleich stimmt es in Numerus, Genus und Kasus mit dem Nomen überein, das den **Besitz** angibt und dessen Begleiter es ist.

Anna sucht ihr|en Atlas.

3. Person Singular Femininum	Akkusativ Singular Maskulinum
Besitzer	**Besitz**

Alle Possessivpronomen (*mein, dein, sein, unser, euer* und *ihr*) werden stark dekliniert und erhalten bei der Deklination die gleichen Endungen. In der folgenden Tabelle wird die Deklination am Beispiel des Pronomens *mein* durchgeführt.

SINGULAR

	MASKULINUM	FEMININUM	NEUTRUM
Nominativ	mein Tisch	mein**e** Schwester	mein Bild
Genitiv	mein**es** Tisches	mein**er** Schwester	mein**es** Bildes
Dativ	mein**em** Tisch	mein**er** Schwester	mein**em** Bild
Akkusativ	mein**en** Tisch	mein**e** Schwester	mein Bild

PLURAL

Vor Nomen im Plural lautet das Possessivpronomen für alle Genera gleich.	
Nominativ	mein**e** Tische/Schwestern/Bilder
Genitiv	mein**er** Tische/Schwestern/Bilder
Dativ	mein**en** Tischen/Schwestern/Bildern
Akkusativ	mein**e** Tische/Schwestern/Bilder

Gebrauch des Possessivpronomens

Das Possessivpronomen steht meistens als **Begleiter** vor dem Nomen, auf das es sich bezieht. Es kann aber auch anstelle eines Nomens gebraucht werden und hat dann die Funktion eines **Stellvertreters.**

Meine Schwester hilft **deinem** Bruder bei den Hausaufgaben. (**Begleiter**)
Wem gehört dieser Pullover? Das ist **seiner**. (**Stellvertreter**)
Sie haben einen gut erzogenen Hund. **Meiner** hört nie auf mich. (**Stellvertreter**)

Das Possessivpronomen kann durch das Adjektiv *eigen* ergänzt und verstärkt werden.

Sie fährt mit **ihrem eigenen** Rad.

Demonstrativpronomen

Demonstrativpronomen weisen auf eine Sache oder eine Person hin. Wir nennen sie darum auch hinweisende Fürwörter. Sie lauten:

dieser, diese, dieses	der, die, das
jener, jene, jenes	derjenige, diejenige, dasjenige
solcher, solche, solches	derselbe, dieselbe, dasselbe

Demonstrativpronomen können die Funktion eines Begleiters haben oder als Stellvertreter für ein Nomen gebraucht werden. Ebenso können sie anstelle eines Satzes stehen.

Diese Jacke gefällt mir gut.	(Begleiter)
Diese gefällt mir gut.	(Stellvertreter für *diese Jacke)*
Du bist mit den Hausaufgaben gerade fertig geworden. **Das** ist gut.	(Stellvertreter für ganzen Satz)

Die Deklination der Demonstrativpronomen

Werden Demonstrativpronomen als Stellvertreter gebraucht, stimmen sie in Numerus und Genus mit dem Nomen überein, das sie ersetzen. Haben sie die Funktion eines Begleiters, nehmen sie auch den Kasus des Nomens an.

Die Pronomen *dieser, diese, dieses, jener, jene, jenes* und *solcher, solche, solches* haben die gleiche Deklination. Die folgende Übersicht führt die Deklination am Beispiel des Pronomens *dieser, diese, dieses* vor.

SINGULAR

	MASKULINUM	FEMININUM	NEUTRUM
Nominativ	dies**er** Hund	dies**e** Katze	dies**es** Pferd
Genitiv	dies**es** Hundes	dies**er** Katze	dies**es** Pferdes
Dativ	dies**em** Hund	dies**er** Katze	dies**em** Pferd
Akkusativ	dies**en** Hund	dies**e** Katze	dies**es** Pferd

PLURAL

	für alle Genera gleich
Nominativ	dies**e** Tiere
Genitiv	dies**er** Tiere
Dativ	dies**en** Tieren
Akkusativ	dies**e** Tiere

Die Demonstrativpronomen *derselbe, dieselbe, dasselbe* und *derjenige, diejenige, dasjenige* bestehen aus zwei Teilen, die beide flektiert werden müssen. Im Folgenden wird die Deklination am Beispiel von *derselbe, dieselbe, dasselbe* durchgeführt. Das Pronomen *derjenige, diejenige, dasjenige* wird genauso flektiert.

SINGULAR

	MASKULINUM	FEMININUM	NEUTRUM
Nominativ	**der**selbe Hund	**die**selbe Katze	**das**selbe Pferd
Genitiv	**des**sel**ben** Hundes	**der**sel**ben** Katze	**des**sel**ben** Pferdes
Dativ	**dem**sel**ben** Hund	**der**sel**ben** Katze	**dem**sel**ben** Pferd
Akkusativ	**den**sel**ben** Hund	**die**selbe Katze	**das**selbe Pferd

PLURAL

	für alle Genera gleich
Nominativ	**die**sel**ben** Tiere
Genitiv	**der**sel**ben** Tiere
Dativ	**den**sel**ben** Tieren
Akkusativ	**die**sel**ben** Tiere

Die Deklination des Demonstrativpronomens *der, die, das* unterscheidet sich je nach Funktion. Als Begleiter wird es wie der bestimmte Artikel flektiert.

SINGULAR

	MASKULINUM	FEMININUM	NEUTRUM
Nominativ	**der** Hund	**die** Katze	**das** Pferd
Genitiv	**des** Hundes	**der** Katze	**des** Pferdes
Dativ	**dem** Hund	**der** Katze	**dem** Pferd
Akkusativ	**den** Hund	**die** Katze	**das** Pferd

PLURAL

	für alle Genera gleich
Nominativ	**die** Tiere
Genitiv	**der** Tiere
Dativ	**den** Tieren
Akkusativ	**die** Tiere

Hat es die Funktion eines Stellvertreters, lauten seine Flexionsformen im Genitiv Singular und im Genitiv und Dativ Plural anders.

SINGULAR

	MASKULINUM	FEMININUM	NEUTRUM
Nominativ	der	die	das
Genitiv	**dessen**	**deren/derer**	**dessen**
Dativ	dem	der	dem
Akkusativ	den	die	das

PLURAL

	für alle Genera gleich
Nominativ	die
Genitiv	**deren/derer**
Dativ	**denen**
Akkusativ	die

Der Gebrauch der Demonstrativpronomen

dieser, diese, dieses und **jener, jene, jenes**

Das Pronomen *dieser, diese, dieses* weist auf eine räumliche oder zeitliche Nähe hin, während das Pronomen *jener, jene, jenes* eine räumliche oder zeitliche Distanz zum Ausdruck bringt. Diese Unterscheidung gilt, gleichgültig, ob die Pronomen als Begleiter oder Stellvertreter gebraucht werden.

Dieses Rad (hier) gehört mir, **jenes** Rad (dort drüben) meinem Bruder. (Begleiter)
Dieses gehört mir, **jenes** meinem Bruder. (Stellvertreter)

Dieser These kann ich zustimmen, **jener** (zuvor geäußerten) These nicht. (Begleiter)
Dieser kann ich zustimmen, **jener** nicht. (Stellvertreter)

Statt *dieses* kannst du auch die Kurzform *dies* verwenden, wenn du das Pronomen als Stellvertreter gebrauchst.

Dies gehört mir, jenes meinem Bruder.

derselbe, dieselbe, dasselbe

Das Demonstrativpronomen *derselbe, dieselbe, dasselbe* darfst du nicht mit *der/die/das gleiche* verwechseln, denn es gibt einen Bedeutungsunterschied:

Laura und Verena arbeiten mit **dem gleichen** Buch.	Laura und Verena arbeiten mit **demselben** Buch.
↓	↓
Dieser Satz bedeutet, dass Laura und Verena mit einem Buch gleichen Titels arbeiten, jede aber ein eigenes Exemplar besitzt.	Dieser Satz bedeutet, dass beide mit ein- und demselben Exemplar arbeiten.

Merk dir einfach: Wenn es sich um einen einzigen Gegenstand handelt, verwendest du *derselbe, dieselbe, dasselbe*. Möchtest du zum Ausdruck bringen, dass es sich um zwei Gegenstände handelt, die sich gleichen oder ähneln, verwendest du *der/die/das gleiche*.

Das Pronomen *derselbe* kann wie der bestimmte Artikel mit einer Präposition verschmelzen.

Laura und Verena haben **an demselben** Tag Geburtstag.

↓

Laura und Verena haben **am selben** Tag Geburtstag.

derjenige, diejenige, dasjenige

In den meisten Fällen weist das Pronomen *derjenige, diejenige, dasjenige* als Stellvertreter wie als Begleiter auf einen folgenden Relativsatz hin.

Diejenigen Schüler, **die** am Spiel teilnehmen, müssen sich jetzt warmlaufen.
Diejenigen, **die** am Spiel teilnehmen, müssen sich jetzt warmlaufen.

R9 **der, die, das**

Das Demonstrativpronomen *der, die, das* dient vor allem der Hervorhebung und wird betont gesprochen.

Der Kuchen schmeckt aber gut!
Die Tasche dort? Nein, **die** gehört mir nicht.
Auf **den** Tag freue ich mich heute schon!

Es kann als Begleiter und ebenso als Stellvertreter verwendet werden. Als Stellvertreter wird es oft umgangssprachlich gebraucht. Es steht dann an der gleichen Position wie das Personalpronomen.

Ach Sebastian! Ja, mit **dem** Dribbel-Künstler spiele ich gern Fußball. (Begleiter)
Ach Sebastian! Ja, mit **dem** spiele ich gern Fußball. (Stellvertreter)

↓

Ach Sebastian! Ja, mit **ihm** spiele ich gern Fußball. (Personalpronomen)

Wähle in der Schriftsprache anstelle des umgangssprachlichen und oft abwertend gebrauchten Demonstrativpronomens besser die höflicheren Formulierungen mit dem Personalpronomen.

Die Genitivformen **deren** und **dessen**

Die Genitivformen *deren* und *dessen* können anstelle des Possessivpronomens stehen und so missverständliche Mehrdeutigkeiten vermeiden helfen.

Tina schickt eine E-Mail an Paula und **ihren** Freund.
Wessen Freund erhält die E-Mail? Tinas oder Paulas Freund? Der Satz wird erst eindeutig, wenn du das Demonstrativpronomen verwendest:

↓

Tina schickt eine E-Mail an Paula und **deren** Freund.
Nun ist klar, dass Paulas Freund gemeint ist. Wenn du dagegen ausdrücken möchtest, dass es sich um Tinas Freund handelt, änderst du am besten die Satzstellung:

↓

Tina schickt eine E-Mail an **ihren** Freund und an Paula.

Das gilt ebenso für das folgende Beispiel im Maskulinum.
Markus schickt eine E-Mail an Philipp und **seinen** Freund. (mehrdeutig)
Markus schickt eine E-Mail an Philipp und **dessen** Freund. (eindeutig)
Markus schickt eine E-Mail an **seinen** Freund und an Philipp. (eindeutig)

solcher, solche, solches

Das Pronomen *solcher, solche, solches* nimmt unter den Demonstrativpronomen eine Sonderstellung ein. Verweisen die übrigen Demonstrativpronomen auf Nomen oder Nominalgruppen in ihrer Gesamtheit, bezieht sich *solcher, solche, solches* auf eine besondere

Eigenschaft des Nomens oder der Nominalgruppe. Wird es flektiert verwendet, steht es im Singular meist mit dem vorangestellten unbestimmten Artikel. Im Plural entfällt der Artikel. Dabei kann es als Begleiter oder als Stellvertreter gebraucht werden.

Der **Bonbon** ist sehr **sauer**.
Die **Bonbons** sind sehr **sauer**.

Einen solchen (Bonbon) mag ich nicht.
Solche (Bonbons) mag ich nicht.

Steht *solch* vor dem unbestimmten Artikel, wird nur der Artikel gebeugt, *solch* bleibt unflektiert.

Solch ein**en** (saur**en**) Bonbon mag ich nicht.

Anstelle von *solch* + *unbestimmter* Artikel kann vor allem in der Umgangssprache auch *so einer, so eine, so eines* gebraucht werden.

So einen Bonbon mag ich nicht.

selbst/selber

Auch das Pronomen *selbst* zählt zu den Demonstrativpronomen. Es wird nachgestellt und nicht dekliniert.

Du **selbst** hast es versprochen.
Sie **selbst** wollte es so.

Das Pronomen ***selber*** hat dieselbe Bedeutung wie *selbst*. Es wird aber nur in der Umgangssprache benutzt. In der Schrift- und Hochsprache solltest du es vermeiden.

Wir haben alles **selber** gemacht. (umgangssprachlich)

Reflexivpronomen

Das **Reflexivpronomen** (rückbezügliche Fürwort) bringt in aller Regel zum Ausdruck, dass ein Geschehen oder eine Handlung auf das Subjekt eines Satzes zurückverweist. Das Subjekt kann ein Nomen oder auch ein Pronomen sein.

Der Zug verspätet **sich**.

Ich schaue **mir** einen Film an.

Das Reflexivpronomen kommt im Dativ und im Akkusativ vor. Sein Kasus hängt vom Verb ab, dem es folgt. Es gibt reflexive Verben, die ein Reflexivpronomen im Dativ verlangen, andere, die ein Pronomen im Akkusativ brauchen. Hier einige Beispiele:

REFLEXIVE VERBEN MIT REFLEXIVPRONOMEN IM DATIV	
sich (etwas) überlegen	sich (etwas) nehmen
sich (etwas) vorstellen	sich (etwas) vornehmen
sich (etwas) anschauen	sich schaden
sich (etwas) kaufen	sich (etwas) einbilden

REFLEXIVE VERBEN MIT REFLEXIVPRONOMEN IM AKKUSATIV	
sich irren	sich beeilen
sich erinnern	sich waschen
sich sehnen	sich befinden
sich wundern	sich schämen

Die Deklination des Reflexivpronomens

Die Deklination des Reflexivpronomens gleicht jener des Personalpronomens. Nur im Dativ und Akkusativ der 3. Person Singular und Plural lauten seine Formen anders.

		1. PERSON	2. PERSON	3. PERSON
Singular	**Dativ**	mir	dir	sich
	Akkusativ	mich	dich	sich
Plural	**Dativ**	uns	euch	sich
	Akkusativ	uns	euch	sich

Der Gebrauch des Reflexivpronomens

Das Reflexivpronomen kann durch ein hinzugefügtes *selbst* verstärkt werden.

Ich wundere mich **selbst.**
Ich **selbst** wundere mich.
(Nicht nur du wunderst dich, ich wundere mich auch.)

Zu den Reflexivpronomen zählt auch das so genannte reziproke Pronomen *einander*. Es drückt eine wechselseitige (reziproke) Beziehung aus und wird vor allem in der Schrift- und Hochsprache anstelle des Reflexivpronomens gebraucht. R 1-8

Die Thesen widersprechen **einander.**
(für: Die Thesen widersprechen **sich gegenseitig**)

Sie lieben **einander.**
(für: Sie lieben **sich gegenseitig**)

Relativpronomen

Zu den Relativpronomen (bezügliche Fürwörter) gehören:

der, die, das,
welcher, welche, welches
wer, was

Z1 Relativpronomen leiten Nebensätze, die so genannten Relativsätze ein.
Dabei beziehen sie sich auf ein Nomen oder ein Pronomen im übergeordneten Satz und bestimmen dieses näher. Im Relativsatz haben sie die Funktion eines Stellvertreters: Sie ersetzen das Nomen oder Pronomen, auf das sie sich im übergeordneten Satz beziehen.

Das Buch, **das** mein Bruder gerade liest, muss sehr spannend sein.

Es gibt **nichts**, **was** ihn davon ablenken könnte.

Die Deklination der Relativpronomen

Relativpronomen stimmen in Genus und Numerus mit dem Wort überein, auf das sie sich im übergeordneten Satz beziehen.

Neutrum Singular

Das Buch, **das** mein Bruder gerade liest, muss sehr spannend sein.

Der Kasus der Relativpronomen richtet sich nach der grammatischen Funktion, die sie im Nebensatz übernehmen.

Der Film, **der** heute im Kino anläuft, wird sehr gelobt.	Subjekt →	**Nominativ**
Der Film, **dessen** Regisseur noch unbekannt ist, wird sicher ein Erfolg.	Genitivattribut →	**Genitiv**
Der Film, **dem** alle gespannt folgen, bekommt bestimmt einen Preis.	Dativobjekt →	**Dativ**
Der Film, **den** wir heute gesehen haben, hat uns sehr gefallen.	Akkusativobjekt →	**Akkusativ**

Mitunter stehen vor den Relativpronomen auch Präpositionen, die ihren Kasus bestimmen.

Der Film, **von dem** wir schon viel gehört hatten, war wirklich toll.	Präpositionales Objekt ——→ **Dativ**
Der Film, **für den** wir Schlange stehen mussten, war wirklich toll.	Präpositionales Objekt ——→ **Akkusativ**

Das Relativpronomen *der, die, das* wird wie das gleich lautende Demonstrativpronomen flektiert. Die Flexionsformen des Relativpronomens *welcher, welche, welches* stimmen mit denen des Demonstrativpronomens *dieser, diese, dieses* überein.

welcher, welche, welches

R9

SINGULAR

	MASKULINUM		FEMININUM		NEUTRUM	
Nominativ	der	welch**er**	die	welch**e**	das	welch**es**
Genitiv	dessen	welch**es(n)**/dessen	deren	welch**er**/deren	dessen	welch**es(n)**/dessen
Dativ	dem	welch**em**	der	welch**er**	dem	welch**em**
Akkusativ	den	welch**en**	die	welch**e**	das	welch**es**

PLURAL

	Im Plural lauten die Formen für alle Genera gleich.	
Nominativ	die	welch**e**
Genitiv	deren	welch**er**/deren
Dativ	denen	welch**en**
Akkusativ	die	welch**e**

Die Genitivformen von *welcher, welche, welches* sind vor allem im Maskulinum und Neutrum ungebräuchlich und werden in aller Regel durch die entsprechenden Formen von *der, die, das* ersetzt.:

Es war ein Ereignis, **dessen** (welchen) er sich erinnerte.

	WER	WAS
Nominativ	wer	was
Genitiv	wessen	wessen
Dativ	wem	was
Akkusativ	wen	was

Die Dativform *was* wird nur nach einer Präposition verwendet. Die Verbindung aus *was + Präposition* kommt allerdings selten vor und wird meist durch ein Pronominaldadverb ersetzt:

Er weiß nicht, **mit was** er beginnen soll.
Er weiß nicht, **womit** er beginnen soll.

Der Gebrauch der Relativpronomen

R9 **der, die, das**

Am häufigsten wird das Relativpronomen *der, die, das* gebraucht. Achte darauf, dass es sich bei mehreren möglichen Bezugswörtern stets auf jenes Nomen oder Pronomen im übergeordneten Satz bezieht, das ihm am nächsten steht. So vermeidest du Missverständnisse.

Lara legt die Blätter in die Schublade zurück, die sie gerade geordnet hat.

↓

Lara hat die Schublade geordnet, nicht die Blätter!
Willst du zum Ausdruck bringen, dass Lara die Blätter geordnet hat, formuliere unmissverständlich:

↓

Lara legt die Blätter, die sie gerade geordnet hat, in die Schublade zurück.

Das Relativpronomen *der, die, das* kann mit dem gleich lautenden Demonstrativpronomen verwechselt werden. Ersetzungen helfen dir aber, die beiden Pronomen voneinder zu unterscheiden: Immer, wenn du *der, die, das* sinnvoll durch *welcher, welche, welches* ersetzen kannst, handelt es sich um das Relativpronomen.

Der Film, **der (welcher)** gestern im Kino lief, hat ihm gefallen. **(Relativpronomen)**

Lässt sich *der, die das* hingegen sinnvoll durch *dieser, diese, dieses* ersetzen, liegt das Demonstrativpronomen vor.

Der Film gestern, **der (dieser)** hat ihm gefallen. **(Demonstrativpronomen)**

Die Genitivform *deren* wird im Femininum Singular und Plural nur vor Nomen verwendet. Das Relativpronomen wird in diesem Zusammenhang als Genitivattribut gebraucht.

Die Villa, **deren Fassade** frisch verputzt war, strahlte im Sonnenlicht.
Die Villen, **deren Fassaden** sehr schön sind, wurden im 19. Jh. erbaut.

Hängt das Relativpronomen von einer Präposition ab, die den Genitiv verlangt, oder wird es als Genitivobjekt gebraucht, kann anstelle von *deren* auch *derer* stehen.

Die Lampe, **mittels deren** (derer) der Raum ausleuchtet wird, ist schwenkbar.
Die Tat, **deren** (derer) er beschuldigt wird, liegt lange zurück.

welcher, welche, welches

Das Relativpronomen *welcher, welche, welches* wird seltener und eher in der Schrift- als in der Umgangssprache gebraucht. Es steht anstelle von *der, die, das* und wird meist verwendet, um die Wiederholung gleich lautender Formen zu vermeiden.

Das T-Shirt, **das das** Mädchen trägt, gefällt mir gut.
Das T-Shirt, **welches das** Mädchen trägt, gefällt mir gut.

Ebenso kann *welcher, welche, welches* nach dem Demonstrativpronomen *derjenige, diejeinige, dasjenige* stehen. Es wird auch hier anstelle von *der, die, das* gebraucht und hilft, Wiederholungen zu vermeiden.

Diejenigen, **die** mit den Aufgaben fertig sind, können nach Hause gehen.
Diejenigen, **welche** mit den Aufgaben fertig sind, können nach Hause gehen.

Diejenigen, **die die** Aufgaben erledigt haben, können nach Hause gehen.
Diejenigen, **welche die** Aufgaben erledigt haben, können nach Hause gehen.

wer, was

Mit den Pronomen *wer* und *was* können Relativsätze gebildet werden, deren Bezugswort im übergeordneten Satz fehlt und hinzugedacht werden muss. Man nennt diese Relativsätze auch freie Relativsätze.

Wer mit den Aufgaben fertig **ist**, **kann** nach Hause gehen.
(**Diejenigen, die** mit den Aufgaben fertig **sind**, **können** nach Hause gehen.)

Ich esse nur, **was** mir schmeckt.
(Ich esse nur **das, was** mir schmeckt.)

Das Relativpronomen *was* wird nach Pronomen, nach Zahladjektiven, die im Neutrum stehen, und nach nominalisierten Adjektiven im Superlativ gebraucht.

Ich esse nur **das**, **was** mir schmeckt.	(Pronomen)
Sie hat **alles** geschafft, **was** sie sich vorgenommen hatte.	(Zahladjektiv)
Das war **das Beste**, **was** ihm passieren konnte.	(Superlativ)

Es kann sich auch auf einen ganzen Satz beziehen.

Ich konnte früher nach Hause gehen, **was** mich sehr gefreut hat.

Steht vor dem Pronomen *was* eine Präposition, kannst du anstelle dieser oft schwerfälligen Formulierung auch ein Pronominaladverb verwenden.

Ich weiß nicht, **zu was** das gut sein soll. ⟶ Ich weiß nicht, **wozu** das gut sein soll.

Weitere Pronominaladverbien, die anstelle von *was + Präposition* gebraucht werden können, lauten zum Beispiel:

nach was	→	wonach	an was	→	woran
über was	→	worüber	aus was	→	woraus
auf was	→	worauf	in was	→	worin
mit was	→	womit	durch was	→	wodurch

Interrogativpronomen

Interrogativpronomen (Fragefürwörter) leiten meistens Fragesätze, seltener Ausrufesätze ein. Sie lauten:

wer, was
welcher, welche, welches
was für ein, eine, ein

Das Pronomen *wer, was* hat die Funktion eines Stellvertreters und kommt nur im Singular vor. Mit *wer* fragt man nach Personen, mit *was* nach Gegenständen.

Yann hat angerufen. **Wer** hat angerufen? (Stellvertreter)
Dein Schutzblech klappert. **Was** klappert? (Stellvertreter)

Das Pronomen *welcher, welche, welches* kommt als Stellvertreter und Begleiter vor. Es stimmt in Numerus, Genus und Kasus mit dem Nomen überein, das es begleitet oder ersetzt.

Ich habe gestern **einen Film** im Kino gesehen.
Welchen Film hast du gesehen? (Begleiter)
Welchen hast du gesehen? (Stellvertreter)

Das Pronomen *was für ein, eine, ein* kann als Begleiter und ebenso als Stellvertreter gebraucht werden.

Was für eine Jeans hat sie sich gekauft? (Begleiter)
Was für eine hat sie sich gekauft? (Stellvertreter)

Interrogativpronomen werden gelegentlich mit den Frageadverbien *wie, wo, wann, warum, womit* usw. verwechselt. Du kannst beide Wortarten aber leicht auseinanderhalten, wenn du dir merkst: Adverbien können nicht dekliniert werden, Interrogativpronomen hingegen werden dekliniert.

Die Deklination der Interrogativpronomen

	WER	WAS
Nominativ	wer	was
Genitiv	wessen	wessen
Dativ	wem	was
Akkusativ	wen	was

Die Dativform *was* wird nur nach einer Präposition verwendet. Meist wird die Verbindung aus *Präposition + was* aber durch ein Frageadverb ersetzt:

Mit was soll ich beginnen?

Womit soll ich beginnen?

welcher, welche, welches

	SINGULAR			PLURAL
	MASKULINUM	FEMININUM	NEUTRUM	für alle Genera gleich lautend
Nominativ	welch**er**	welch**e**	welch**es**	welch**e**
Genitiv	welch**es**/welch**en**	welch**er**	welch**es**/welch**en**	welch**er**
Dativ	welch**em**	welch**er**	welch**em**	welch**en**
Akkusativ	welch**en**	welch**e**	welch**es**	welch**e**

Im Genitiv Singular Maskulinum und Neutrum wird die Form *welches* gebraucht, wenn ein Nomen folgt, dessen Genitiv nicht auf *-s* endet: Welches Jungen Pullover ist das?
Folgt ein Nomen mit *s*-Genitiv, kann sowohl *welches* als auch *welchen* stehen: Welches/Welchen Mädchens T-Shirt ist das?

In der Verbindung *was für ein, eine, ein* bleibt die Formel *was für* unverändert, *ein, eine, ein* wird wie der unbestimmte Artikel dekliniert und steht wie dieser nur im Singular. Im Plural verwendet man anstelle der gesamten Fügung die Formen von *welche*.

was für ein, eine, ein

	SINGULAR	PLURAL
Nominativ	was für ein, ein**e**, ein	welch**e**
Genitiv	was für ein**es**, ein**er**, ein**es**	welch**er**
Dativ	was für ein**em**, ein**er**, ein**em**	welch**en**
Akkusativ	was für ein**en**, ein**e**, ein	welch**e**

Der Gebrauch der Interrogativpronomen

Mit dem Interrogativpronomen *wer* fragt man nach Personen, mit *was* erfragt man Sachen oder Sachverhalte. Beide Pronomen kommen nur im Singular vor, können aber für mehrere Personen oder Sachen stehen.

→ Isabell.
Wen hast du eingeladen?
→ Isabell, Yann, Tina und Timmy.

→ Einen Salat.
Was hast du gegessen?
→ Einen Salat, etwas Pasta und anschließend ein Eis.

Was ist ein Neutrum. *Wer* ist seinem grammatischen Geschlecht nach ein Maskulinum, kann sich aber sowohl auf männliche wie auf weibliche Personen beziehen.

Wen hast du eingeladen? **Isabell, Yann, Tina und Timmy.**

Steht vor dem Pronomen *was* eine Präposition, wird diese Verbindungen meist durch ein Präpositionaladverb ersetzt.

Um was geht es? → **Worum** geht es?

Zu den Präpositionaladverbien gehören zum Beispiel:

auf was	→	worauf	um was	→	worum
vor was	→	wovor	an was	→	woran
mit was	→	womit	für was	→	wofür
von was	→	wovon	gegen was	→	wogegen

Mit dem Interrogativpronomen *welcher, welche, welches* wird nach Personen oder Sachen gefragt. Man verwendet es, um sich angesichts mehrerer Möglichkeiten nach einer bestimmten Person oder Sache zu erkundigen.

Ich habe gestern **einen Film** im Kino gesehen.
Welchen Film hast du gesehen?
Welchen hast du gesehen?

Mit der Verbindung *was für ein, eine, ein* erfragt man die Beschaffenheit oder Eigenschaft, auch ein bestimmtes Merkmal eines Lebewesens oder einer Sache.

Laura hat sich **eine teure Jeans** gekauft.
Was für eine Jeans hat sich Laura gekauft?
Was für eine hat sie sich gekauft?

Interrogativpronomen leiten direkte Fragesätze (Ergänzungsfragen) und indirekte Fragesätze ein. Z2

Timmy fragte sie: „Welchen Film hast du gesehen?" (Direkter Fragesatz)

Timmy fragte sie, welchen Film sie gesehen habe. (Indirekter Fragesatz)

Ebenso können sie Ausrufesätze einleiten. Dabei sind neben den flektierten auch die unflektierten Formen *welch* oder *welch ein, eine, ein* gebräuchlich. Z4

Wer will das schon wissen!

Was für ein Durcheinander!

Oh, **welche** Freude!

Welch ein Pech!

Welch großes Glück!

Indefinitpronomen

Wenn Personen oder Sachen nicht näher identifiziert oder ihre Anzahl, Menge, Größe usw. nicht genau bestimmt werden können oder sollen, gebraucht man Indefinitpronomen (unbestimmte Fürwörter).

Das geht **jeden etwas** an. R7

Irgendjemand hat nach dir gerufen.

Ich habe **nichts** gehört.

Indefinitpronomen werden teils als Begleiter und Stellvertreter, teils nur als Stellvertreter, verwendet. Im Folgenden einige Beispiele:

BEGLEITER UND STELLVERTRETER	
alle, alles	irgendein, irgendeiner
beide	manche
einige	genug
etliche	jeder
mehrere	kein, keiner
etwas, irgendetwas	nichts

Jeder Spieler erhält fünf Spielsteine. (Begleiter)
Es kann **jeder** mitmachen. (Stellvertreter)
Irgendein Spieler muss beginnen. (Begleiter)

STELLVERTRETER
einer
jemand, irgendjemand
niemand
man
irgendwer
jedermann

Kann mir **irgendjemand** die Regeln erklären? (Stellvertreter)

Die Deklination der Indefinitpronomen

Indefinitpronomen werden in aller Regel in Übereinstimmung mit dem Nomen dekliniert, das sie begleiten oder ersetzen. Die Pronomen *man, nichts, etwas* sind allerdings unveränderlich.

jeder Mann ...	etwas Honig ...
jede Frau ...	etwas Marmelade ...
jedes Kind ...	etwas Brot ...

Die Deklination von *jemand* und *niemand* ist nicht ganz leicht, vor allem in Verbindung mit dem Wort *anders*.

	JEMAND/NIEMAND	JEMAND + ANDERS
Nominativ	Das weiß bestimmt **jemand/niemand.**	Das ist **jemand anders/anderes.**
Genitiv	Das ist **jemandes/niemandes** Eigentum.	Das ist die Jacke **eines anderen/** von **jemand anders.**
Dativ	Das muss ich **jemandem/niemandem** erzählen.	Das muss ich **jemand anders/ anderem** schicken.
Akkusativ	Ich kenne hier **jemand(en)/ niemand(en).**	Ich kenne noch **jemand anders/ anderen.**

Indefinitpronomen und unbestimmte Zahlwörter

Zu den Zahlwörtern gehören alle Wortarten, mit denen man eine bestimmte oder unbestimmte Zahl angeben kann (Nomen, Adverbien, Adjektive, Pronomen).

Dabei passiert es leicht, dass vor allem die unbestimmten Zahladjektive und die Indefinitpronomen miteinander verwechselt werden. Die sog. Artikelprobe hilft dir aber, beide Wortarten zu unterscheiden. Merk dir einfach: Nur vor unbestimmten Zahladjektiven kann der bestimmte Artikel stehen, in allen anderen Fällen handelt es sich um ein Indefinitpronomen.

viele Menschen	die vielen Menschen	(= Zahladjektiv)
einige Menschen	~~die~~ einigen Menschen	(= Indefinitpronomen)

Rechtschreibung

Groß- und Kleinschreibung

R1 Pronomen werden in aller Regel kleingeschrieben, auch wenn sie als Stellvertreter von Nomen gebraucht werden.

Ich treffe **ihn** morgen.
Es ist nicht **ihre** Tasche, sondern **seine.**
Es können **diejenigen, die** fertig sind, in die Pause gehen.
Ihm gefällt **dieses**, nicht **jenes.**
Ich freue **mich.**
Da hat **jemand** an die Tür geklopft.
Darüber werden sich **manche/viele/alle/beide/einige** wundern.

R2 Pronomen können aber auch als Nomen gebraucht (nominalisiert) werden. Meist haben sie dann den bestimmten oder unbestimmten Artikel als Begleiter, an dem du sie erkennst. Nominalisierte Pronomen schreibst du groß.

Die Katze ist **ein E**r.
Sie kennen **kein M**ein und **D**ein.
Sie hat **das** gewisse **E**twas.
Sie bietet ihren Nachbarn **das D**u an.

R3 Possessivpronomen, denen ein bestimmter Artikel als Begleiter vorausgeht, können sowohl groß- als auch kleingeschrieben werden.

Er hat **das seine** (**Seine**) geleistet.
Wir wollen **das unsere** (**Unsere**) dazu beitragen.

R4 Das Anredepronomen *Sie*, seine Dativform *Ihnen* und das entsprechende Possessivpronomen *Ihr* werden in der höflichen Anrede immer großgeschrieben. Das Reflexivpronomen *sich* schreibst du dagegen auch in der Anrede klein.

Setzen **S**ie **s**ich doch bitte.
Grüßen **S**ie bitte **I**hre Frau.
Ich werde mich bei **I**hnen melden.

R5 Die Anredepronomen *du / ihr* und die zugehörigen Possessivpronomen *dein/euer* schreibt man in der vertraulichen Anrede klein. Nur in Briefen kannst du sie auch großschreiben.

Hab vielen Dank für **d**einen/**D**einen Brief.
Ich habe mich gefreut, von **d**ir/**D**ir zu hören
Habt vielen Dank für **e**uren/**E**uren Brief.
Ich habe mich gefreut, von **e**uch/**E**uch zu hören.

Getrennt- und Zusammenschreibung

R6 Bei Verschmelzungen von Präpositionen und dem bestimmten Artikel entfallen Buchstaben. Es wird anstelle der ausgelassenen Buchstaben kein Apostroph gesetzt.

um ~~das~~ Haus	→	ums Haus
zu ~~der~~ Schule gehen	→	zur Schule gehen
bei ~~dem~~ Fahrradhändler	→	beim Fahrradhändler

R7 Zusammensetzungen mit *irgend-* werden immer zusammengeschrieben:
irgendjemand, irgendetwas, irgendwer, irgendwo, irgendwann

Nur wenn der zweite Teil erweitert ist, schreibst du die Zusammensetzung getrennt.
irgend so eine, irgend so etwas

R8 Das reziproke Pronomen *einander* wird oft mit Präpositionen verbunden und dann als Adverb gebraucht. Du schreibst diese Verbindungen immer zusammen.
miteinander, untereinander, voneinander, auseinander, durcheinander

das oder *dass*?

R9 Das Wort *das* kann als bestimmter Artikel, als Demonstrativpronomen oder als Relativpronomen vorkommen und wird in all diesen grammatischen Funktionen stets mit einfachem *s* geschrieben.

Bestimmter Artikel	**Das** neue Handy ist defekt.
Demonstrativpronomen	**Das** ist schade.
Relativpronomen	Das Handy, **das** ich gestern gekauft habe, ist defekt.

Daneben gibt es die gleich lautende Konjunktion (Bindewort) *dass*. Sie verbindet zwei Sätze miteinander und wird immer mit *ss* geschrieben.

Es ist schade, **dass** mein neues Handy defekt ist.

Die unterschiedliche Schreibung von *das* und *dass* bereitet oft Schwierigkeiten. Es gibt aber einen ganz einfachen Trick, der dir hilft, richtig zu schreiben: Du schreibst *das* immer mit einfachem *s*, wenn du stattdessen sinnvoll auch *ein*, *welches*, *dies(es)* oder *jenes* einsetzen kannst.

Ersatzprobe	**Schreibung**
Ein/dieses/jenes Handy ist defekt.	**Das** Handy ist defekt.
Dies(es) ist schade.	**Das** ist schade.
Jenes Handy, **welches** ich gestern gekauft habe, ist defekt.	**Das** Handy, **das** ich gestern gekauft habe, ist defekt.

Ergibt diese Ersetzung keinen sinnvollen Satz, schreibst du *dass* immer mit *ss*. Es handelt sich dann um die Konjunktion *dass*.

Es ist schade, (~~**welches**~~) dass mein neues Handy defekt ist.

Diese so genannte Ersatzprobe erleichtert dir auch die Unterscheidung zwischen Relativ- und Konjunktionalsätzen: Kannst du *das* durch *welches* ersetzten, handelt es sich um einen Relativsatz, macht die Ersetzungen keinen Sinn, handelt es sich um einen Konjunktionalsatz, der mit *dass* eingeleitet wird.

Das Handy, (**welches**) das ich gestern gekauft habe, ist defekt. (Relativsatz)
Es ist schade, (~~**welches**~~) dass mein neues Handy defekt ist. (Konjunktionalsatz)

Zeichensetzung

Z1 Die Relativpronomen *der*, *die*, das, *welcher*, *welche*, *welches* und *wer*, *was* leiten Nebensätze (Relativsätze) ein, die stets durch Komma vom übergeordneten Satz abgegrenzt werden. Eingeschobene Relativsätze schließt du in Kommas ein.

Er hat die Mappe wiedergefunden, die er gestern verlegt hatte.
Das Buch, das ich gerade lese, ist sehr spannend.

Z2 Interrogativpronomen können indirekte Fragesätze einleiten, die immer Nebensätze sind und darum mit Komma vom übergeordneten Satz abgegrenzt werden müssen.

Timmy fragte sie, welchen Film sie gesehen habe.

Z3 Nicht nur vor Konjunktionalsätzen, sondern auch vor Infinitivgruppen, die mit dem Pronomen *es* angekündigt werden, musst du ein Komma setzten.

Es ärgert mich, dass du immer zu spät kommst.

Es hat mich gefreut, von dir zu hören.

Z4 Ausrufesätze werden mit einem Ausrufezeichen abgeschlossen.

Was für ein Durcheinander!

Welch großes Glück!

Adjektive

Adjektive verweisen in aller Regel auf Nomen oder Pronomen. Sie bezeichnen deren Merkmale und Eigenschaften. Wir nennen Adjektive darum auch **Eigenschaftswörter**. R 1-30

das **frische** Obst   Das **Obst** ist **frisch.**   **Es** ist **frisch.**

Adjektive dienen der genaueren Beschreibung und geben Auskunft darüber, wie etwas beschaffen ist. Dabei können mit ihnen auch Wertungen vorgenommen oder Gegensätze ausgedrückt werden.

lieb/böse, gut/schlecht, fleißig/faul, hoch/tief, schwer/leicht, eng/weit

Zahl- und Farbwörter gehören auch zu den Adjektiven. R 8-10

rote Rosen, **grüne** Bäume, **viele** Blumen, **einige** Wälder

Ebenso kommen Adjektive häufig in Eigennamen und festen Begriffen vor. R 13-18

das **Schwarze** Meer, die **Chinesische** Mauer, die **Französische** Revolution

Adjektive können unterschiedliche Funktionen im Satz übernehmen.

a) Sie können als **Attribute** (Beifügungen) gebraucht werden und stehen dann in der Regel vor dem Nomen, dessen Eigenschaft sie angeben. Man nennt sie auch attributive Adjektive.

der **neue** Tisch, die **schöne** Truhe, das **große** Bild

b) Sie können **prädikativ**, also als Teil eines Prädikats, verwendet werden und stehen dann meistens nach den Verben *sein*, *werden* und *bleiben*. Sie werden auch prädikative Adjektive genannt.

Die Aufgabe ist **leicht.**   Morgen wird es **warm.**   Es bleibt **schön.**

c) Jedes Adjektiv kann im Deutschen als **Adverb** gebraucht werden. Man spricht in diesen Fällen von **Adjektivadverbien.** Anders als beispielsweise im Englischen, werden Adverbien, die von Adjektiven abgeleitet sind, im Deutschen nicht durch besondere Endungen gekennzeichnet.

Das Obst schmeckt **lecker.**   Sie essen **langsam.**   Er spricht **schnell.**

d) Viele Adjektive können im Deutschen in **Nomen** umgewandelt werden. Du erkennst nominalisierte Adjektive meist an ihren Begleitern (Artikel, Pronomen, unbestimmte Mengenangaben). R 4-12

Sie passt auf ihre kleinen Geschwister auf.

Sie passt auf **die K**leinen auf.

Daneben können auch **Partizipien** adjektivisch gebraucht werden, das Partizip I ebenso wie das Partizip II.

eine **blühende** Fantasie haben	(Partizip I vom Verb *blühen*)
wie ein **gerupftes** Huhn aussehen	(Partizip II vom Verb *rupfen*)

Die folgenden Erläuterungen zur Deklination und Steigerung der Adjektive gelten auch für adjektivisch gebrauchte Partizipien.

Die Deklination der Adjektive

Wenn Adjektive vor dem Nomen stehen, auf das sie sich beziehen, werden sie in aller Regel wie das Nomen dekliniert. Sie stimmen mit ihm also in Genus, Numerus und Kasus überein. Grundsätzlich kannst du dir merken: Attributive Adjektive, also alle Adjektive, die vor dem Nomen stehen, werden dekliniert. Prädikative Adjektive, d. h. alle Adjektive, die nach dem Nomen stehen, werden nicht dekliniert.

eine **leichte Aufgabe**	(flektiert)
Die Aufgabe ist **leicht.**	(unflektiert)

Es wird zwischen der starken und der schwachen Deklination unterschieden. Dabei hängt es von den jeweiligen Begleitern ab, ob das Adjektiv stark oder schwach flektiert wird.

Die **starke Deklination** wendet man an, wenn **kein Begleiter** vor dem Adjektiv steht.

mit hell**em** Klang	mit schön**er** Stimme	alt**e** Lieder

Ebenso werden Adjektive stark dekliniert, wenn sie nach einem **Begleiter** stehen, der **keine Endung** besitzt (*manch, solch, welch, einige, mehr, viel, wenig, etwas, zwei, drei* usw.).

solch hell**er** Klang	welch schön**e** Stimmen	einige alt**e** Lieder

In all diesen Fällen nimmt das Adjektiv die Merkmale von Genus, Numerus und Kasus an.

DIE STARKE DEKLINATION DER ADJEKTIVE
(kein Begleiter oder Begleiter endungslos)

SINGULAR

	MASKULINUM	FEMININUM	NEUTRUM
Nominativ	hel**ler** Klang	schön**e** Stimme	alt**es** Lied
Genitiv	hel**len** Klangs	schön**er** Stimme	alt**en** Liedes
Dativ	hel**lem** Klang	schön**er** Stimme	alt**em** Lied
Akkusativ	hel**len** Klang	schön**e** Stimme	alt**es** Lied

PLURAL

(für alle Genera gleich)			
Nominativ	hell**e** Klänge	schön**e** Stimmen	alt**e** Lieder
Genitiv	hel**ler** Klänge	schön**er** Stimmen	alt**er** Lieder
Dativ	hel**len** Klängen	schön**en** Stimmen	alt**en** Lieder
Akkusativ	hell**e** Klänge	schön**e** Stimmen	alt**e** Lieder

In Verbindung mit den Begleitern *der, dieser, jener, derselbe, jeder, mancher, welcher* werden die Adjektive **schwach dekliniert**, denn hier trägt jeweils der Begleiter die Merkmale für Genus, Numerus und Kasus.

DIE SCHWACHE DEKLINATION DER ADJEKTIVE
(nach: der, dieser, jener, derselbe, jeder, mancher, welcher)

SINGULAR

	MASKULINUM	FEMININUM	NEUTRUM
Nominativ	der hell**e** Klang	diese schön**e** Stimme	jenes alt**e** Lied
Genitiv	des hel**len** Klangs	dieser schön**en** Stimme	jenes alt**en** Liedes
Dativ	dem hel**len** Klang	dieser schön**en** Stimme	jenem alt**en** Lied
Akkusativ	den hel**len** Klang	diese schön**e** Stimme	jenes alt**e** Lied

PLURAL

(für alle Genera gleich)			
Nominativ	die hel**len** Klänge	diese schön**en** Stimmen	jene alt**en** Lieder
Genitiv	der hel**len** Klänge	dieser schön**en** Stimmen	jener alt**en** Lieder
Dativ	den hel**len** Klängen	diesen schön**en** Stimmen	jenen alt**en** Liedern
Akkusativ	die hel**len** Klänge	diese schön**en** Stimmen	jene alt**en** Lieder

Eine Ausnahme bilden Adjektive, die nach den Begleitern *ein, kein, mein, dein, sein, ihr, euer, unser, irgendein* stehen. Sie erhalten im Nominativ Singular Maskulinum und im Nominativ und Akkusativ Singular Neutrum eine **starke Flektionsendung**. Alle übrigen Formen im Singular und Plural werden aber schwach dekliniert. In der folgenden Übersicht sind die starken Flexionsendungen hervorgehoben.

SINGULAR
(nach: ein, kein, mein, dein, sein, ihr, euer, unser, irgendein)

	MASKULINUM	FEMININUM	NEUTRUM
Nominativ	ein hell**er** Klang	ihre schöne Stimme	kein alt**es** Lied
Genitiv	eines hellen Klangs	ihrer schönen Stimme	keines alten Liedes
Dativ	einem hellen Klang	ihrer schönen Stimme	keinem alten Lied
Akkusativ	einen hellen Klang	ihre schöne Stimme	kein alt**es** Lied

Diese Regeln gelten prinzipiell auch für die Deklination der nominalisierten Adjektive.

STARKE DEKLINATION	
(kein Begleiter oder Begleiter ohne Flexionsendung)	Ein Kurzsichtig**er** muss eine Brille tragen.
SCHWACHE DEKLINATION	
(Begleiter mit Flexionsendung)	Der Kurzsichtig**e** muss eine Brille tragen.

Besonderheiten der Deklination

Adjektive, die auf *-el*, *-en*, *-er* enden, verlieren oft das *-e-*, wenn sie dekliniert werden.

heikel	eine hei**kl**e Angelegenheit
kompatibel	zwei kompati**bl**e Programme
dunkel	ein dun**kl**er Raum
teuer	eine te**ur**e Reise
sauer	sa**ur**er Regen
illuster	eine illu**str**e (= glänzende, vornehme) Gesellschaft
finster	eine fin**str**e Gasse (auch: finstere)
düster	ein dü**str**er Wald (auch: düsterer)

Z1 Wenn mehrere Adjektive vor einem Nomen stehen, werden sie alle gleich dekliniert, entweder stark oder schwach.

ein schön**er**, warm**er**, sonnig**er** Monat	(starke Deklination)
der schön**e**, warm**e**, sonnig**e** Monat Mai	(schwache Deklination)

Anders verhält es sich, wenn einem Adjektiv mit der starken Dativendung *-em* (im Maskulinum und Neutrum) weitere Adjektive folgen. Hier hast du zwei Möglichkeiten.

a) Du kannst alle Adjektive stark deklinieren:

ein Anzug mit passend**em** braun**em** Gürtel
ein Haufen aus alt**em**, welk**em**, verfault**em** Laub

b) Du deklinierst nur das erste Adjektiv stark, alle weiteren schwach und mit der Endung *-en*:

ein Anzug mit passend**em** braun**en** Gürtel
ein Haufen aus alt**em**, welk**en**, verfault**en** Laub

Farbadjektive, die auf *-a* enden, werden nicht dekliniert. Schöner klingt es aber, wenn du noch die deklinierbare Endung *-farben* anhängst.

der **rosa** Pullover	der **rosafarbene** Pullover
die **lila** Bluse	die **lilafarbene** Bluse

Farbadjektive wie *beige, orange, oliv* oder *türkis* können zwar dekliniert werden, es klingt aber schöner, wenn du auch in diesen Fällen die Endung *-farben* anfügst.

ein **beiges** Kleid	ein **beigefarbenes** Kleid
ein **orangenes** Hemd	ein **orangefarbenes** Hemd
ein **türkiser** Schal	ein **türkisfarbener** Schal

Auch die bestimmten und die unbestimmten Zahlwörter können als Adjektive benutzt werden. Meistens werden sie wie alle übrigen Adjektive dekliniert, nur die Grundzahlen ab *zwei* aufwärts sind nicht flektierbar.

der erst**e** Astronaut	ander**e** Leute
viel**e** Menschen	die gesamt**e** Gruppe
die übrig**en** Hörer	einzeln**e** Besucher

Ich bin für ein**e** Woche verreist. (mit Flexionsendung *-e*)
Im Sommer fahren wir für **vier** Wochen ans Meer. (ohne Flexionsendung)

Manche Adjektive, die meist nur umgangssprachlich gebraucht werden und teils aus anderen Sprachen übernommen wurden, werden nicht dekliniert.

Das ist ein **klasse** Film.
Sie haben beide ein **prima** Zeugnis.
Das ist eine **super** Leistung.

Die Steigerung der Adjektive

Mit Hilfe der Steigerung von Adjektiven können Dinge miteinander verglichen oder Mengen- und Qualitätsunterschiede ausgedrückt werden. Man spricht darum auch von der **Komparation** (lat. das Vergleichen) des Adjektivs.

R6 Wir unterscheiden drei Stufen der Steigerung, den **Positiv**, den **Komparativ** und den **Superlativ**. Der Komparativ endet auf *-er*, der Superlativ auf *-st*.

Positiv	(Grundstufe)	schnell	langsam
Komparativ	(1. Vergleichsstufe)	schnell**er**	langsam**er**
Superlativ	(2. Vergleichsstufe)	schnell**ste**	langsam**ste**
		am schnell**st**en	am langsam**st**en

Enden Adjektive auf *-d*, *-t*, *-s*, *-ss*, *-ß*, *-sch*, *-z*, *-tz* oder *-x*, wird vor der Superlativendung noch ein *-e-* ergänzt.

Positiv	bunt	laut	nass	fix
Komparativ	bunter	lauter	nasser	fixer
Superlativ	bunt**este**	laut**este**	nass**este**	fix**este**
	am bunt**est**en	am laut**est**en	am nass**est**en	am fix**est**en

Bei Adjektiven, die auf *-el* oder *-er* enden, lässt man das *-e-* im Komparativ weg.

Positiv	dunkel	heikel	teuer	sauer
Komparativ	dunkler	hei**kl**er	te**ur**er	sa**ur**er
Superlativ	dunkelste	heikelste	teuerste	sauerste
	am dunkelsten	am heikelsten	am teuersten	am sauersten

Positiv

Mit dem Positiv bringt man zum Ausdruck, dass sich zwei Dinge oder Lebewesen in einer bestimmten Hinsicht gleichen oder miteinander vergleichbar sind. Meist wird der Vergleich mit der Formulierung *so … wie* wiedergegeben. Du kannst an Stelle des Wortes *so* aber auch *genauso … wie* oder *ebenso … wie* gebrauchen.

Er ist **so groß wie** mein Bruder.
Er ist **genauso/ebenso groß wie** mein Bruder.
Das neue Gerät ist **so klein wie** eine Streichholzschachtel.
Das neue Gerät ist **genauso/ebenso klein wie** eine Streichholzschachtel.

Stimmen zwei Dinge oder Lebenwesen nicht ganz genau überein, ist es möglich, den Vergleich mit einschränkenden Wörtern einzuleiten.

Er ist **fast so groß wie** mein Bruder.

Das neue Gerät ist **beinahe so klein wie** eine Streichholzschachtel.

Mitunter kann das Wort *so* auch weggelassen werden.

Sie ist **arm wie** eine Kirchenmaus.

Komparativ

Soll ausgedrückt werden, dass sich zwei Dinge oder Lebewesen in einer bestimmten Hinsicht nicht gleichen, gebraucht man den Komparativ. Dabei wird das zweite Vergleichswort mit *als* angeschlossen.

Der Rhein ist **breiter als** die Weser.

Der Gepard läuft **schneller als** der Leopard.

Wenn der Grad der Ungleichheit noch genauer angegeben oder weiter differenziert werden soll, kann der Komparativ auf verschiedene Weise ergänzt werden.

Der Gepard läuft **deutlich/weitaus/wesentlich** schneller als ein Pferd.

Es ist heute **etwas/nicht viel/kaum** wärmer als gestern.

Der Sturm wurde **immer stärker/stärker und stärker.**

Es ist möglich, den Komparativ ohne Vergleichswort zu gebrauchen, wenn die Steigerung aus dem Zusammenhang erschlossen werden kann.

Sie hofften auf **schöneres Wetter**. (schöneres als das gegenwärtige, bisherige Wetter)

In diesen verkürzten Wendungen drückt der Komparativ gegenüber dem Positiv oft einen geringeren, nicht einen höheren Grad der Steigerung aus.

Er schrieb eine längere E-Mail.
(Die Mail ist nicht lang, sondern kürzer als eine lange E-Mail.)

An wärmeren Tagen gingen sie schwimmen.
(Die Tage sind nicht warm, sondern kühler als warme Tage.)

Ältere Menschen sind oft sehr lärmempfindlich.
(Die Menschen sind nicht alt, sondern jünger als alte Menschen.)

als oder *wie*?

Die Vergleichspartikeln *als* und *wie* kann man leicht verwechseln.
Merk dir einfach als Faustregel: Das Wort *wie* verwendest du immer, wenn zwei Dinge oder Wesen in bestimmten Merkmalen übereinstimmen und sich gleichen (*genauso wie*). Das Wort *als* gebrauchst du, wenn sie sich in einer bestimmten Hinsicht unterscheiden.

Er ist (**genau**)**so** klein **wie** ich. Aber: Wir sind beide **größer als** sie.

Superlativ

Will man zum Ausdruck bringen, dass ein Ding oder Lebewesen in einer bestimmten Hinsicht von vergleichbaren Objekten nicht überboten werden kann, gebraucht man die höchste Steigerungsstufe, den Superlativ.

Das **schnellste** Landtier von allen ist der Gepard.
Der Gepard läuft von allen Landtieren **am schnellsten**.
Der Mount Everest ist der **höchste** Berg der Erde.
Der Mount Everest ist von allen Bergen auf der Erde **am höchsten**.

Mitunter wird der Superlativ auch verwendet, ohne dass ein Vergleich gezogen werden kann. Er bezeichnet dann einen sehr hohen Grad, und wir sprechen in diesen Fällen von einem **absoluten Superlativ** (Elativ).

Er hatte nicht die **geringste** Lust, mit den Hausaufgaben zu beginnen.
Der Vorfall wurde mit **äußerster** Diskretion behandelt.
Darauf legt er **größten** Wert.
Sie waren in **höchster** Eile.
Du hast ja nicht die **leiseste** Ahnung!

Oft wird der absolute Superlativ in Grußformeln am Ende von Briefen verwendet.

Es grüßt **freundlichst** ...
Mit den **besten** Wünschen ...
Seid **herzlichst** gegrüßt ...

Besonderheiten der Steigerung

Einsilbige Adjektive mit den Vokalen *a, o, u* im Positiv bilden den Komparativ und Superlativ häufig mit den Umlauten *ä, ö, ü*.

POSITIV	KOMPARATIV	SUPERLATIV
kr**a**nk	kr**ä**nker	am kr**ä**nksten
arm	**ä**rmer	am **ä**rmsten
arg	**ä**rger	am **ä**rgsten
gr**o**b	gr**ö**ber	am gr**ö**bsten
gr**o**ß	gr**ö**ßer	am gr**ö**ßten
d**u**mm	d**ü**mmer	am d**ü**mmsten
kl**u**g	kl**ü**ger	am kl**ü**gsten

Daneben gibt es einige Adjektive, bei denen Formen mit und ohne Umlaut möglich sind. Einige dieser Umlaut-Bildungen sind jedoch inzwischen ungebräuchlich.

POSITIV	KOMPARATIV	SUPERLATIV
gesund	ges**u**nder/ges**ü**nder	am ges**u**ndesten/ges**ü**ndesten/
blass	bl**a**sser/bl**ä**sser	am bl**a**ssesten/bl**ä**ssesten
fromm	fr**o**mmer/fr**ö**mmer	am fr**o**mmsten/fr**ö**mmsten
schmal	schm**a**ler/schm**ä**ler	am schm**a**lsten/schm**ä**lsten
karg	k**a**rger/k**ä**rger	am k**a**rgsten/k**ä**rgsten
bange	b**a**nger/b**ä**nger	am b**a**ngsten/b**ä**ngsten
glatt	gl**a**tter/gl**ä**tter	am gl**a**ttesten/gl**ä**ttesten

Einige Adjektive bilden den Komparativ und Superlativ unregelmäßig. Präge sie dir am besten ein.

POSITIV	KOMPARATIV	SUPERLATIV
hoch	höher	am höchsten
nah	näher	am nächsten
gut	besser	am besten
groß	größer	am größten

R28 Bei Verbindungen mit Adjektiven oder Partizipien wird meist der erste Teil der Kombination gesteigert, mitunter ist es auch möglich, den zweiten Teil zu steigern. Keineswegs darfst du beide Teile der Verbindung steigern.

gutgehend	besser gehende Geschäfte
naheliegend	näher liegende Häuser
weitreichend	weiter reichende Vollmachten (auch möglich: weitreichendere Vollmachten)
schwerwiegend	schwerstwiegende Probleme (auch möglich: schwerwiegendste Probleme)
bestmöglich	die bestmögliche Lösung (nicht möglich: die bestmöglichste Lösung)
schnell möglich	schnellstmögliche Lösung (nicht möglich: die schnellstmöglichste Lösung)
hochentwickelt	die höchstentwickelte Technik (nicht möglich: die höchstentwickelteste Technik)

Adjektive, die bereits die höchste Steigerung zum Ausdruck bringen oder deren Bedeutung ein Mehr oder Weniger ausschließt, können nicht gesteigert werden.

leer, voll, tot, lebendig, täglich, stündlich, blind, taub, stumm
absolut, minimal, maximal, optimal, total
eckig, rund, rechteckig, quadratisch, halb, ganz
spanisch, staatlich, baulich, rechtlich
rot, blau, silbern
stockfinster, bettelarm, steinreich, stahlhart, rabenschwarz

Ableitungen und Zusammensetzungen mit Adjektiven

R19-30 Im Deutschen können neue Adjektive gebildet werden, indem vorhandenen Wörtern bestimmte Endungen angefügt werden. Wir nennen solche neuen Wortbildungen **Ableitungen**, die Endungen entsprechend **Ableitungssuffixe**. Dazu gehören vor allem die folgenden Endungen:

-lich	ält**lich**
-ig	feur**ig**
-isch	kind**isch**
-bar	straf**bar**
-haft	sagen**haft**
-sam	acht**sam**
-los	freud**los**

Die Bedeutung vieler Adjektive kann durch die Ableitungspräfixe *ur-* und *un-* abgewandelt und verändert werden. Das Präfix *ur-* dient dabei der Verstärkung und wird im Sinne von *sehr* gebraucht, die Vorsilbe *un-* verkehrt die Bedeutung des Adjektivs ins Gegenteil.

alt	**ur**alt	möglich	**un**möglich
komisch	**ur**komisch	besorgt	**un**besorgt
gemütlich	**ur**gemütlich	durchsichtig	**un**durchsichtig

Adjektive mit einer neuen oder abgewandelten Bedeutung können auch gebildet werden, indem man ihnen ein anderes Wort oder einen Wortstamm voranstellt. Man spricht in diesen Fällen von einer **Zusammensetzung**.

steinreich	**halb**voll	**denk**faul	**dunkel**blau
blutarm	**spindel**dürr	**hilf**reich	**himmel**blau

Manchmal taucht in solchen Zusammensetzungen ein Fugenelement (*-s* oder *-t*) auf.

hilf**s**bereit	geruch**s**arm	versehen**t**lich

Für Zusammensetzungen gilt: Steht das Adjektiv an letzter Stelle, bestimmt es als Grundwort die Wortart der Zusammensetzung. So handelt es sich bei den folgenden Beispielen um Adjektive, auch wenn ihnen andere Wortarten als Bestimmungswörter vorausgehen. R2

Bestimmungswort	+	**Grundwort**	→	**Wortart (Zusammensetzung)**
Himmel (Nomen)	+	blau (Adjektiv)	→	himmel**blau** (Adjektiv)
eilen (Verb)	+	fertig (Adjektiv)	→	eil**fertig** (Adjektiv)
über (Präposition)	+	flüssig (Adjektiv)	→	über**flüssig** (Adjektiv)

Die zehn Wortarten

Rechtschreibung

Groß- und Kleinschreibung

Allgemeines

R1 Adjektive werden in der Regel kleingeschrieben.

eine **schöne** Bescherung eine **dumme** Geschichte

R2 Zusammensetzungen, in denen Adjektive vorkommen, schreibst du klein, wenn das Adjektiv die Funktion des Grundwortes hat, also an letzter Stelle der Zusammensetzung steht. Es bestimmt dann die Wortart, auch wenn an erster Stelle ein Nomen steht.

bienen**fleißig** bild**hübsch** stein**reich**

R3 Großgeschrieben werden Adjektive am Satzanfang, auch am Anfang eines selbstständigen Satzes, der nach einem Doppelpunkt steht, und als erstes Wort in der direkten Rede.

Dunklere Wandfarben gefallen ihr nicht.
Vermutlich hat sie recht: **H**elle Farben wirken vielleicht freundlicher.
Ihr kleiner Bruder meint aber: „**B**laue Wände sind das Größte."

Auch als erstes Wort in einer Überschrift oder in einem Titel (Buch, Film, Zeitschrift) schreibst du Adjektive groß.

Riesige Verwüstungen durch Waldbrände
Ein berühmter Film von Charly Chaplin trägt den Titel „**M**oderne Zeiten".

Nominalisierte und denominalisierte Adjektive

R4 Werden Adjektive in Nomen umgewandelt, schreibst du sie groß. Nominalisierte Adjektive haben Artikel oder unbestimmte Mengenangaben (*viel, wenig, nichts, etwas, alles, allerlei, einiges, genug*), mitunter auch Pronomen als Begleiter, an denen du sie erkennen kannst.

ARTIKEL	UNBESTIMMTE MENGENANGABEN	PRONOMEN
der Schnellste	**etwas F**eines	Es hat **sein G**utes.
die Schönste	**nichts N**eues	Sie gab **ihr B**estes.
das Größte	**alles G**ute	
Auf **ein N**eues!	**wenig S**üßes	

Aber: Du schreibst ein Adjektiv mit Begleiter klein, wenn vorher ein Nomen genannt wurde oder noch im gleichen Satz genannt wird, auf das sich das Adjektiv bezieht.

Meine neuen Schuhe sind viel schöner als meine **a**lten.

Ich habe eine rote Jacke. Eine **b**laue wäre mir lieber.

Herr Meier ist der **b**este von allen Lehrern.

R5 In einigen festen Verbindungen, den so genannten Paarformeln, fehlt der Begleiter vor den Adjektiven. Du schreibst sie dennoch groß.

Groß und **K**lein, **A**rm und **R**eich, **J**ung und **A**lt sonnen sich im Stadtpark.

R6 Auch nach Präpositionen, die mit einem Artikel verschmolzen sind, schreibst du Adjektive groß.

im Allgemeinen	etwas **aufs N**eue versuchen
im Einzelnen	etwas **fürs B**este halten
im Besonderen	etwas **zum B**esten geben
im Großen und **G**anzen	Es geht **ums G**anze!

Aber: Superlative in Verbindung mit *am* schreibst du immer klein.

am besten **am s**chönsten **am s**chnellsten

Merk dir folgenden Trick: Immer wenn du *am* sinnvoll in *an dem* zerlegen kannst, handelt es sich um den Begleiter eines Nomens, das du groß schreibst. Ergibt die Zerlegung keinen Sinn, schreibst du klein, denn in diesen Fällen handelt es sich um einen Superlativ.

Der Leopard läuft **am** (~~an dem~~) **s**chnellsten von allen. (Superlativ)

R7 In einigen festen Wortverbindungen, die aus einer Präposition + dekliniertem Adjektiv bestehen, wird das Adjektiv großgeschrieben.

seit Langem **binnen K**urzem **von N**euem

Die zehn Wortarten

R8 Stehen Farbadjektive und Adjektive, die eine Sprache bezeichnen, zusammen mit einer Präposition, schreibst du sie groß.

Bei Rot muss man anhalten.
Wir schreiben morgen einen Test **in Französisch.**

R9 Auch unbestimmte Zahladjektive können nominalisiert werden. Du schreibst sie dann groß.

Sie hat **das** gewisse **E**twas.
Das interessiert ihn nicht **im G**eringsten.
Er wird morgen **alles Ü**brige erledigen.

R10 Die Zahladjektive *viel, wenig, (der) eine, (der) andere, einige* schreibst du in der Regel klein. Nur wenn du sie im übertragenen Sinne gebrauchst, werden Sie großgeschrieben.

Nur **w**enige hatten Zeit, **v**iele mussten arbeiten, **e**inige waren aber doch gekommen.
Das war etwas ganz **a**nderes.
Aber: Er nimmt Rücksicht auf den **A**nderen.

R11 Nominalisierte Adjektive erkennst du auch an bestimmten Suffixen: *-keit, -heit, -ling, -tum, -nis, -igkeit, -ei, -er*. Du schreibst Wörter mit diesen Endungen immer groß.

Fröhlich**keit**, Reich**tum**, Lecker**ei**, Gesund**heit**, Lieb**ling**
Finster**nis**, Müd**igkeit**, Klein**er**

R12 Nomen wie *Schuld, Recht, Leid, Gram, Pleite, Angst, Bange, Klasse können* die Eigenschaften eines Nomens verlieren und zu Adjektiven werden, wenn sie mit *sein* oder *werden* verbunden sind. Du schreibst sie dann klein.

Sie **waren** nicht **schuld.**
Wir **sind** es **leid.**
Er **ist pleite.**

Er **ist** nicht **recht** (richtig) informiert.
Mir **wird angst** und **bange.**
Unser Team **ist** einfach **klasse**!

Die Schreibung von Adjektiven bei Eigennamen, festen Begriffen und geografischen Bezeichnungen

R13 Werden mehrteilige Eigennamen oder feste Begriffe mit einem Adjektiv gebildet, wird auch das Adjektiv großgeschrieben. Das gilt für geografische Namen, für Amtsbezeichnungen, für historische Ereignisse und besondere Kalendertage wie auch für Namen von Tierarten bzw. -rassen.

das **S**chwarze Meer	die **F**ranzösische Revolution
die **C**hinesische Mauer	der **W**estfälische Friede
der **R**egierende Bürgermeister	der **E**rste Mai
Friedrich der **G**roße	der **D**eutsche Schäferhund

R14 Bei mehrteiligen festen Begriffen, die weder einen besonderen Umstand noch ein einzigartiges Ereignis bezeichnen, schreibt man die Adjektive klein.

das **n**eue Jahr	die **a**nalytische Geometrie
der **s**chwarze Tee	der **s**panische Wein

R15 Bildet ein Adjektiv mit dem folgenden Nomen eine Redewendung oder einen Begriff, der im übertragenen Sinne gebraucht wird, darfst du das Adjektiv auch großschreiben.

die **r**ote Karte (Fußball)
die **R**ote Karte (ein schwerer Tadel)
das **s**chwarze Brett (ein schwarz gestrichenes Brett)
das **S**chwarze Brett (Anschlagtafel)

R16 Adjektive, die von Personennamen abgeleitet sind und auf *-sch* enden, werden kleingeschrieben. Daneben ist aber auch die Großschreibung mit Apostroph möglich.

das **o**hmsche Gesetz/**O**hm**'sche** Gesetz
die **s**chillersche Kunsttheorie/die **S**chiller**'sche** Kunsttheorie

R17 Alle Wörter, die von geografischen Eigennamen abgeleitet sind und auf *-er* enden, schreibst du groß.

der **B**erliner Bär	das **B**randenburger Tor
der **K**ölner Dom	die **S**chweizer Uhr

R18 Geografische Namen, die auf *-isch* enden, zählen zu den Adjektiven und werden kleingeschrieben.

die **f**ranzös**isch**e Küche	die **ch**ines**isch**e Seide
der **w**estfäl**isch**e Schinken	die **b**ayer**isch**e Weißwurst

Nur wenn sie Teil eines Eigennamens sind oder einen festen Begriff bilden, schreibst du sie groß.

die **F**ranzösische Revolution	die **C**hinesische Mauer
der **W**estfälische Friede	der **B**ayerische Wald

Getrennt- und Zusammenschreibung

Zusammenschreibung

R19 Wenn in einer Verbindung mit einem Adjektiv der erste Bestandteil einen längeren Ausdruck oder eine Wortgruppe verkürzt, schreibst du die Verbindung zusammen. Meistens ist der erste Teil der Verbindung ein Nomen oder ein Verbstamm.

lammfromm	(für: so gehorsam und geduldig wie ein Lamm)
taufrisch	(für: so frisch wie Morgentau)
messerscharf	(für: so scharf wie ein Messer)
wissbegierig	(für: begierig zu wissen)
kopiergeschützt	(für: geschützt vor unbefugtem Kopieren)

R20 Gleichrangige Adjektive schreibst du zusammen.

zartbitter	(sowohl zart als auch bitter)
bittersüß	(sowohl bitter als auch süß)
süßsauer	(sowohl süß als auch sauer)
blaugrün	(sowohl blau als auch grün)
dummdreist	(sowohl dumm als auch frech)
nasskalt	(sowohl nass als auch kalt)
altklug	(sowohl alt als auch klug)
taubstumm	(sowohl taub als auch stumm)

R21 Verbindungen mit Adjektiven, bei denen der erste Bestandteil die Bedeutung des zweiten verstärkt oder abschwächt, schreibst du zusammen.

pechschwarz	(sehr schwarz)
bitterböse	(sehr böse)
extralang	(sehr lang)
brandneu	(sehr neu)
altbekannt	(seit langem bekannt)
steinhart	(sehr hart)
superschlau	(sehr schlau)
hellwach	(ganz wach)
hellblau	(nicht dunkelblau)
lauwarm	(nicht richtig warm)
halbbitter	(nicht richtig bitter)
halbherzig	(ohne rechte Begeisterung)

R22 Ergibt ein Bestandteil einer Verbindung allein kein selbstständiges Wort, schreibst du die Verbindung zusammen.

redselig	dick**häutig**
mehrdeutig	hinter**gründig**
schwerstbehindert	blau**äugig**

R23 Verbindungen aus Adjektiv und Verb schreibst du zusammen, wenn die Verbindung eine neue Bedeutung ergibt und als fester Begriff aufgefasst werden kann. Du erkennst diese Zusammensetzungen auch daran, dass du das Adjektiv nicht sinnvoll steigern oder erweitern kannst (Steigerungsprobe).

ein Beweisstück sicherstellen	(sicher*er*stellen nicht sinnvoll.)
etwas schönreden	(schön*er*reden nicht sinnvoll)
jemanden krankschreiben	(kränk*er*schreiben nicht sinnvoll)

Getrenntschreibung

R24 Verbindungen aus Partizip + Adjektiv schreibst du immer getrennt.

Das T-Shirt ist **schreiend bunt.**

Das Geräusch war **ohrenbetäubend grell.**

R25 Verbindungen aus zwei Adjektiven, bei denen das erste Adjektiv auf *-ig*, *-isch*, *-lich* endet, werden getrennt geschrieben.

eis**ig kalt** verräter**isch ruhig** röt**lich braun**

R26 Verbindungen aus *nicht* und einem *Adjektiv* kannst du getrennt und zusammenschreiben.

ein nicht rostendes Material (auch: nichtrostendes Material)

eine nicht organisierte Gruppe (auch: nichtorganisierte Gruppe)

eine nicht öffentliche Verhandlung (auch: nichtöffentliche Verhandlung)

R27 Ist in einer Verbindung aus zwei Adjektiven das erste Adjektiv gesteigert oder erweitert, schreibst du die Verbindung getrennt.

ein **schwerer zugängliches** Gelände

ein **leichter verständlicher** Text

ein **besonders schnell lösliches** Pulver

eine **höchst erfreuliche** Nachricht

R28 Bei Verbindungen aus Adjektiv + Partizip ist sowohl Getrennt- als auch Zusammenschreibung möglich.

allein erziehende/alleinerziehende Mütter

weit reichende/weitreichende Veränderungen

eine blau gestreiftes/ein blaugestreiftes Kleid

ein schwer beladener/ein schwerbeladener Lkw

Eine wichtige Einschränkung musst du dir aber merken: Steht bei Verbindungen aus Adjektiv + Partizip das Adjektiv im Komparativ, wird es also gesteigert oder auf eine andere Weise erweitert, schreibst du die Verbindung immer getrennt.

weit**er** reichende Veränderungen

sehr weit reichende Veränderungen

äußerst weit reichende Veränderungen

Wird hingegen der zweite Teil einer solchen Verbindung, also das Partizip, gesteigert, schreibst du die Verbindung stets zusammen.

schwerwiegend**ere** Probleme
weitreichend**ere** Veränderungen

R29 Verbindungen aus Adjektiv + Partizip, die keinen wörtlichen, sondern einen übertragenen Sinn haben, schreibst du zusammenschreiben.

ein frischgebackenes Ehepaar.

R30 Gibt in einer Verbindung mit einem Verb das Adjektiv das Ergebnis der Tätigkeit an, die mit dem Verb beschrieben wird, kannst du die Wörter getrennt, aber auch zusammenschreiben.

glatt bügeln	(auch: glattbügeln)
blank polieren	(auch: blankpolieren)
fein mahlen	(auch: feinmahlen)

Zeichensetzung

Z1 Folgen mehrere gleichrangige Adjektive aufeinander, werden sie durch Komma voneinander getrennt.

Sie mögen laute, schnelle Musik.
Pit wünscht sich einen neuen, großen Computer.

Bei der Aufzählung mehrerer Adjektive musst du ein wenig aufpassen. Manchmal ist das Adjektiv, das direkt vor dem Nomen steht, besonders eng mit ihm verbunden. Alle weiteren Adjektive sind dann nicht gleichrangig, sondern untergeordnet. In diesen Fällen steht kein Komma.

Er führte ein interessantes physikalisches Experiment durch.

Es gibt einige Tricks, mit denen du herausfinden kannst, ob es sich bei einer Aufzählung um gleichrangige oder untergeordnete Adjektive handelt.

a) Die Probe mit der Konjunktion *und*

Verbinde die Adjektive mit der Konjunktion *und*; du kannst dabei noch ein *zugleich* oder *gleichermaßen* hinzudenken. Bleibt die Aussage des Satzes erhalten, handelt es sich um gleichrangige Adjektive, die durch Komma voneinander getrennt werden müssen. Verliert die Aussage ihren Sinn oder wird sie gar unsinnig, sind die Adjektive nicht gleichrangig, und es steht kein Komma zwischen ihnen.

Im folgenden Beispiel klappt die Einsetzung problemlos:
Sie mögen laute (?) schnelle Musik.
Sie mögen laute und (zugleich) schnelle Musik.
Du musst darum ein Komma setzen:
Sie mögen laute, schnelle Musik.

Anders verhält es sich bei diesem Beispiel:
Er führte ein interessantes (?) physikalisches Experiment vor.
Er führte ein interessantes und (zugleich) physikalisches Experiment vor.
Hier ergibt die Einsetzung der Konjunktion *und* keine sinnvolle Aussage, und die Adjektive werden also nicht durch ein Komma voneinander getrennt:
Er führte ein interessantes physikalisches Experiment durch.

b) Die Drehprobe

Auch mit diesem Test kannst du herausfinden, ob ein Komma zwischen mehreren Adjektiven gesetzt werden muss.

Vertausche die Adjektive und setze wieder ein *und* dazwischen:
In diesem modernen (?) großen Sportstudio gibt es viele Geräte.
Drehprobe: In diesem großen und modernen Sportstudio gibt es viele Geräte.
Der Satz behält seine Aussage, also handelt es sich um gleichrangige Adjektive, die durch Komma voneinander getrennt werden müssen:
In diesem modernen, großen Sportstudio gibt es viele Geräte.

Aber: Alle schätzen die berühmte (?) französische Küche.
Drehprobe: Alle schätzen die französische und berühmte Küche.
In diesem Beispiel funktioniert die Drehprobe nicht; die Umstellung ergibt keinen Sinn. Es steht darum kein Komma zwischen den Adjektiven.
Alle schätzen die berühmte französische Küche.

c) Die Zählprobe

Du kannst die Adjektive auch zählen. Wenn dabei, wie im folgenden Beispiel, der Sinn des Satzes bewahrt bleibt, handelt es sich wieder um gleichrangige Adjektive, die durch Komma getrennt werden.

Pit wünscht sich einen neuen (?) großen (?) schnellen Computer.
Zählprobe: Pit wünscht sich einen erstens neuen und zweitens großen und drittens schnellen Computer.
Das macht Sinn, du musst die Adjektive also durch Kommas trennen:
Pit wünscht sich einen neuen, großen, schnellen Computer.

Aber: Der Rekord war eine große (?) sportliche Leistung.
Zählprobe: Der Rekord war eine erstens große und zweitens sportliche Leistung.
Hier ist der ursprüngliche Sinn der Aussage nicht getroffen, also darf kein Komma zwischen den beiden Adjektiven stehen:
Der Rekord war eine große sportliche Leistung.

Die zehn Wortarten

Verben

Wichtige Merkmale des Verbs und einige Grundbegriffe

R 1-15 Die aus dem Lateinischen übernommene Bezeichnung **Verb** (verbum = Wort) wird im Deutschen verschieden wiedergegeben. Man spricht vom Verb als **Tätigkeitswort** (Tunwort, Tuwort, Tatwort), und zugleich wird es mit **Zeitwort** übersetzt. Jede der beiden Varianten nennt eine charakteristische Leistung des Verbs. Tatsächlich drückt eine große Zahl von Verben Tätigkeiten und Vorgänge aus, daneben lassen sich mit Verben auch Zustände mitteilen.

Wir unterscheiden darum:

Tätigkeitsverben (*laufen, gehen, arbeiten, beobachten, einschalten, lernen*)

Er **schaltet** den Fernseher **ein.**

(Jemand tut etwas.)

Vorgangsverben (*abnehmen, zunehmen, schneien, regnen, aufwachen, erstarren*)

Die Bewölkung **nimmt zu,** und es **regnet**. Sturm **kommt auf.**

(*Etwas ereignet/entwickelt sich.*)

Zustandsverben (*wohnen, liegen, stehen, sich befinden, leuchten, bleiben, sein*)

Weite Teile des Landes **sind überschwemmt.**

(*Etwas befindet sich in einem bestimmten Zustand.*)

Einige Verben können mehrere der drei Bedeutungen annehmen.

Ich **schmecke** das Meerwasser.	(Tätigkeit)
Die Suppe **schmeckt gut.**	(Zustand)

Ebenso lassen sich mit Verben verschiedene **Zeitstufen** angeben; darin liegt ihre charakteristische grammatische Funktion als **Zeitwort.** Wir unterscheiden im Deutschen sechs Zeiten oder **Tempora** (Singular: Tempus).

Präsens	→	Gegenwartsform
Perfekt	→	vollendete Gegenwart
Präteritum	→	Vergangenheitsform
Plusquamperfekt	→	vollendete Vergangenheit
Futur I	→	Zukunftsform
Futur II	→	vollendete Zukunft

Verben können in verschiedenen Hinsichten **verändert**, man sagt auch **gebeugt** oder **flektiert** werden. Die **Flexion** (Veränderung) eines Verbs nennen wir **Konjugation**.

1. Verben können der **Person** entsprechend (ich, du, er, sie, es, wir, ihr, sie) verändert werden und sich nach dem Numerus (Singular/Plural) richten. Verbformen, die durch Person und Numerus bestimmt werden, heißen auch **finite Verbformen** oder **Personalformen**. Die Flexionsendungen werden oft Personalendungen genannt.

SINGULAR	
1. Person	**ich** gehe
2. Person	**du** geh**st**
3. Person	**er, sie, es** geh**t**
PLURAL	
1. Person	**wir** geh**en**
2. Person	**ihr** geh**t**
3. Person	**sie** geh**en**

Daneben gibt es drei Verbformen, die nicht nach Person und Numerus verändert werden: den Infinitiv (Grundform), das Partizip I (Mittelwort der Gegenwart) und das Partizip II (Mittelwort der Vergangenheit). Diese drei Formen werden auch **infinite Verbformen** (unbestimmte Verbformen) genannt.

In den Ferien werden sie **faulenzen**.	(Infinitiv)
Sie gehen **lachend** in die Klasse.	(Partizip I)
Alle laufen **aufgeregt** durcheinander.	(Partizip II)

2. Verben werden dem **Tempus** entsprechend verändert. Dabei unterscheidet man zwischen den einfachen Zeiten, dem Präsens und Präteritum, und den zusammengesetzten Zeiten, dem Perfekt, Plusquamperfekt und den beiden Zeitstufen des Futurs. Die einfachen Zeiten bilden ihre Formen allein durch Veränderung des Vollverbs. Die zusammengesetzten Zeiten sind mehrteilige Bildungen aus den Hilfsverben *haben*, *sein* und *werden* mit dem Partizip II oder dem Infinitiv. Die meisten Verben bilden die zusammengesetzten Zeiten mit dem Hilfsverb *haben*; Verben, die eine Bewegung oder Veränderung ausdrücken, stehen zusammen mit dem Hilfsverb *sein*.

Präsens	Ich **putze** mein Fahrrad.
Perfekt	Ich **habe** mein Fahrrad **geputzt**.
Präteritum	Ich **putzte** mein Fahrrad.
Plusquamperfekt	Ich **hatte** mein Fahrrad **geputzt**.
Futur I	Ich **werde** mein Fahrrad **putzen**.
Futur II	Ich **werde** mein Fahrrad **geputzt haben**.

Präsens	Sie **geht** zum Training.
Perfekt	Sie **ist** zum Training **gegangen.**
Präteritum	Sie **ging** zum Training.
Plusquamperfekt	Sie **war** zum Training **gegangen.**
Futur I	Sie **wird** zum Training **gehen.**
Futur II	Sie **wird** zum Training **gegangen sein.**

Die Hilfsverben *haben*, *sein*, *werden* unterstützen die Vollverben bei der Bildung der zusammengesetzten Zeiten. Daneben können sie aber selbst auch als Vollverben gebraucht werden, also allein ein Prädikat bilden.

Endlich haben wir Ferien.
Der Computer ist schon älter.
Jan wird im Mai fünfzehn.

3. Weiterhin können Verben zwei unterschiedliche Perspektiven angeben und entsprechend verändert werden. Wir unterscheiden zwischen dem **Aktiv** (Tätigkeitsform) und dem **Passiv** (Leideform). Die Aktivformen geben ein Geschehen oder eine Handlung aus der Sicht des handelnden Subjekts wieder, die Passivformen aus der Sicht des Betroffenen.

Der Tierpfleger füttert den Eisbären.	(Aktiv)
Der Eisbär wird (von dem Tierpfleger) gefüttert.	(Passiv)

Beide Formen werden unter dem Begriff **Genus Verbi** zusammengefasst oder auch mit **Handlungsrichtung** bezeichnet.

Transitive Verben (zielende Tätigkeitswörter), also Verben, die ein Akkusativobjekt bei sich führen, können in aller Regel ein Passiv bilden. **Intransitive Verben** (nicht zielende Tätigkeitswörter) stehen dagegen zusammen mit einem Objekt im Genitiv oder Dativ oder einem Präpositionalobjekt und können meist kein Passiv bilden.

Timmy fotografiert die Pinguine.	(Akkusativobjekt, Verb im Aktiv)
Die Pinguine werden fotografiert.	(Subjekt, Verb im Passiv)
Sie laufen Timmy entgegen.	(Dativobjekt, Verb im Aktiv)
~~Timmy wird von ihnen entgegengelaufen.~~	(kein Passiv möglich)

4. Schließlich können Verben verschiedene **Modi** (Singular: Modus), also unterschiedliche Aussageweisen angeben und entsprechend verändert werden. Es gibt drei Aussageweisen im Deutschen, den **Indikativ** (die Wirklichkeitsform), den **Konjunktiv** (die Möglichkeitsform), und den **Imperativ** (die Befehlsform).

Indikativ	Du **gehst** zum Training.
Konjunktiv I	Du **gehest** zum Training.
Konjunktiv II	Du **gingest** zum Training.
Imperativ	**Geh**(e) bitte zum Training!

Der Konjunktiv kann sich im Konjunktiv I wie auch im Konjunktiv II auf drei Zeitstufen beziehen: auf die Gegenwart, die Vergangenheit und die Zukunft.

ZEITEN IM KONJUNKTIV (MÖGLICHKEITSFORM)	
KONJUNKTIV I	
Präsens	Die Vorstellung beginne.
Perfekt	Die Vorstellung habe begonnen.
Futur I	Die Vorstellung werde beginnen.
Futur II	Die Vorstellung werde begonnen haben.
KONJUNKTIV II	
Präteritum	Die Vorstellung begänne.
Plusquamperfekt	Die Vorstellung hätte begonnen.
Futur I	Die Vorstellung würde beginnen.*
Futur II	Die Vorstellung würde begonnen haben.*

Infinite Verbformen (Infinitiv, Partizip I, Partizip II)

Neben den so genannten **finiten Verbformen**, die nach Person und Numerus konjugiert und verändert werden, gibt es drei unveränderliche Formen: den **Infinitiv**, das **Partizip I** und das **Partizip II.** Man nennt diese Formen **infinite Verbformen**.

Infinitiv	laufen	fahren	reisen
Partizip I	laufend	fahrend	reisend
Partizip II	gelaufen	gefahren	gereist

Infinitiv

Beim Infinitiv, der so genannten Nenn- oder Grundform des Verbs, werden an den Wortstamm die Endung *-en* oder *-n* angehängt. R 25

seh**en** sitz**en** schüttel**n** bügel**n**

Den Infinitiv benötigen wir zur Bildung des Futurs I.

Er wird **gehen.** Sie wird **kommen.** Wir müssen **bleiben.**

Ebenso steht er nach den Modalverben *dürfen, können, mögen, müssen, sollen, wollen.*

Wir müssen **arbeiten.** Er möchte **faulenzen.** Sie darf sich **ausruhen.**

Partizipien

R 16-25 Wir unterscheiden zwei Arten von Partizipien, das **Partizip Präsens**, das verkürzt auch **Partizip I** genannt wird, und das **Partizip Perfekt**, das man auch **Partizip II** nennt.

spielend, funkelnd, fordernd (Partizip Präsens/Partizip I)
gelungen, gekocht, gewaschen (Partizip Perfekt/Partizip II)

Partizipien werden vom Infinitiv eines Verbs abgeleitet, können aber wie Adjektive dekliniert werden. Sie nehmen, mit anderen Worten, eine Mittelstellung zwischen Verb und Adjektiv ein und werden darum auch **Mittelwörter** genannt.

Das Publikum brach in schallend**es** Gelächter aus. (Akkusativ Singular)
Der Ladendieb floh mit **dem** geraubt**en** Schmuck. (Dativ Singular)

Die Bildung der Partizipien

Das Partizip Präsens wird aus dem Verbstamm und den Endungen *-end* oder *-nd* gebildet. Als Faustregel kannst du dir aber auch merken, dass bei der Bildung des Partizips I einfach ein *-d* an den Infinitiv angefügt wird.

glänz**end**, wirbel**nd**, zöger**nd** glänzen**d**, wirbeln**d**, zögern**d**

Das Partizip Perfekt wird meistens mit der Vorsilbe (Flexionspräfix) *ge-* gebildet. Seine Endung hängt davon ab, ob es sich um ein regelmäßiges (schwaches) oder unregelmäßiges (starkes) Verb handelt. Regelmäßige Verben und Verben mit gemischter Konjugation bilden das Partizip II mit der Endung *-t*. Das Partizip II der unregelmäßigen Verben endet auf *-en*.

PARTIZIP PERFEKT (PARTIZIP II)

BEI REGELMÄSSIG UND GEMISCHT KONJUGIERTEN VERBEN	BEI UNREGELMÄSSIG KONJUGIERTEN VERBEN
setzen – **ge**setz**t**	bleiben – **ge**blieb**en**
regnen – **ge**regne**t**	fallen – **ge**fall**en**
spielen – **ge**spiel**t**	stehen – **ge**stand**en**
rennen – **ge**rann**t**	singen – **ge**sung**en**
bringen – **ge**brach**t**	laufen – **ge**lauf**en**
kennen – **ge**kann**t**	schmelzen – **ge**schmolz**en**

Bei Verben mit den Präfixen *be-*, *emp-*, *ent-*, *er-*, *ge-*, *miss-*, *ver-*, *zer-* entfällt das Flexionspräfix *ge-* bei der Bildung des Partizips II. Das gilt auch für Verben, die auf *-ieren* enden.

begreifen – begriffen	gestalten – gestaltet	addieren – addiert
empfehlen – empfohlen	missachten – missachtet	halbieren – halbiert
entlasten – entlastet	verzetteln – verzettelt	probieren – probiert
erkennen – erkannt	zerknüllen – zerknüllt	spendieren – spendiert

Bei zusammengesetzten Verben, die mit Verbzusätzen gebildet werden – häufig sind dies Präpositionen und Adverbien – steht die Vorsilbe *ge-* nach dem Zusatz.

anfahren	an**ge**fahren	durchsteigen	durch**ge**stiegen
aufschreiben	auf**ge**schrieben	gegenrechnen	gegen**ge**rechnet
auslegen	aus**ge**legt	vorführen	vor**ge**führt

Der Gebrauch der Partizipien

Das Partizip Präsens (Partizip I) beschreibt einen Vorgang, der sich gerade ereignet und noch nicht abgeschlossen ist oder der sich kurz zuvor ereignet hat.

die lachenden Kinder	*(Die Kinder lachen in diesem Moment.)*
die staunenden Zuschauer	*(Die Zuschauer staunen in diesem Moment.)*
die gestern noch lachenden Kinder	*(Die Kinder haben kurz zuvor noch gelacht.)*

Es kann als Adjektivattribut oder auch als Adverb gebraucht werden. Bei adjektivischer Verwendung wird es dekliniert; es kann auch gesteigert werden. Als Adverb bleibt es unflektiert.

Sie sehen in den **funkelnden** Sternenhimmel.
Die Werbung malt das Produkt in den **leuchtendsten** Farben.
Sie geht **lachend** in die Klasse.
Murrend erledigt er seine Aufgaben.

Das Partizip Präsens kann auch nominalisiert werden und wird dann wie ein Nomen dekliniert.

Zutreffendes bitte ankreuzen!
Die **Vorsitzende** eröffnete die Verhandlung.

Daneben kann es als Partizipgruppe gebraucht werden und so anstelle eines Satzes stehen.

Die Hände schüttelnd verabschieden sie sich voneinander.
(Während/Indem sie sich die Hände schüttelten, verabschieden sie sich voneinander.)
Freundlich nickend stimmt er dem Vorschlag zu.
(Während/Indem er freundlich nickt, stimmt er dem Vorschlag zu.)

Das Partizip Perfekt (Partizip II) beschreibt einen vollendeten Vorgang.

Sie klappt **den gepackten Umzugskarton** zu. (*Der Karton ist bereits fertig gepackt.*)

Er hängt **das gewaschene Shirt** zum Trocknen auf. (*Das Shirt ist bereits gewaschen.*)

Ebenso wie das Partizip Präsens kommt das Partizip Perfekt als Adjektiv, als Adverb oder als Nomen vor. Als Adjektiv wird es attributiv gebraucht. Es steht vor dem Nomen, auf das es sich bezieht und wird wie ein Adjektiv dekliniert und gesteigert.

Sie freuten sich über **die gelungene Aufführung.**

Dies war die **gelungenste** Aufführung der Spielzeit.

Zur Pasta gehört **geriebener Parmesankäse.**

Wird das Partizip Perfekt adverbial gebraucht, steht es meist nach dem Nomen und bleibt unverändert.

Die Mappe liegt **geordnet** auf dem Schreibtisch.

Die Menschen liefen **aufgeregt** durcheinander.

Das nominalisierte Partizip Perfekt wird wie die übrigen Nomen dekliniert.

Der Angeklagt**e** verweigert die Aussage

Alle Beteiligt**en** hielten sich an das Gesagt**e**.

Auch das Partizip Perfekt kann als Partizipgruppe anstelle eines Satzes stehen.

Von allen dazu gedrängt, machte er sich endlich an seine Hausaufgaben.

(*Nachdem ihn alle gedrängt hatten,* machte er sich endlich an seine Hausaufgaben.)

Daneben wird das Partizip Perfekt zur Bildung der zusammengesetzten Zeiten und des Passivs gebraucht.

Perfekt	ich **habe gegessen**	wir **sind gefahren**
Plusquamperfekt	ich **hatte gegessen**	wir **waren gefahren**
Futur II	ich **werde gegessen haben**	wir **werden gefahren sein**
Passiv	ich **werde gefragt**	wir **wurden eingeladen**
	ich **bin geimpft**	wir **waren aufgefordert**

Hilfsverben

Die Verben *haben, sein, werden* unterstützen die Vollverben bei der Bildung der zusammengesetzten Zeiten und bei der Bildung des Passivs. In dieser Funktion werden sie Hilfsverben genannt.

Er **hat** den 100-Meter-Lauf **gewonnen**.

Sie **sind** alle sehr weit **gesprungen**.

Wir **werden** das nächste Sportfest wieder gut **vorbereiten**.

Die drei Verben werden unregelmäßig konjugiert. Für die Bildung der zusammengesetzten Zeiten und des Passivs sind vor allem die unregelmäßigen Formen im Präsens und Präteritum und das Partizip II (Partizip Perfekt) wichtig.

	HABEN	**SEIN**	**WERDEN**
PRÄSENS			
ich	habe	bin	werde
du	hast	bist	wirst
er, sie, es	hat	ist	wird
wir	haben	sind	werden
ihr	habt	seid	werdet
sie	haben	sind	werden
PRÄTERITUM			
ich	hatte	war	wurde
du	hattest	warst	wurdest
er, sie, es	hatte	war	wurde
wir	hatten	waren	wurden
ihr	hattet	wart	wurdet
sie	hatten	waren	wurden
PARTIZIP II			
	gehabt	gewesen	worden*

* Das Hilfsverb *werden* kann auch als Vollverb gebraucht werden. Das Partizip II des Vollverbs lautet *geworden*.

Die Bildung der zusammengesetzten Zeiten mit *haben, sein, werden*

Zu den Zeiten im Aktiv, die mit den Hilfsverben *haben*, *sein*, *werden* gebildet werden, zählen das Perfekt, das Plusquamperfekt und das Futur I und II. Das Futur wird mit dem Hilfsverb *werden* gebildet. Das Perfekt und Plusquamperfekt bilden die meisten Verben mit *haben*; bei Verben, die eine Veränderung oder Bewegung ausdrücken, gebraucht man das Hilfsverb *sein*. (Dazu gehören zum Beispiel: *laufen, gehen, fallen, reisen, schwimmen, springen, welken*.)

HABEN	
PERFEKT	
(Personalform von *haben* im Präsens + Partizip II)	Sie **hat** bereits zu Abend **gegessen.** Wir **haben** bereits zu Abend **gegessen.**
PLUSQUAMPERFEKT	
(Personalform von *haben* im Präteritum + Partizip II)	Sie **hatte** bereits zu Abend **gegessen.** Wir **hatten** bereits zu Abend **gegessen.**
SEIN	
PERFEKT	
(Personalform von *sein* im Präsens + Partizip II)	Ich **bin** den Weg zu Fuß **gegangen.** Sie **sind** den Weg zu Fuß **gegangen.**
PLUSQUAMPERFEKT	
(Personalform von *sein* im Präteritum + Partizip II)	Ich **war** den Weg zu Fuß **gegangen.** Sie **waren** den Weg zu Fuß **gegangen.**
WERDEN	
FUTUR I	
(Personalform von *werden* im Präsens + Infinitiv)	Morgen **wird** er **verreisen.** Morgen **werden** sie **verreisen.**
WERDEN + HABEN/SEIN	
FUTUR II	
(Personalform von *werden* im Präsens + Partizip II + Hilfsverb *haben/sein* im Infinitiv)	Morgen **wird** er die Koffer **gepackt haben.** Morgen um diese Zeit **werden** sie **angekommen sein.**

Die Bildung des Passivs mit *sein* und *werden*

Man unterscheidet im Deutschen zwischen dem **Vorgangspassiv** und dem **Zustandspassiv**. Das Vorgangspassiv, das eine Handlung beschreibt, wird mit dem Hilfsverb *werden* und dem Partizip II gebildet. Man nennt es auch das *werden*-Passiv. Beim Zustandspassiv steht hingegen das Ergebnis eines Vorgangs im Vordergrund. Es wird mit dem Hilfsverb *sein* und dem Partizip II gebildet und heißt auch *sein*-Passiv. Beide Formen des Passivs kommen in allen Zeiten vor, allerdings wird das Zustandspassiv meist nur im Präsens oder Präteritum gebraucht.

VORGANGSPASSIV	
(Personalformen von *werden* + Partizip II)	
Präsens	Die Hauswand **wird gestrichen.**
Präteritum	Die Hauswand **wurde gestrichen.**
Perfekt	Die Hauswand **ist gestrichen worden.**
Plusquamperfekt	Die Hauswand **war gestrichen worden.**
Futur I	Die Hauswand **wird gestrichen werden.**
Futur II	Die Hauswand **wird gestrichen worden sein.**

ZUSTANDSPASSIV	
(Personalformen von *sein* + Partizip II)	
Präsens	Das Fahrrad **ist geputzt.**
Präteritum	Das Fahrrad **war geputzt.**
Perfekt	Das Fahrrad **ist geputzt gewesen.**
Plusquamperfekt	Das Fahrrad **war geputzt gewesen.**
Futur I	Das Fahrrad **wird geputzt sein.**
Futur II	Das Fahrrad **wird geputzt gewesen sein.**

haben, sein, werden als Vollverben

Die Verben *haben*, *sein*, *werden* kommen auch als Vollverben vor, sie können also allein ein Prädikat bilden.

Alexander hatte Glück. Leonie ist Schulsprecherin. Max wird heute 16 Jahre alt.

Das Partizip von *werden* als Vollverb lautet – anders als beim Hilfsverb – nicht *worden*, sondern ***ge****worden*. Das Partizip vom Vollverb *sein* heißt *gewesen*.

Leonie **ist** Schulsprecherin **geworden**. (Partizip II vom Vollverb *werden*)
Leonie **ist** zur Schulsprecherin gewählt **worden**. (Partizip II vom Hilfsverb *werden*)
Leonie **ist** Schulsprecherin **gewesen**. (Partizip II vom Vollverb *sein*)

Mit Verbindungen von *haben* + Infinitiv mit *zu* wird eine Verpflichtung zum Ausdruck gebracht. Oft wird diese Wendungen anstelle von *müssen* gebraucht. Auch in diesen Fällen ist *haben* ein Vollverb.

Alle **haben zu schweigen**.
Sie **haben** sich zu diesem Termin **einzufinden**.
Wir **haben** Ihnen **zu danken**.

Verbindungen aus dem Vollverb *sein* + Infinitiv mit *zu* können ebenfalls eine Verpflichtung, aber auch eine Möglichkeit ausdrücken.

Der Anordnung **ist** Folge **zu leisten.** (Verpflichtung)
Ich glaube, die Sache **ist** noch **zu retten.** (Möglichkeit)

Modalverben

Modalverben geben Auskunft über die Art und Weise einer Handlung. Sie lauten: *können, dürfen, müssen, mögen, wollen, sollen* und stehen meist zusammen mit dem Infinitiv eines Vollverbs, der ohne *zu* angeschlossen wird.

Er muss gehen. Sie will bleiben. Wir können warten.

Ihre Bedeutungen unterscheiden sich:

können (die Möglichkeit/Fähigkeit haben)	Er kann segeln.
dürfen (die Erlaubnis haben)	Morgen dürfen wir zelten.
müssen (es besteht die Pflicht/Notwendigkeit)	Wir müssen aufräumen.
mögen (ein höflicher Wunsch)	Ich möchte heute ausschlafen.
wollen (die Absicht/einen Wunsch haben)	Wir wollen gleich anfangen.
sollen (es besteht eine Verpflichtung)	Wir sollen alle in die Aula kommen.

Der Infinitiv wird umgangssprachlich manchmal auch weggelassen. Dann kann man ihn aber hinzudenken.

Ich möchte ein Eis. (*essen, haben*) Wir dürfen ins Schwimmbad. (*gehen*)

Auch bei Verben wie *sehen*, *hören* und *lassen* wird der Infinitiv ohne *zu* angeschlossen.

Er **sieht** die Kinder **spielen.**
Sie **hört** ihn **singen.**
Ich **lasse** es besser **bleiben.**

Die zusammengesetzten Zeiten bilden Modalverben nicht mit dem Partizip II, sondern mit dem Infinitiv. Es folgen also im Perfekt, Plusquamperfekt und Futur II zwei Infinitive aufeinander.

Sie hat **aufräumen müssen.**	(Perfekt)
Er hatte **zelten dürfen.**	(Plusquamperfekt)
Sie wird sich mit ihm verabredet **haben können.**	(Futur II)

Da der Infinitiv des Modalverbs in den zusammengesetzten Zeiten das Partizip II ersetzt, nennt man ihn auch den **Ersatzinfinitiv.**

Modalverben kommen außerdem als Vollverben vor. Sie werden in dieser Funktion ohne Infinitiv gebraucht und bilden die zusammengesetzten Zeiten mit dem Partizip II.

Sie **möchte** zum Theater. (*Sie möchte am Theater arbeiten.*)
Er **hat** es nicht **gekonnt**.
Sie **hatte** nicht **gedurft**.
Er **wird** es so **gewollt haben**.

Transitive, intransitive und reflexive Verben

Die meisten Verben sind Vollverben, also Verben, die das Prädikat im Satz allein bilden können.

Er **sitzt** am Computer. (Infinitiv: sitzen)   Er **schreibt**. (Infinitiv: schreiben)

Die Gruppe der Vollverben kann in **transitive**, **intransitive** und **reflexive Verben** unterteilt werden.

Transitive Verben

Transitive Verben stehen zusammen mit einem **Akkusativobjekt**, auf das die Aktion zielt, daher nennt man diese Verben auch zielende Tätigkeitswörter. Das Akkusativobjekt kann ein Nomen oder Pronomen sein.

Timmy fotografiert **den Eisbären**.
Timmy fotografiert **ihn.**

Eine Satzergänzung im Akkusativ (4. Fall), das Akkusativobjekt, kannst du mit Hilfe der Frage *Wen (oder was)?* bestimmen.

Lara trinkt eine Schokolade.	*Wen oder was trinkt sie?* Nomen als Akkusativobjekt
Lara rührt sie um.	*Wen oder was rührt sie um?* Pronomen als Akkusativobjekt

Die meisten transitiven Verben können das persönliche Passiv bilden.

Timmy fotografiert **den Eisbären**.
Der Eisbär wird von Timmy fotografiert.

Davon ausgenommen sind die Verben *haben*, *besitzen*, *kennen* und *wissen*.

Er kennt den Weg.

Nicht möglich: Der Weg wird von ihm gekannt.

Sie hat eine neue Tasche.

Nicht möglich: Die Tasche wird von ihr gehabt.

Transitive Verben bilden das Perfekt und das Plusquamperfekt im Aktiv mit dem Hilfsverb *haben*.

Sie **haben** eine heiße Schokolade **getrunken**. (Perfekt)

Sie **hatten** eine heiße Schokolade **getrunken**. (Plusquamperfekt)

Intransitive Verben

Intransitive Verben (nicht zielende Tätigkeitswörter) können kein Akkusativobjekt nach sich ziehen. Sie stehen entweder mit einem **Objekt** im **Dativ** oder **Genitiv** oder mit einem **Präpositionalobjekt** oder ohne Objekt.

Eine Satzergänzung im Dativ (3. Fall), das Dativobjekt, erfragst du mit *Wem?*.

Suse und Felix laufen ihren Freunden entgegen. — *Wem laufen sie entgegen?* Nomen als Dativobjekt

Sie zeigen ihnen die Geburtstagsgeschenke. — *Wem zeigen sie die Geschenke?* Pronomen als Dativobjekt

Nach einem Objekt im Genitiv (2. Fall), dem Genitivobjekt, fragst du mit *Wessen?*.

Einige Abgeordnete enthielten sich der Stimme. — *Wessen enthielten sie sich?* Nomen als Genitivobjekt

Wir gedenken deiner. — *Wessen gedenken wir?* Pronomen als Genitivobjekt

Das Präpositionalobjekt wird durch eine Präposition eingeleitet und steht im Dativ oder im Akkusativ. Du fragst nach einem Präpositionalobjekt mit der Präposition und einem Fragewort.

Präposition + *wem?* (Präpositionalobjekt im Dativ)

Präposition + *wen?* oder *was?* (Präpositionalobjekt im Akkusativ)

Sie unterhalten sich **mit Freunden** **über den Film**.

(**Mit wem** unterhalten sie sich?) (**Über was/Worüber** unterhalten sie sich?)

Ebenso ist möglich, dass intransitive Verben ganz ohne Objekt stehen.

Er wartet.
Wir helfen.
Ich schlafe.
Sie zittern.

Intransitive Verben können meist kein persönliches Passiv bilden.

Sie laufen ihren Freunden entgegen.
Nicht möglich: Ihre Freunde werden von ihnen entgegengelaufen.
Sie zeigen ihnen die Geburtstagsgeschenke.
Nicht möglich: Sie werden die Geburtstagsgeschenke gezeigt.

Die meisten intransitiven Verben bilden die zusammengesetzten Zeiten (Perfekt, Plusquamperfekt, Futur II, Konjunktiv II) mit dem Hilfsverb *haben*.

Sie **haben** den Helfern **gedankt.**	(Perfekt)
Sie **hatten** den Helfern gedankt.	(Plusquamperfekt)
Sie **werden** ihnen gedankt **haben.**	(Futur II)
Sie **würden** ihnen gedankt **haben.**	(Konjunktiv II)

Intransitive Verben, die eine Bewegung oder die Änderung eines Zustands ausdrücken, bilden die zusammengesetzten Zeiten im Indikativ und Konjunktiv mit dem Hilfsverb *sein*. Dazu gehören zum Beispiel die Verben *gehen*, *fallen*, *laufen*, *schwimmen*, *sinken*, *springen*, *stolpern*, *welken*.

Wie **sind** ins Wasser **gesprungen.**	(Perfekt)
Die Würfel **waren gefallen.**	(Plusquamperfekt)
Morgen **werden** die Blumen **verwelkt sein.**	(Futur II)
Wir **wären** gern früher **gefahren.**	(Konjunktiv II)

Einige Verben können sowohl **transitiv** als auch **intransitiv** gebraucht werden, also mit einem Akkusativobjekt und ebenso mit einem Dativ- oder Präpositionalobjekt stehen.

Sie **schreiben** gerade **einen Test.**	(transitiv)
Er hat **mir geschrieben.**	(intransitiv)
Er **spricht** fließend **Französisch.**	(transitiv)
Er **spricht** mit **dem Nachbarn.**	(intransitiv)

Reflexive Verben

Verben, die zum Ausdruck bringen, dass sich ein Geschehen oder eine Handlung auf das Subjekt des Satzes rückbezieht, werden **reflexive Verben** (rückbezügliche Tätigkeitswörter) genannt. Sie werden stets von dem **Reflexivpronomen** (rückbezüglichen Fürwort) *sich* begleitet, das dekliniert wird. Das Reflexivpronomen kommt im Dativ und im Akkusativ vor.

Dativ	Akkusativ
Ich schaue **mir** das Bild an.	**Ich** erinnere **mich**.
Du schaust **dir** das Bild an.	**Du** erinnerst **dich**
Er, **sie**, **es** schaut **sich** das Bild an.	**Er**, **sie**, **es** erinnert **sich**.
Wir schauen **uns** das Bild an.	**Wir** erinnern **uns**.
Ihr schaut **euch** das Bild an.	**Ihr** erinnert **euch**.
Sie schauen **sich** das Bild an.	**Sie** erinnern **sich**.

Der Kasus des Reflexivpronomens hängt vom Verb ab, mit dem es zusammensteht. Es gibt reflexive Verben, die ein Pronomen im Dativ verlangen, andere brauchen ein Pronomen im Akkusativ. Hier einige Beispiele:

Reflexive Verben mit Reflexivpronomen im Dativ

sich (etwas) überlegen	sich (etwas) nehmen
sich (etwas) vorstellen	sich (etwas) vornehmen
sich (etwas) anschauen	sich schaden
sich (etwas) kaufen	sich (etwas) einbilden

Reflexive Verben mit Reflexivpronomen im Akkusativ

sich irren	sich beeilen
sich erinnern	sich waschen
sich sehnen	sich befinden
sich wundern	sich schämen

Vor allem in der 3. Person Singular und Plural ist oft schwer zu erkennen, ob das Relativpronomen *sich* im Dativ oder Akkusativ steht. Übertrage Zweifelsfälle in die 1. oder 2. Person Singular und frage nach dem Kasus (*Wem?* = Dativ, *Wen?* = Akkusativ), dann fällt die Bestimmung leicht.

Dativ oder Akkusativ?

Sie nimmt sich einen Apfel.	Sie bedanken sich für die Geschenke.
↓	↓
Ich nehme mir einen Apfel.	Ich bedanke mich für die Geschenke.
Du nimmst dir einen Apfel.	Du bedankst dich für die Geschenke.
Wem?	Wen?
↓	↓
Dativ	Akkusativ

Echt und unecht reflexiv gebrauchte Verben

Lässt man das Reflexivpronomen weg oder ersetzt man es durch ein Nomen, nehmen einige Verben eine andere Bedeutung an. Mitunter wird der Satz, in dem sie vorkommen, sogar sinnlos oder falsch. Man nennt diese Verben, die zwingend das Reflexivpronomen verlangen, **echte reflexive Verben**.

Wir weigerten. (*nicht sinnvoll*) → Wir **weigerten uns**. ← Wir weigerten unsere Hausaufgaben. (*nicht sinnvoll*)

echt reflexiv gebrauchtes Verb

Echte reflexive Verben erkennst du auch daran, dass sie kein Passiv bilden können.
So ist keine der folgenden Aussagen sinnvoll, und es handelt sich daher um echt reflexiv gebrauchte Verben.

Wir werden geweigert. Sie wurde beeilt. Ich bin geräuspert worden.

Kann das Reflexivpronomen dagegen sinnvoll durch ein Nomen ersetzt werden, handelt es sich um **unecht reflexive Verben**, die im Übrigen ein Passiv bilden können.

Ich langweile **mich**.
Ich langweile **die Menschen**.
Die Menschen **wurden** (von mir) **gelangweilt**.
↓
unecht reflexiv gebrauchtes Verb

Regelmäßige und unregelmäßige Verben

Wir unterscheiden im Deutschen starke und schwache Verben. Die schwachen Verben bilden ihre Formen regelmäßig, die starken unregelmäßig. Daneben gibt es die gemischte Konjugation, zu der man Verben zählt, die sowohl regelmäßige als auch unregelmäßige Formen besitzen.

Man kann vor allem an drei Formen ablesen, ob es sich um ein regelmäßiges oder unregelmäßiges Verb handelt: am Infinitiv, am Präteritum im Indikativ und am Partizip Perfekt (Partizip II). Diese drei Formen werden auch die Stammformen des Verbs genannt.

Infinitiv	1. Stammform
Präteritum Indikativ	2. Stammform
Partizip II	3. Stammform

Alle Verben bilden den Infinitiv aus dem Wortstamm und der Endung *-en* oder *-n*. Dem Stamm können noch Präfixe oder Verbzusätze hinzugefügt werden.

find**en**	befind**en**	auffind**en**
sag**en**	entsag**en**	vorsag**en**
bring**en**	erbring**en**	mitbring**en**
lächel**n**	belächel**n**	anlächel**n**
mäkel**n**	bemäkel**n**	herummäkel**n**
bröckel**n**	zerbröckel**n**	abbröckel**n**

Regelmäßige (schwache) Verben behalten den Stammvokal im Präteritum und im Partizip II. Im Präteritum enden sie auf *-te*, im Partizip auf *-t*.

STAMMFORMEN DES REGELMÄSSIGEN (SCHWACHEN) VERBS

(Endung im Präteritum auf *-te*, im Partizip II auf *-t*)

INFINITIV	PRÄTERITUM INDIKATIV	PARTIZIP II
1. Stammform	**2. Stammform**	**3. Stammform**
sagen	(ich) sag**te**	(ich habe) gesag**t**
kochen	(ich) koch**te**	(ich habe) gekoch**t**
hören	(ich) hör**te**	(ich habe) gehör**t**
sammeln	(ich) sammel**te**	(ich habe) gesammel**t**
radeln	(ich) radel**te**	(ich bin) geradel**t**
klingeln	(ich) klingel**te**	(ich habe) geklingel**t**

Unregelmäßige (starke) Verben verändern ihren Stammvokal im Präteritum, einige auch im Partizip II. Man nennt diesen Wechsel des Stammvokals **Ablaut**. Das Präteritum bilden unregelmäßige Verben meist ohne besondere Endung, im Partizip II enden sie auf *-en*.

STAMMFORMEN DES UNREGELMÄSSIGEN (STARKEN) VERBS

(Änderung des Stammvokals, Endung im Partizip II auf *-en*)

INFINITIV	PRÄTERITUM INDIKATIV	PARTIZIP II
1. Stammform	**2. Stammform**	**3. Stammform**
bl**ei**ben	(ich) bl**ie**b	(ich bin) gebl**ie**b**en**
gr**ei**fen	(ich) gr**i**ff	(ich habe) gegr**i**ff**en**
h**e**lfen	(ich) h**a**lf	(ich habe) geh**o**lf**en**
r**a**ten	(ich) r**ie**t	(ich habe) ger**a**t**en**
schr**ei**ben	(ich) schr**ie**b	(ich habe) geschrieb**en**
tr**e**ffen	(ich) tr**a**f	(Ich habe/bin) getr**o**ff**en**

Bei einigen unregelmäßigen Verben wechseln auch die Konsonanten.

ge**h**en	gin**g**	gegan**g**en
si**tz**en	sa**ß**	ge**s**e**ss**en
stehen	stan**d**	gestan**d**en

Daneben gibt es Verben, die Merkmale der unregelmäßigen wie auch der regelmäßigen Verben besitzen. Wie die unregelmäßigen Verben verändern sie den Stammvokal im Präteritum und Partizip II, zudem bilden sie beide Formen mit den Endungen *-te* und *-t* der regelmäßigen Verben. Man spricht in diesen Fällen auch von gemischten Verben bzw. der gemischten Konjugation.

STAMMFORMEN DER GEMISCHTEN KONJUGATION

(Änderung des Stammvokals, Endung im Präteritum *-te*, im Partizip II auf *-t*)

INFINITIV	PRÄTERITUM INDIKATIV	PARTIZIP II
1. Stammform	**2. Stammform**	**3. Stammform**
bringen	(ich) br**a**ch**te**	(ich habe) gebr**a**ch**t**
denken	(ich) d**a**ch**te**	(ich habe) ged**a**ch**t**
kennen	(ich) k**a**nn**te**	(ich habe) gek**a**nn**t**
rennen	(ich) r**a**nn**te**	(ich bin) ger**a**nn**t**
senden	(ich) s**a**nd**te**	(ich habe) ges**a**nd**t**
wissen	(ich) w**u**ss**te**	(ich habe) gew**u**ss**t**

Schwierige Verben

In den folgenden beiden Übersichten sind Verben mit schwierigen Konjugationen zusammengestellt.

ÄHNLICH ODER GLEICH KLINGENDE VERBEN MIT UNTERSCHIEDLICHER BEDEUTUNG UND KONJUGATION:			
bieten	bot	geboten	(ein Angebot machen)
bitten	bat	gebeten	(einen Wunsch äußern)
beten	betete	gebetet	(zu Gott sprechen)
betten	bettete	gebettet	(zu Bett bringen)
genesen	genas	genesen	(gesund werden)
genießen	genoss	genossen	(etwas schön finden)
niesen	nieste	geniest	(beim Schnupfen)
hängen *	hing	gehangen	(Das Bild hing hier.)
hängen *	hängte	gehängt	(Ich hängte ein Bild auf.)
legen	legte	gelegt	(etwas irgendwohin legen)
liegen	lag	gelegen	(z. B. auf einem Bett liegen)

schaffen *	schaffte	geschafft	(erledigen, erreichen)
schaffen *	schuf	geschaffen	(bilden, gestalten)
senden *	sandte	gesandt	(z. B. ein Paket verschicken)
senden *	sendete	gesendet	(im Fernsehen oder Radio)
sitzen	saß	gesessen	(z. B. auf einen Stuhl)
setzen	setzte	gesetzt	(z. B. ein Zeichen setzen)
wenden *	wandte	gewandt	(sich an jemanden wenden)
wenden *	wendete	gewendet	(drehen, umkehren)
wiegen *	wiegte	gewiegt	(schaukeln)
wiegen *	wog	gewogen	(an Gewicht haben)

* Einige Verben mit gleich lautendem Infinitiv bilden ihre Formen in der einen Bedeutung oft regelmäßig, in der anderen unregelmäßig.

VERBEN, DIE HÄUFIG FALSCH KONJUGIERT WERDEN:

backen	buk/backte	gebacken
beißen	biss	gebissen
blasen	blies	geblasen
dreschen	drosch	gedroschen
selbst erschrecken	erschrak	erschrocken
jemanden erschrecken	erschreckte	erschreckt
erwägen	erwog	erwogen
fechten	focht	gefochten
fliehen	floh	geflohen
fließen	floss	geflossen
gären	gor/gärte	gegoren
gebären	gebar	geboren
gelten	galt	gegolten
genießen	genoss	genossen
gerinnen	gerann	geronnen
gleichen	glich	geglichen
gleiten	glitt	geglitten
greifen	griff	gegriffen
hauen	haute	gehauen
heben	hob	gehoben
heißen	hieß	geheißen
helfen	half	geholfen
kneifen	kniff	gekniffen
lassen	ließ	gelassen
(ein)laden	lud (ein)	(ein)geladen
leiden	litt	gelitten
leihen	lieh	geliehen
lügen	log	gelogen
messen	maß	gemessen
preisen	pries	gepriesen
riechen	roch	gerochen
saufen	soff	gesoffen
scheinen	schien	geschienen
schimpfen	schimpfte	geschimpft
schmelzen	schmolz	geschmolzen
schwellen	schwoll	geschwollen
schwingen	schwang	geschwungen
schwören	schwor/schwur	geschworen
sinnen	sann	gesonnen
stinken	stank	gestunken
stoßen	stieß	gestoßen
treten	trat	getreten
waschen	wusch	gewaschen
weben	wob	gewoben
winken	winkte	gewinkt
wringen	wrang	gewrungen
wünschen	wünschte	gewünscht
ziehen	zog	gezogen

Tempus

Mit dem Tempus (Zeitform, Plural: Tempora) wird ein Geschehen zeitlich eingeordnet. Es kann Gegenwärtiges, Vergangenes und Zukünftiges ausdrücken. Im Deutschen unterscheiden wir sechs Tempusformen des Verbs: **Präsens**, **Perfekt**, **Präteritum**, **Plusquamperfekt**, **Futur I** und **Futur II**, die – ihrer Bildung entsprechend – noch in **einfache** und **zusammengesetzte Zeiten** unterteilt werden. Zu den einfachen Zeiten gehören das Präsens und das Präteritum, denn sie werden mit dem Wortstamm und den Personalendungen, also allein mit dem Vollverb gebildet. Die zusammengesetzten Zeiten, das Perfekt, Plusquamperfekt, das Futur I und Futur II, bilden ihre Formen dagegen mit den Hilfsverben *haben*, *sein* oder *werden* und dem Partizip II oder dem Infinitiv.

Präsens

Bildung

Das Präsens, die Gegenwartsform, wird mit dem Verbstamm und den Personalendungen gebildet.

PRÄSENS

(Verbstamm + Personalendungen *-e, -st, -t, -en, -t, -en*)

ich sing**e**
du sing**st**
er, sie, es sing**t**
wir sing**en**
ihr sing**t**
sie sing**en**

Die 1. und 3. Person Plural gleichen dem Infinitiv:
Wir *singen*./Sie *singen*. (1./3. Person Plural)
Während des Unterrichts dürfen wir nicht *singen*. (Infinitiv)

Endet der Verbstamm mit den Buchstaben *-d*, *-t*, *-m*, *-n*, wird bei der 2. und 3. Person Singular und bei der 2. Person Plural zwischen dem Stamm und den Endungen *-st* und *-t* noch ein *-e* eingefügt.

du schneid**est**	du öffn**est**
er, sie, es schneid**et**	er, sie, es öffn**et**
ihr schneid**et**	ihr öffn**et**

Endet der Stamm auf *-s*, *-ss*, *-ß*, *-x* oder *z*, entfällt das *-s* in der 2. Person Singular.

du sims**t**	(simsen)
du läss**t**	(lassen)
du schließ**t**	(schließen)
du fax**t**	(faxen)
du flitz**t**	(flitzen)

Gebrauch

1. Mit dem Präsens wird ein Geschehen in der Gegenwart angegeben. Oft kann man ein *jetzt* oder *gerade* ergänzen oder hinzudenken.

   Ich **warte** (*gerade*) auf den Bus.
   Wir **essen** (*jetzt, gerade*) zu Mittag.
   Sie **reden** (*gerade*) alle durcheinander.

2. Daneben lassen sich mit dem Präsens zeitlose Zustände wiedergeben und allgemeingültige Aussagen machen. Es verweist in dieser Bedeutung auf etwas, das immer schon so war und gegolten hat und auch künftig gelten wird. Häufig kommt es in Regeln, aber auch in Sprichwörtern vor.

   Der Wal **ist** ein Meerssäugetier.
   Die Sonne **geht** im Osten auf.
   An der Nordsee **wechseln** sich Ebbe und Flut ab.
   Aller Anfang **ist** schwer.

3. Ebenso kann das Präsens auf Zukünftiges verweisen. Es wird dann meist zusammen mit Zeitangaben wie *bald, morgen, heute Abend, später, dann* u.s.w. gebraucht.

   Bald beginnen die Ferien.
   Heute Abend gehen wir ins Kino.
   Jetzt esse ich mal erst, **dann** mache ich meine Hausaufgaben.

4. Vor allem in Erzählungen kann das Präsens auch ein Geschehen wiedergeben, das eigentlich in der Vergangenheit liegt. Auf diese Weise wird oft Spannung erzeugt, und die Erzählung wirkt lebendiger. Man spricht hier vom so genannten **historischen Präsens.** Dabei können sich in einem Text Präsens und Präteritum durchaus abwechseln.

> Sherlock Holmes **betrat** das Haus und **sah** sich um. Er **zögerte**.
> Plötzlich **reißt** er die Tür zur Bibliothek auf: „Kommen Sie heraus", **ruft** er laut.
> „Ich bin's doch nur", **brabbelt** Dr. Watson verdutzt und **erhebt** sich aus dem Lesesessel.

Perfekt

Bildung

Das Perfekt, die so genannte **vollendete Gegenwart**, wird mit den Personalformen der Hilfsverben *haben* oder *sein* im Präsens und dem Partizip II des Vollverbs gebildet. Die meisten Verben bilden das Perfekt mit dem Hilfsverb *haben*. Bei Verben, die eine Veränderung oder Bewegung ausdrücken, gebraucht man das Hilfsverb *sein*. Sie zählen zu den intransitiven Verben und haben also kein Akkusativobjekt bei sich. Dazu gehören zum Beispiel: *laufen, gehen, fallen, reisen, schwimmen, springen, welken.*

PERFEKT MIT	
haben	**sein**
(Personalform von *haben* im Präsens + Partizip II des Vollverbs)	(Personalform von *sein* im Präsens + Partizip II des Vollverbs)
Ich habe zu Abend **gegessen.**	**Ich bin** den Weg zu Fuß **gegangen.**
Du hast zu Abend **gegessen.**	**Du bist** den Weg zu Fuß **gegangen.**
Er, sie, es hat zu Abend **gegessen**	**Er, sie, es ist** den Weg zu Fuß **gegangen.**
Wir haben zu Abend **gegessen**	**Wir sind** den Weg zu Fuß **gegangen.**
Ihr habt zu Abend **gegessen.**	**Ihr seid** den Weg zu Fuß **gegangen.**
Sie haben zu Abend **gegessen.**	**Sie sind** den Weg zu Fuß **gegangen.**

Gebrauch

1. Das Perfekt gibt ein Geschehen an, das zwar in der Vergangenheit abgeschlossen ist, dessen Folge oder Ergebnis aber in der Gegenwart nachwirkt. Man nennt es darum auch die **vollendete Gegenwart**.

   Ich **habe** vorhin **gegessen.** *(Jetzt bin ich satt.)*
   Sie **sind** um die Wette **gelaufen.** *(Jetzt sind sie müde.)*
   Er **hat** sich **geschworen**, es nicht wieder zu tun. *(Sein Schwur gilt heute noch.)*

2. Darüber hinaus kann das Perfekt ein Geschehen ausdrücken, das in der Zukunft abgeschlossen sein wird. Es steht dann anstelle des Futurs II.

   Morgen hast du die Prüfungen überstanden. (Perfekt)
   Morgen wirst du die Prüfungen überstanden haben. (Futur II)

3. Mit dem Perfekt kann ein Geschehen bezeichnet werden, das vor einer gegenwärtigen Handlung liegt. Es drückt dann die **Vorzeitigkeit** aus.

   Nachdem die Milch übergekocht ist, müssen wir nun auch noch den Herd putzen.

Präteritum

Bildung

Das Präteritum, die Vergangenheitsform (sie wurde früher auch *Imperfekt* genannt), wird teils regelmäßig (schwach), teils unregelmäßig (stark) gebildet. Daneben gibt es die gemischte Konjugation, die sowohl regelmäßige als auch unregelmäßige Formen besitzt.

Regelmäßige (schwache) Verben bilden das Präteritum mit den Endungen *-te*, *-test*, *-te*, *-ten*, *-tet*, *-ten*, die an den Verbstamm angehängt werden.

PRÄTERITUM DER REGELMÄSSIGEN VERBEN

(Verbstamm + Personalendungen *-te*, *-test*, *-te*, *-ten*, *-tet*, *-ten*)

sagen
ich sag**te**
du sag**test**
er, sie, es sag**te**
wir sag**ten**
ihr sag**tet**
sie sag**ten**

Unregelmäßige (starke) Verben bilden das Präteritum mit einer Änderung des Stammvokals, dem so genannten Ablaut. In der 2. Person Singular enden sie auf *-st*, die Endungen im Plural lauten *-en*, *-t*, *-en*.

PRÄTERITUM DER UNREGELMÄSSIGEN VERBEN

(Änderung des Stammvokals + Personalendung *-st* in der 2. Person Singular, *-en*, *-t*, *-en* im Plural)

bleiben
ich bl**ie**b
du bl**iebst**
er, sie, es bl**ie**b
wir bl**ieben**
ihr bl**iebt**
sie bl**ieben**

Verben, die der gemischten Konjugation zugeordnet werden, bilden das Präteritum wie die unregelmäßigen Verben mit einer Änderung des Stammvokals und mit den Endungen der regelmäßigen Verben: *-te*, *-test*, *-te*, *-ten*, *-tet*, *-ten*.

PRÄTERITUM DER GEMISCHTEN VERBEN

(Änderung des Stammvokals +
Personalendungen *-te, -test, -te, -ten, -tet, -ten)*

bringen
ich br**a**ch**te**
du br**a**ch**test**
er, sie, es br**a**ch**te**
wir br**a**ch**ten**
ihr br**a**ch**tet**
sie br**a**ch**ten**

Gebrauch

Das Präteritum, die Vergangenheitsform, drückt ein in der Vergangenheit abgeschlossenes Geschehen aus.

Albert Einstein, 1879 in Ulm geboren, **begründete** die physikalische Relativitätstheorie. Mit dieser und anderen Arbeiten **revolutionierte** Einstein die Physik. 1921 **erhielt** er den Nobelpreis, allerdings nicht für die Relativitätstheorie, sondern für seine Beiträge zur Quantentheorie. Einstein **starb** 1955 in Princeton, USA.

Es wird auch das **Erzähltempus** genannt, denn es kommt meist in Märchen, Novellen, Erzählungen und Romanen vor.

Vor vielen Jahren lebte einmal ein Kaiser, der so große Stücke auf hübsche neue Kleider hielt, daß er all sein Geld ausgab, um nur immer recht geputzt einherzugehen. Er kümmerte sich nicht um seine Soldaten, kümmerte sich nicht um Theater und Waldpartien, außer, wenn es galt, seine neuen Kleider zu zeigen. Für jede Tagesstunde hatte er einen besonderen Rock, und wie man von einem Könige sagt: „Er befindet sich im Rat", so sagte man hier immer: „Der Kaiser ist im Kleiderzimmer!" ...

(Hans Christian Andersen, Des Kaisers neue Kleider, aus: Das Märchenbuch, Stuttgart 2003, Reclam, S. 18.)

Plusquamperfekt

Bildung

Das Plusquamperfekt, die **vollendete Vergangenheit**, wird mit den Personalformen der Hilfsverben *haben* oder *sein* im Präteritum und dem Partizip II des Vollverbs gebildet. Wie beim Perfekt, gilt: Die meisten Verben bilden das Plusquamperfekt mit dem Hilfsverb *haben*, bei Verben, die eine Veränderung oder Bewegung ausdrücken, bei intransitiven Verben also, gebraucht man das Hilfsverb *sein*.

PLUSQUAMPERFEKT MIT	
haben	**sein**
(Personalform von *haben* im Präteritum + Partizip II des Vollverbs)	(Personalform von *sein* im Präteritum + Partizip II des Vollverbs)
Ich hatte zu Abend **gegessen.**	**Ich war** den Weg zu Fuß **gegangen.**
Du hattest zu Abend **gegessen.**	**Du warst** den Weg zu Fuß **gegangen.**
Er, sie, es hatte zu Abend **gegessen**	**Er, sie, es war** den Weg zu Fuß **gegangen.**
Wir hatten zu Abend **gegessen**	**Wir waren** den Weg zu Fuß **gegangen.**
Ihr hattet zu Abend **gegessen.**	**Ihr wart** den Weg zu Fuß **gegangen.**
Sie hatten zu Abend **gegessen.**	**Sie waren** den Weg zu Fuß **gegangen.**

Gebrauch

Das Plusquamperfekt wird fast nur zusammen mit dem Präteritum gebraucht und drückt dann die **Vorzeitigkeit** aus: Es bezeichnet, mit anderen Worten, ein Geschehen, das vor dem vergangenen Geschehen lag. Man nennt das Plusquamperfekt darum auch die **Vorvergangenheit.**

Er ging zur Tür.	(Präteritum)
Es hatte (*zuvor*) geklingelt.	(Plusquamperfekt)
Wir hatten (*bereits*) zu Abend gegessen,	(Plusquamperfekt)
als mein Bruder nach Hause kam.	(Präteritum)

Futur I

Bildung

Das Futur I, die Zukunftsform des Verbs, wird mit den Personalformen des Hilfsverbs *werden* im Präsens und dem Infinitiv des Vollverbs gebildet.

FUTUR I

(Personalform von *werden* im Präsens
+ Infinitiv des Vollverbs)

Ich werde morgen **verreisen.**
Du wirst morgen **verreisen.**
Er, sie, es wird morgen **verreisen.**
Wir werden morgen **verreisen.**
Ihr werdet morgen **verreisen.**
Sie werden morgen **verreisen.**

Gebrauch

1. Das Futur I bezeichnet etwas Zukünftiges, also ein Geschehen, das noch nicht stattgefunden hat.
   Wir werden uns morgen um 15.00 Uhr treffen.
   Die Sommerferien werden in diesem Jahr im Juli beginnen.

2. Mit dem Futur I kann man eine Vermutung zum Ausdruck bringen.
   Ich kann meinen Schlüssel nicht finden. Ich werde ihn (wohl) verloren haben.
   Oma meldet sich nicht. Sie wird doch nicht krank sein?

3. Das Futur I kann auch eine Absicht oder eine Aufforderung ausdrücken.
   Ich werde mich darauf einstellen. (Absicht)
   Ihr werdet jetzt eure Zimmer aufräumen! (Aufforderung)

Futur II

Bildung

Das Futur II, die so genannte **vollendete Zukunft**, wird mit den Personalformen des Hilfsverbs *werden* im Präsens, dem Partizip II des Vollverbs und dem Infinitiv der Hilfsverben *haben* oder *sein* gebildet. Wie beim Perfekt und Plusquamperfekt wird auch das Futur II der meisten Verben mit dem Hilfsverb *haben* gebildet; die intransitiven Verben der Veränderung und Bewegung bilden es mit *sein*.

FUTUR II MIT	
haben	**sein**
(Personalform von *werden* im Präsens + Partizip II des Vollverbs + Hilfsverb *haben* im Infinitiv)	(Personalform von *werden* im Präsens + Partizip II des Vollverbs + Hilfsverb *sein* im Infinitiv)
Ich werde den Koffer **gepackt haben.**	**Ich werde** morgen **angekommen sein.**
Du wirst den Koffer **gepackt haben.**	**Du wirst** morgen **angekommen sein.**
Er, sie, es wird den Koffer **gepackt haben.**	**Er, sie, es wird** morgen **angekommen sein.**
Wir werden den Koffer **gepackt haben.**	**Wir werden** morgen **angekommen sein.**
Ihr werdet den Koffer **gepackt haben.**	**Ihr werdet** morgen **angekommen sein.**
Sie werden den Koffer **gepackt haben.**	**Sie werden** morgen **angekommen sein.**

Gebrauch

Mit dem Futur II wird ein künftiges Geschehen als ein bereits abgeschlossenes dargestellt. Das deutet auch die Bezeichnung **vollendete Zukunft** an. Im Übrigen kann mit dem Futur II auch eine Vermutung oder Annahme über das künftige Geschehen ausgedrückt werden.

Morgen um diese Zeit werde ich alle Reisevorbereitungen erledigt haben.
Übermorgen werde ich vielleicht schon angekommen sein.

Das Futur II wird im Deutschen nur selten verwendet. Meist weicht man auf das Perfekt – genauer – auf das so genannte **Ergebnisperfekt** aus.

Morgen um diese Zeit habe ich bestimmt alle Reisevorbereitungen erledigt.
Übermorgen bin ich sicher schon angekommen.

Aktiv und Passiv

Das Aktiv, die Tätigkeitsform des Verbs, und das Passiv, die so genannte Leideform, geben den Blickwinkel an, aus dem heraus ein Geschehen oder eine Handlung mitgeteilt werden. Man fasst beide Begriffe auch unter dem Fachausdruck **Genus Verbi** oder unter der Bezeichnung **Handlungsform** zusammen.

Transitive Verben, also Verben die ein Akkusativobjekt bei sich haben, und die **unecht reflexiven Verben** können Passivformen bilden.

Der Kellner deckt die Tische.	(Aktiv)
Die Tische werden gedeckt.	(Passiv möglich)
Die Gäste bedienen sich am Buffet.	(Aktiv)
Die Gäste werden bedient.	(Passiv möglich)

Intransitive Verben, zu denen auch die echt reflexiven Verben gehören, und alle Verben, die das Perfekt mit dem Hilfsverb *sein* bilden, haben dagegen keine Passivformen.

Wir dankten ihm.	(Aktiv)
~~Er wurde gedankt.~~	(Passiv nicht möglich)
Sie beeilten sich.	(Aktiv)
~~Sie wurden beeilt.~~	(Passiv nicht möglich)
Wir joggen jeden Morgen.	(Aktiv)
~~Wir werden jeden Morgen gejoggt.~~	(Passiv nicht möglich)

Umwandlung vom Aktiv ins Passiv

Bei der Umwandlung eines Aktivsatzes in einen Passivsatz werden mehrere Veränderungen vorgenommen.

1. Das Subjekt des Aktivsatzes wird im Passivsatz durch die Präposition *von* (seltner: *durch*) ergänzt.

2. Das Akkusativobjekt des Aktivsatzes wird im Passivsatz zum Subjekt.

3. Die Aktivformen des Verbs werden in Passivformen umgewandelt.

Die Tierpfleger *füttern* die Pinguine.	(Aktiv)
Die Pinguine *werden* von den Tierpflegern *gefüttert*.	(Passiv)

4. Alle übrigen Satzglieder erfahren keine Veränderung.
   Um 9.00 Uhr *füttern* die Tierpfleger die Pinguine zum ersten Mal.
   Um 9.00 Uhr *werden* die Pinguine von den Tierpflegern zum ersten Mal *gefüttert*.

Gebrauch des Passivs

Täterabgewandtes und täterloses Passiv

Die Aktivformen des Verbs, die meist zusammen mit einem Subjekt stehen, stellen die handelnde Person, den Täter oder Urheber eines Geschehens, in den Vordergrund. Man spricht beim Aktiv darum auch von der **täterbezogenen Mitteilungsperspektive**. Der Täter oder Urheber kann eine Person oder eine Gruppe sein, aber auch Dinge oder eine Kraft können als Täter aufgefasst werden.

Timmy fotografiert den Eisbären.	(Aktiv)
Die Tierpfleger füttern die Pinguine.	(Aktiv)
Der Regen durchnässt die Zoobesucher.	(Aktiv)

Die Passivformen des Verbs betonen hingegen den Vorgang, dem der Täter oder Urheber des Aktivsatzes untergeordnet wird. Man spricht auch von der **täterabgewandten Mitteilungsperspektive** oder vom **täterabgewandten Passiv**. Du erkennst es daran, dass der Täter durch die Präpositionen *von* oder *durch* ergänzt wird.

Timmy fotografiert den Eisbären.	(Aktiv)
Der Eisbär wird von Timmy fotografiert.	(Passiv)
Die Tierpfleger füttern die Pinguine.	(Aktiv)
Die Pinguine werden von den Tierpflegern gefüttert.	(Passiv)
Der Regen durchnässt die Zoobesucher.	(Aktiv)
Die Zoobesucher werden vom Regen durchnässt.	(Passiv)

Ebenso ist es möglich, dass der Täter gar nicht erwähnt wird. Es handelt sich dann um das so genannte **täterlose Passiv**. Man gebraucht es, wenn der Täter oder Urheber nicht genannt werden soll oder darf, wenn er unbekannt oder unwichtig ist. Die entsprechenden Aktivsätze haben das Pronomen *man* zum Subjekt.

Gestern **wurde** im Nachbarhaus **eingebrochen.**	(Passiv)
Gestern **hat man** im Nachbarhaus **eingebrochen.**	(Aktiv)
Ihnen **wurde geraten**, das Stadtzentrum zu umfahren.	(Passiv)
Man riet ihnen, das Stadtzentrum zu umfahren.	(Aktiv)
Sie **wurde** als nächste **aufgerufen.**	(Passiv)
Man rief sie als nächste auf.	(Aktiv)
Das Schreiben **wird weitergeleitet.**	(Passiv)
Man leitet das Schreiben weiter.	(Aktiv)
Uns **wurde** ein Rabatt **gewährt.**	(Passiv)
Man gewährte uns einen Rabatt.	(Aktiv)

Vorgangspassiv und Zustandspassiv

Weiterhin unterscheidet man zwei Geschehensarten des Passivs, das **Vorgangspassiv** und das **Zustandspassiv**. Mit dem Vorgangspassiv gibt man einen Vorgang oder eine Handlung wieder. Man nennt es auch das ***werden*-Passiv**, denn es wird mit den Personalformen des Hilfsverbs *werden* und dem Partizip II des Vollverbs gebildet.

Der Rasen wird gesprengt.	(Vorgang)
Der Computer wurde heruntergefahren.	(Vorgang)

Mit dem Zustandspassiv werden dagegen ein Zustand oder auch das Ergebnis eines Vorgangs beschrieben. Es wird auch das ***sein*-Passiv** genannt, denn man bildet es mit den Personalformen des Hilfsverbs *sein* und dem Partizip II des Vollverbs.

Der Rasen ist gesprengt.	(Ergebnis einer Handlung)
Der Computer war heruntergefahren.	(Ergebnis einer Handlung)

Beide Varianten des Passivs können in allen Zeiten gebildet werden, allerdings wird das Zustandspassiv fast nur im Präsens oder Präteritum gebraucht.

	VORGANGSPASSIV
	(Personalformen von *werden* + Partizip II)
Präsens	Die Hauswand **wird gestrichen.**
Präteritum	Die Hauswand **wurde gestrichen.**
Perfekt	Die Hauswand **ist gestrichen worden.**
Plusquamperfekt	Die Hauswand **war gestrichen worden.**
Futur I	Die Hauswand **wird gestrichen werden.**
Futur II	Die Hauswand **wird gestrichen worden sein.**
	ZUSTANDSPASSIV
	(Personalformen von *sein* + Partizip II)
Präsens	Das Fahrrad **ist geputzt.**
Präteritum	Das Fahrrad **war geputzt.**
Perfekt	Das Fahrrad **ist geputzt gewesen.**
Plusquamperfekt	Das Fahrrad **war geputzt gewesen.**
Futur I	Das Fahrrad **wird geputzt sein.**
Futur II	Das Fahrrad **wird geputzt gewesen sein.**

Persönliches und unpersönliches Passiv

Wird derjenige, der von der Handlung betroffen ist, genannt und bildet er das Subjekt des Satzes, spricht man vom **persönlichen Passiv.**

Der Autofahrer wird angehalten.
Die Nachrichten werden jeden Abend von vielen Menschen gesehen.
Der Computer wird heruntergefahren.

Wird der Betroffene nicht genannt und steht stattdessen das Pronomen *es* als Platzhalter für das Subjekt, handelt es sich um ein **unpersönliches Passiv.** Oft kann *es* auch ganz wegfallen.

Es wurde viel gelacht.	Da wurde viel gelacht.
Es wird ständig irgendwo gebaut.	Ständig wird irgendwo gebaut.
Es wurde noch lange darüber gesprochen.	Darüber wurde noch lange gesprochen.

Schwierige Formen

Sowohl das Vorgangspassiv im Präsens wie auch das Futur I Aktiv bildet man mit den Personalformen des Hilfsverbs *werden*. Du kannst die Formen aber gut unterscheiden, wenn du daran denkst, dass im Futur I Aktiv das Hilfsverb den Infinitiv des Vollverbs bei sich hat. Das Passiv Präsens wird dagegen mit dem Hilfsverb und dem Partizip II des Vollverbs gebildet.

Die Blumen werden **gewässert.** (Partizip II, also Vorgangspassiv im Präsens)
Die Blumen werden **blühen.** (Infinitiv, also Futur I Passiv)

Achte auch darauf, dass einige Verben ihre zusammengesetzten Zeiten mit dem Hilfsverb *sein* und dem Partizip II bilden. Es sind vor allem Verben, die eine Veränderung oder Bewegung ausdrücken. (Dazu gehören zum Beispiel: *laufen, gehen, fallen, reisen, schwimmen, springen, welken.)* Im Perfekt Aktiv gleichen ihre Formen dem Zustandspassiv im Präsens.

Der Computer ist heruntergefahren. (Präsens Passiv)
Das Kind ist gefallen. (Perfekt Aktiv)

Wenn du im Zweifel bist, wie die Form zu bestimmen ist, erinnere dich daran, dass Verben mit dem Hilfsverb *sein* keine Passivformen bilden können, und mache folgenden Test: Versuche den Satz in ein Vorgangspassiv umzuwandeln. Ergibt die Umwandlung eine sinnvolle Aussage, handelt es sich um eine Passivform im Präsens. Ist die Aussage nicht sinnvoll, liegt ein Perfekt Aktiv vor.

Der Computer ist heruntergefahren *worden*. (sinnvolle Aussage, also Präsens Passiv)
Das Kind ist gefallen *worden*. (keine sinnvolle Aussage, also Perfekt Aktiv).

Modus (Indikativ, Konjunktiv, Imperativ)

Verben können angeben, ob ein Geschehen für wirklich, möglich oder wünschbar gehalten wird. Auch Aufforderungen können mit ihnen zum Ausdruck gebracht werden. Diese unterschiedlichen **Aussageweisen** fassen wir unter dem Begriff **Modus** (Plural: Modi) zusammen. Es gibt im Deutschen drei Modi, den **Indikativ**, die so genannte Wirklichkeitsform, den **Konjunktiv**, die Möglichkeitsform und schließlich den **Imperativ**, die Befehlsform.

Indikativ

Die Bildung der Indikativformen wird in den vorangehenden Kapiteln ausführlich dargestellt. Hier einige Anmerkungen zum Gebrauch.
Der Indikativ ist die Aussageweise, die am häufigsten verwendet wird. Mit ihm wird ausgedrückt, dass etwas wirklich und gegeben ist oder – wie etwa in einem Märchen – zwar erfunden, aber als wirklich vorstellbar ist.

Die Rosen **blühen**.
Das Auto **fuhr** bei Rot über die Kreuzung.
Im Winter **werden** wir Ski **laufen**.
Jeden Morgen **schlich** die Alte zu dem Ställchen und **rief**:
„Hänsel, **streck** deine Finger **heraus**, damit ich **fühle**, ob du bald fett **bist**."

Auch ein allgemein gültiger oder möglicher Sachverhalt kann mit dem Indikativ mitgeteilt werden.
Der Siedepunkt von Wasser **liegt** bei 100 °C.
Vielleicht **treffen** wir uns morgen.

Konjunktiv I

Bildung

Der Konjunktiv I kann sich auf drei Zeitstufen, die Gegenwart, die Vergangenheit und die Zukunft, beziehen.

Sie sagt, sie **gehe** heute Abend ins Theater.	(Präsens)
Er erzählt, dass er in einen Stau **geraten sei**.	(Perfekt)
Sie **werde**, so versprach sie, später noch einmal vorbeikommen.	(Futur)

Die Gegenwart wird mit den Konjunktivformen des Präsens gebildet. Dabei werden dem Stamm des Infinitivs (1. Stammform, Präsensstamm) die Endungen *-e*, *-est*, *-e*, *-en*, *et*, *-en* angefügt.

PRÄSENS AKTIV INDIKATIV	PRÄSENS AKTIV KONJUNKTIV I
ich sage	ich sag**e**
du sagst	du sag**est**
er, sie, es sagt	er, sie, es sag**e**
wir sagen	wir sag**en**
ihr sagt	ihr sag**et**
sie sagen	sie sag**en**

Die Zeitstufe der Vergangenheit wird mit den Konjunktivformen des Perfekts (Konjunktiv I) der Hilfsverben *haben* oder *sein* und dem Partizip II des Vollverbs gebildet.

PERFEKT AKTIV KONJUNKTIV I	
haben	**sein**
(Personalformen von *haben* im Perfekt Konjunktiv I + Partizip des Vollverbs)	(Personalformen von *sein* im Perfekt Konjunktiv I + Partizip des Vollverbs)
ich **habe gesagt**	ich **sei gefahren**
du **habest gesagt**	du **sei(e)st gefahren**
er, sie es **habe gesagt**	er, sie, es **sei gefahren**
wir **haben gesagt**	wir **seien gefahren**
ihr **habet gesagt**	ihr **seiet gefahren**
sie **haben gesagt**	sie **seien gefahren**

Die Zeitstufe der Zukunft wird im Futur I mit den Konjunktivformen des Hilfsverbs *werden* im Präsens (Konjunktiv I*)* und dem Infinitiv des Vollverbs gebildet.

FUTUR I AKTIV KONJUNKTIV I
(Personalformen von *werden* im Präsens Konjunktiv I + Infinitiv des Vollverbs)
ich **werde sagen**
du **werdest sagen**
er, sie, es **werde sagen**
wir **werden sagen**
ihr **werdet sagen**
sie **werden sagen**

Das Futur II wird mit den Konjunktivformen des Hilfsverbs *werden* im Präsens (Konjunktiv I), dem Partizip II des Vollverbs und dem Infinitiv der Hilfsverben *haben* oder *sein* gebildet.

FUTUR II AKTIV KONJUNKTIV I	
haben	**sein**
(Personalformen von *werden* im Präsens Konjunktiv I + Partizip II des Vollverbs + Hilfsverb *haben* im Infinitiv)	(Personalformen von *werden* im Präsens Konjunktiv I + Partizip II des Vollverbs + Hilfsverb *sein* im Infinitiv)
ich **werde gesagt haben**	ich **werde gefahren sein**
du **werdest gesagt haben**	du **werdest gefahren sein**
er, sie es **werde gesagt haben**	er, sie, es **werde gefahren sein**
wir **werden gesagt haben**	wir **werden gefahren sein**
ihr **werdet gesagt haben**	ihr **werdet gefahren sein**
sie **werden gesagt haben**	sie **werden gefahren sein**

Ersetzung und Umschreibung des Konjunktivs I

Einige Formen des Konjunktivs I stimmen im Präsens mit dem Indikativ überein:
die 1. Person Singular und die 1. und 3. Person Plural.
Um den konjunktivischen Gebrauch deutlich zu machen, werden diese Formen durch Formen des Konjunktivs II ersetzt oder mit *würde*, dem Konjunktiv II des Hilfsverbs *werden*, und dem Infinitiv des Vollverbs umschrieben. Die Umschreibung mit *würde* + Infinitiv ist auch üblich, wenn die Formen des Konjunktivs II veraltet sind oder sehr gesucht klingen.

	Indikativ	**Konjunktiv I**	**Konjunktiv II**	**Umschreibung mit *würde***
1. Person Sg.	ich lese	ich lese	ich läse	ich **würde lesen**
1. Person Pl.	sie fahren	sie fahren	sie führen	sie **würden fahren**
3. Person Pl.	wir singen	wir singen	wir sängen	wir **würden singen**

Gebrauch des Konjunktivs I

Wünsche, Ausrufe, Anleitungen

Mit dem Konjunktiv I können Wünsche oder Ausrufe formuliert werden, ebenso kommt er in einigen festen Redewendungen vor.

Sei gegrüßt! (Ausruf)
Sie lebe hoch! (Ausruf)
Er ruhe in Frieden. (Wunsch)
Komme, was da wolle. (Redewendung)
Es sei denn, dass ... (Redewendung)

Anleitungen, zum Beispiel in Kochrezepten, können auch im Konjunktiv I stehen.

Man nehme 3 Eigelb, 75 g Zucker und 250 g Mascarpone und verrühre alle Zutaten zu einer Creme.

Umwandlung der direkten Rede in die indirekte Rede

Die **direkte Rede** gibt eine Aussage wörtlich und im Indikativ wieder. Sie wird oft auch die **wörtliche Rede** genannt. Z 1-3

Der Polizeisprecher berichtete:
„Der Täter hat sich gleich nach der Tat gestellt." (direkte Rede)

Mit der **indirekten Rede** wird die Äußerung eines anderen Sprechers sinngemäß und oft nur annähernd wortgetreu wiedergegeben. Die indirekte Rede wird in aller Regel im Konjunktiv I formuliert und beginnt meist mit der Konjunktion *dass*.

Der Polizeisprecher berichtete, **dass** sich der Täter gleich nach der Tat gestellt **habe**.
(indirekte Rede im Konjunktiv I)

Oft – vor allem in der Umgangssprache – wird bei der indirekten Rede auf den Konjunktiv I verzichtet und stattdessen der Indikativ verwendet.

Der Polizeisprecher berichtete, **dass** sich der Täter gleich nach der Tat gestellt **hat.**
(indirekte Rede im Indikativ)

Der Konjunktiv I muss aber stehen, wenn die Konjunktion *dass* weggelassen wird, was häufig möglich ist.

Der Polizeisprecher berichtete, der Täter **habe** sich gleich nach der Tat **gestellt.**
(*Nicht möglich*: Der Polizeisprecher berichtete, der Täter *hat* sich gleich nach der Tat *gestellt.*)

Darüber hinaus sollte der Konjunktiv I gebraucht werden, wenn eine Äußerung mit Vorbehalt und Distanz referiert wird und man für ihren Wahrheitsgehalt nicht garantieren kann.

Der Nachrichtensprecher kündigt an:
„Morgen wird es graupeln und schauern." (direkte Rede im Indikativ)
Der Nachrichtensprecher hat angekündigt, **dass** es morgen graupeln und schauern **werde.**
(indirekte Rede im Konjunktiv I)

Bei der Umwandlung in die indirekte Rede wird die direkte Rede verändert:

1. Präteritum, Perfekt und Plusquamperfekt der direkten Rede werden in der indirekten Rede mit dem Perfekt im Konjunktiv I wiedergegeben.
   Sie erzählt: „Ich stand vor verschlossener Tür."
   Sie erzählt, sie habe vor verschlossener Tür gestanden.
   Sie erklärt: „Ich hatte meinen Schlüssel verloren."
   Sie erklärt, dass sie ihren Schlüssel verloren habe.
   Sie sagt: „Nun habe ich einen zweiten Schlüssel bei Nachbarn deponiert."
   Sie sagt, sie habe nun einen zweiten Schlüssel bei Nachbarn deponiert.

2. Die Personalpronomen der direkten Rede müssen in der indirekten Rede geändert werden.

Direkte Rede	Indirekte Rede
Lara sagt:	Lara sagt,
„Ich habe keine Zeit."	sie habe keine Zeit.
„Du hast keine Zeit."	er, sie habe keine Zeit.
„Er, sie hat keine Zeit."	er, sie habe keine Zeit.
„Wir haben keine Zeit."	sie, wir hätten keine Zeit.
„Ihr habt keine Zeit."	ihr hättet keine Zeit.
„Sie haben keine Zeit."	sie hätten keine Zeit.

Umwandlung direkter Fragesätze in indirekte Fragesätze

Wir unterscheiden Ergänzungsfragen und Entscheidungsfragen.

Ergänzungsfragen heißen auch *W-Fragen*, denn sie werden alle durch Fragewörter eingeleitet, die mit einem *W* beginnen: *wann?, was?, wer?, wo?, wie?, wohin?, womit? ...* Z 1-3
Mit Ergänzungsfragen erkundigt man sich nach genaueren und ausführlicheren Informationen.

Felix fragt: „Wann kommst du heute nach Hause, Klara?"
Klara antwortet: „Ich bin sicher zum Abendessen zurück."

Wird eine Ergänzungsfrage der direkten Rede in einen indirekten Fragesatz umgewandelt, bleibt das Fragewort erhalten. Die indirekte Frage kann im Konjunktiv I, häufig aber auch im Indikativ stehen.

Felix fragt: „Wann kommst du heute nach Hause, Klara?"
Felix fragt, **wann** Klara heute nach Hause **komme.**
(*Auch möglich*: Felix fragt, *wann* Klara heute nach Hause *kommt.*)

Entscheidungsfragen werden in aller Regel mit dem Prädikat eingeleitet und mit *Ja* oder *Nein* oder auch mit *Vielleicht* beantwortet.

Felix fragt: Kommst du heute früher nach Hause, Klara?"
Klara antwortet: „Ja."/„Nein."

Wird eine direkte Entscheidungsfrage in einen indirekten Fragesatz umgewandelt, kann der Konjunktiv I oder der Indikativ stehen. Die indirekte Frage wird mit der Konjunktion *ob* eingeleitet.

Felix fragt: Kommst du heute früher nach Hause, Klara?"
Felix fragt, **ob** Klara heute früher nach Hause **komme.**
(*Auch möglich*: Felix fragt, *ob* Klara heute früher nach Hause *kommt.*)

Konjunktiv II

Bildung

Der Konjunktiv II kommt im Präteritum und im Plusquamperfekt vor.

Er **gäbe** sicher viel dafür, morgen ausschlafen zu können.
Ich **hätte** mich **geärgert**, wenn wir das Spiel **verloren hätten.**

Das Präteritum wird vom Präteritumstamm (2. Stammform) abgeleitet. Die Personalendungen lauten wie beim Konjunktiv I *-e, -(e)st, -e, -en, (e)t, -en*, unregelmäßige (starke) Verben haben meist noch einem Umlaut.

PRÄTERITUM AKTIV INDIKATIV	PRÄTERITUM AKTIV KONJUNKTIV II
ich gab	ich g**äbe**
du gabest	du g**äbest**
er, sie, es gab	er, sie, es g**äbe**
wir gaben	wir g**äben**
ihr gabet	ihr g**äbet**
sie gaben	sie g**äben**

Das Plusquamperfekt wird mit den Konjunktivformen des Plusquamperfekts (Konjunktiv II) der Hilfsverben *haben* oder *sein* und dem Partizip II des Vollverbs gebildet.

PLUSQUAMPERFEKT AKTIV KONJUNKTIV II MIT	
haben	**sein**
(Personalformen von *haben* im Plusquamperfekt Konjunktiv II + Partizip II des Vollverbs)	(Personalformen von *sein* im Plusquamperfekt Konjunktiv II + Partizip II des Vollverbs)
ich **hätte gegeben**	ich **wäre gefahren**
du **hättest gegeben**	du **wärest gefahren**
er, sie es **hätte gegeben**	er, sie, es **wäre gefahren**
wir **hätten gegeben**	wir **wären gefahren**
ihr **hättet gegeben**	ihr **wäret gefahren**
sie **hätten gegeben**	sie **wären gefahren**

Umschreibung des Konjunktivs II

Einige Formen des Konjunktivs II unterscheiden sich nicht von den Formen im Indikativ.
Das betrifft vor allem das Präteritum des Konjunktivs II aller regelmäßigen (schwachen) Verben, dessen Formen mit jenen des Indikativs im Präteritum identisch sind, aber auch einige unregelmäßige (starke Verben).
Um den Unterschied deutlich herauszustellen, wird der Konjunktiv II in all diesen Fällen mit *würde*, also dem Konjunktiv II des Hilfsverbs *werden*, und dem Infinitiv des Vollverbs umschrieben.

Wir **machten** eine Pause, wenn wir mehr Zeit hätten.

Wir **würden** eine Pause **machen**, wenn wir mehr Zeit hätten.

PRÄTERITUM INDIKATIV/KONJUNKTIV II	UMSCHREIBUNG MIT WÜRDE + INFINITIV
ich lacht**e**	ich **würde lachen**
du lacht**est**	du **würdest lachen**
er, sie, es lacht**e**	er, sie, es **würde lachen**
wir lacht**en**	wir **würden lachen**
ihr lacht**et**	ihr **würdet lachen**
sie lacht**en**	sie **würden lachen**

Auch Formen des Konjunktivs II, die veraltet bzw. ungebräuchlich sind oder sehr gesucht klingen, werden mit *würde* + Infinitiv umschrieben.

Sie **flögen** nach New York, wenn ihnen jemand eine günstige Unterkunft **anböte**.

Sie **würden** nach New York **fliegen**, wenn ihnen jemand eine günstige Unterkunft **anbieten würde**.

Gebrauch des Konjunktivs II

Mit dem **Konjunktiv II** werden gedankliche Vorstellungen mitgeteilt. Er ist die Aussageweise des Unwirklichen, der Irrealität, und wird darum mitunter auch **Irrealis** genannt.

Wünsche, die im Konjunktiv II formuliert werden, bringen zum Ausdruck, dass der Wunsch nicht erfüllt werden kann.

Wäre ich doch bloß früher **aufgestanden**!
Hätte ich mich doch nur besser **vorbereitet**!
Wäre ich doch schon mit allem fertig!

Der Konjunktiv II ist in **Bedingungssätzen** (Konditionalsätzen) gebräuchlich, die etwas Unwirkliches ausdrücken. Man spricht hier auch von **irrealen Bedingungssätzen**.

Wenn eine Eisdiele in der Nähe **wäre**, **würde** ich jetzt ein Eis **essen**.
Wenn du nicht verschlafen **hättest**, **könntest** du in aller Ruhe **frühstücken**.
Ich **hätte** den Rasen schon längst **gemäht**, **wenn** es nicht ständig **geregnet hätte**.
Wir **wären** schon früher **angekommen**, **wenn** wir nicht in einen Stau geraten **wären**.

Auch in **Einräumungssätzen** (Konzessivsätzen) und **Folgesätzen** (Konsekutivsätzen) kommt der Konjunktiv II vor.

Er schließt die Fenster, **obwohl** die Musik mich nicht **gestört hätte**. (Konzessivsatz)
Die Einkaufsliste war zu lang, **als dass** ich alle Besorgungen gleich **hätte erledigen können**. (Konsekutivsatz)

Auch Sätze, die mit *als ob* oder *als wenn* eingeleitet werden, stehen im Konjunktiv II.

Er tut so, **als ob** er die Bemerkung nicht gehört **hätte**.
Sie machte den Eindruck, **als ob** sie nicht **zuhörte**.

Darüber hinaus wird der Konjunktiv II gebraucht, wenn man einen höflichen Wunsch äußert oder eine Vermutung, die vielleicht noch zutrifft.

Ich **hätte** gern noch ein Glas Limonade.	(höflicher Wunsch)
Würden Sie mir bitte die Rechnung bringen?	(höflicher Wunsch)
Könntest du morgen zurückrufen?	(höflicher Wunsch)
Das **wäre** machbar.	(Vermutung)
Das **könnte** klappen.	(Vermutung)
Das **wäre** ein Malheur.	(Vermutung)

Der Konjunktiv II in der indirekten Rede
Auch in der indirekten Rede kommt der Konjunktiv II vor. Er ersetzt dann meist den Konjunktiv I, wenn dieser von den Indikativformen nicht zu unterscheiden ist. Die Umschreibung mit *würde* + Infinitiv ist üblich, wenn die Formen des Konjunktivs II ungebräuchlich oder veraltet sind.

Sie sagt, dass sie gerade ein spannendes Buch **lese**.	(Konjunktiv I)
Sie sagt, dass sie gerade ein spannendes Buch **läse**.	(Konjunktiv II)
Sie sagt, dass sie gerade ein spannendes Buch **lesen würde**.	(Umschreibung)

Z 1-3 Formen, die in der direkten Rede im Konjunktiv II stehen, werden in der indirekten Rede beibehalten.

Er sagte: „Ich **hätte** ein Eis **gegessen**, wenn eine Eisdiele in der Nähe **gewesen wäre**.“ (direkte Rede)
Er sagte, dass er ein Eis **gegessen hätte**, wenn eine Eisdiele in der Nähe **gewesen wäre**. (indirekte Rede).

Imperativ

Bildung

Z 3 Imperativformen kommen nur im Präsens vor. Sie werden in der 2. Person Singular und Plural und in der Höflichkeitsform gebildet.

Lass mal sehen.	(2. Person Singular)
Lauft schnell weg.	(2. Person Plural)
Schließen Sie bitte die Tür.	(Höflichkeitsform für Singular und Plural)

Die **2. Person Singular** Imperativ wird in der Regel mit der Endung *-e* gebildet, die an den Z 7-13
Verbstamm angehängt wird. Bei vielen Verben kann das *-e* aber auch wegfallen.

Fasse/Fass zusammen. **Schreibe/Schreib** mit. **Lege/Leg** eine Tabelle an.

Bei Verben allerdings, die auf *-eln* und *-ern* enden oder deren Stamm auf *-d*, *-t*, *-ig* endet, muss der Imperativ im Singular mit einem *-e* gebildet werden.

Bumml**e** nicht!	(bummeln)
Ärger**e** dich nicht!	(sich ärgern)
Ordn**e** deine Stichworte.	(ordnen)
Wert**e** die Ergebnisse aus.	(werten)
Erledig**e** das bitte noch.	(erledigen)

Eine Ausnahme bilden unregelmäßige Verben, die im Präsens einen Vokalwechsel von *e* zu *i* erfahren (Ablaut). Sie bilden auch den Singular des Imperativs mit *i/ie*, das Endungs-*e* entfällt.

g**e**ben → g**i**b   l**e**sen → l**ie**s
spr**e**chen → spr**i**ch   n**e**hmen → n**i**mm

Den Imperativ in der **2. Person Plural** kennzeichnet ein *-(e)t*, das an den Verbstamm angefügt wird.

Bummel**t** nicht!
Ärger**t** euch nicht!
Ordne**t** eure Stichworte.
Werte**t** die Ergebnisse aus.
Erledig**t** das bitte noch.

Unregelmäßige Verben mit Ablaut von *e* zu *i* bilden diese Personalform mit *e*, entsprechend wird auch der Imperativ gebildet.

g**e**ben → g**i**b → **gebt**   l**e**sen → l**ie**s → l**e**s**t**
spr**e**chen → spr**i**ch → spr**e**ch**t**   n**e**hmen → n**i**mm → n**e**hm**t**

Beim Imperativ der **Höflichkeitsform** wird die Endung *-en* an den Verstamm angefügt und das Personalpronomen beibehalten.

Halt**en Sie** bitte Abstand. Geh**en Sie** bitte langsam.

Gehört man der Gruppe, an die man eine Aufforderung richtet, selbst an, wird anstelle des Personalpronomens *Sie* das Pronomen *wir* gebraucht.

Mach**en wir** uns nichts vor. Beeil**en wir** uns.

Das Verb *sein* bildet den Imperativ unregelmäßig. Präge dir die Formen ein: sei, seid, seien Sie

Gebrauch des Imperativs

Mit dem **Imperativ** wendet man sich direkt an eine oder mehrere Personen. Er drückt Aufforderungen, Befehle, Verbote, Wünsche, Bitten oder Ratschläge aus. Da er allerdings oft recht unhöflich klingt, wird er meist durch andere, freundlicher wirkende Formen wie Modalverben oder den Konjunktiv II ersetzt.

Statt: Steh früher auf.	*Besser*: Du sollest früher aufstehen.
Statt: Schließen Sie die Tür.	*Besser*: Würden Sie die Tür schließen?

Auch ein eingefügtes *bitte* oder *mal* nimmt dem Imperativ die Schärfe.

Statt: Reich mir die Butter.	Besser: Reich mir bitte die Butter.
	Besser: Reich mir doch bitte mal die Butter.

Der Imperativ kann auch in der indirekten Rede wiedergegeben werden. Er wird dann mit den Modalverben *mögen* oder *sollen* umschrieben.

Sie bittet: „**Halt** mir bitte einen Platz **frei**, Moritz."	(direkte Rede)
Sie bittet, Moritz **möge** ihr einen Platz **freihalten**.	(indirekte Rede)
Er schimpft: „Kinder, **spielt** nicht auf dem Rasen."	(direkte Rede)
Er schimpft, die Kinder **sollen** nicht auf dem Rasen **spielen**.	(indirekte Rede)

Bestimmung der veränderlichen (finiten) Verbformen

Bei der Bestimmung von veränderlichen (finiten) Verbformen musst du folgende fünf Merkmale berücksichtigen; du kannst sie bei einer schriftlichen Bestimmung auch abkürzen:

PERSON	
1. Person	1.
2. Person	2.
3. Person	3.

NUMERUS (ZAHL)	
Singular	Sg.
Plural	Pl.

TEMPUS (ZEIT)	
Präsens	Präs.
Perfekt	Perf.
Präteritum	Prät.
Plusquamperfekt	Pl. Perf.
Futur I	Fut. I
Futur II	Fut. II

GENUS VERBI (HANDLUNGSRICHTUNG)	
Aktiv	Akt.
Passiv	Pass.

MODUS (AUSSAGEWEISE)	
Indikativ	Ind.
Konjunktiv I	Konj. I
Konjunktiv II	Konj. II
Imperativ	Imp.

Der Angler **träumte** vom großen Fisch und **wünschte**, dass bald einer **anbeiße**. „Zu gern **würde** ich heute Abend einen Karpfen **essen**", **murmelte** er. „Wir Fische **sind** doch nicht so dumm und **gehen** an solch einen Köder", **dachte** sich der Karpfen. Er **griff** mit seiner Flosse einen alten Schuh, der neulich von jemandem ins Wasser **geworfen worden war**. „Den **werde** ich an die Angel **hängen**," **sagte** er listig. „Da **hat** einer **angebissen**", **freute** sich der Angler. Er **riss** die Angel hoch, **sah** den Schuh und **rief** verdattert: „Das **ist** ja meiner!"

VERB	PERSON	NUMERUS	TEMPUS	GENUS VERBI	MODUS	INFINITIV
träumte	3.	Sg.	Prät.	Akt.	Ind.	träumen
wünschte	3.	Sg.	Prät.	Akt.	Ind.	wünschen
anbeiße	3.	Sg.	Präs.	Akt.	Konj. I	anbeißen
würde essen	1.	Sg.	Prät.	Akt.	Konj. II	essen
murmelte	3.	Sg.	Prät.	Akt.	Ind.	murmeln
sind	1.	Pl.	Präs.	Akt.	Ind.	sein
gehen	1.	Pl.	Präs.	Akt.	Ind.	gehen
dachte	3.	Sg.	Prät.	Akt.	Ind.	denken
griff	3.	Sg.	Prät.	Akt.	Ind.	greifen
geworfen worden war	3.	Sg.	Pl. Perf.	Pass.	Ind.	werfen
werde hängen	1.	Sg.	Fut. I	Akt.	Ind.	hängen
sagte	3.	Sg.	Prät.	Akt.	Ind.	sagen
hat angebissen	3.	Sg.	Perf.	Akt.	Ind.	anbeißen
freute	3.	Sg.	Prät.	Akt.	Ind.	freuen
riss	3.	Sg.	Prät.	Akt.	Ind.	reißen
sah	3.	Sg.	Prät.	Akt.	Ind.	sehen
rief	3.	Sg.	Prät.	Akt.	Ind.	rufen
ist	3.	Sg.	Präs.	Akt.	Ind.	sein

Präfixverben und Partikelverben

Verben können mit Vorsilben (Präfixen) oder Verbpartikeln (Verbzusätzen) verbunden werden. Beide Verbindungen ermöglichen es, vorhandenen Verben eine andere oder neue Bedeutung zu geben. Neubildungen mit Präfixen heißen **Ableitungen**, kommen sie durch Verbzusätze zustande, werden sie **Zusammensetzungen** genannt.

zaubern	⟶	**ver**zaubern	(Ableitung mit Präfix)
führen	⟶	**auf**führen	(Zusammensetzung mit Präposition als Verbpartikel)

Präfixverben – untrennbare Verben

R 10-14 Verben, die mit Präfixen gebildet werden, nennt man auch **Präfixverben**. Gebräuchliche Vorsilben, die Verben vorangestellt werden können, sind in der folgenden Übersicht aufgeführt. Dazu gehören auch *um-*, *über-*, *unter-*, die in bestimmten Fällen als Präfixe aufgefasst werden.

be-	**be**stehen	**ver-**	**ver**brauchen	**de-**	**de**stabilisieren
ent-	**ent**schließen	**zer-**	**zer**reißen	**des-**	**des**infizieren
er-	**er**richten	**über-**	**über**winden	**dis-**	**dis**qualifizieren
ge-	**ge**brauchen	**um-**	**um**geben	**in-**	**in**filtrieren
miss-	**miss**verstehen	**unter-**	**unter**führen	**re-**	**re**konstruieren

Präfixe bleiben mit dem Verb, das sie einleiten, in allen konjugierten Formen immer fest verbunden. Präfixverben gehören zu den so genannten **untrennbaren Verben**.

Sie **erzählen** von ihrer Wanderung in den Bergen.
Gestern **bekam** ich endlich mein neues Fahrrad.
In diesem Sommer haben wir viel Sonnencreme **verbraucht**.

Das Partizip II bilden Präfixverben ohne das Flexionselement *ge-*.

errichten	errichtet	**miss**verstehen	missverstanden
zerreißen	zerrissen	**de**stabilisieren	destabilisiert
entschließen	entschlossen	**des**infizieren	desinfiziert
überwinden	überwunden	**dis**qualifizieren	disqualifiziert

Bei untrennbaren Verben trägt in aller Regel der Verbstamm die Hauptbetonung.

ge<u>brauch</u>en   er<u>richt</u>en   ent<u>schließ</u>en

Partikelverben – trennbare Verben

R 10-14

Verben, die mit Verbpartikeln gebildet werden, heißen auch **Partikelverben.**
Zu den Partikeln, die Verben vorangestellt werden können, gehören viele Präpositionen und Adverbien.

ab-	**ab**reisen	**mit**-	**mit**machen
an-	**an**hören	**neben**-	**neben**ordnen
auf-	**auf**schlagen	**über**-	**über**schwappen
durch-	**durch**stellen	**um**-	**um**leiten
empor-	**empor**heben	**unter**-	**unter**bringen
her-	**her**bringen	**vor**-	**vor**lesen
heraus-	**heraus**reißen	**weg**-	**weg**gehen
hervor-	**hervor**holen	**zu**-	**zu**schließen
hin-	**hin**kommen	**zwischen**-	**zwischen**schalten

Anders als Präfixverben bleiben Verben, die mit Partikeln gebildet werden, nur in bestimmten Formen und Satzstellungen mit dem Verb fest verbunden, nämlich im Infinitiv, im Partizip I und Partizip II und am Ende eines Nebensatzes. In allen anderen Verwendungen werden sie vom Verb getrennt. Partikelverben gehören darum zu den so genannten **trennbaren Verben.**

ankommen	(Infinitiv)
Der Zug **kommt** mit Verspätung **an.**	(Präsens)
De Zug **kam** mit Verspätung **an.**	(Präteritum)
Der **ankommende** Zug ist überfüllt.	(Partizip I)
Der Zug ist mit Verspätung **angekommen.**	(Partizip II, Perfekt)
Der Zug war mit Verspätung **angekommen.**	(Partizip II, Plusquamperfekt)
Der Zug wird 10 Minuten später **ankommen.**	(Infinitiv, Futur I)
Ich hoffe nur, dass ich pünktlich **ankomme.**	(Ende eines Nebensatzes)

Das Partizip II bilden Partikelverben mit der Flexionssilbe *ge-* nach dem Verbzusatz.

anhören	an**ge**hört	**zwischen**schalten	zwischen**ge**schaltet
mitmachen	mit**ge**macht	**um**leiten	um**ge**leitet
vorlesen	vor**ge**lesen	**über**schwappen	über**ge**schwappt
nebenordnen	neben**ge**ordnet	**unter**bringen	unter**ge**bracht

Bei trennbaren Verben liegt die Hauptbetonung auf dem Verbzusatz.

anhören   mitmachen   zwischenschalten

Werden Verb und Verbzusatz getrennt, bilden sie eine so genannte **Satzklammer**.

Ich mache da nicht mit.   Er schloss die Tür ab.

Rechtschreibung

Getrennt- und Zusammenschreibung bei Verbindungen mit Verben

Nomen + Verb

R1 Verbindungen aus einem Nomen und einem Verb werden meist getrennt geschrieben.

Auto fahren   Rad fahren   Ski laufen   Angst haben   Schlange stehen

R2 Du schreibst Verbindungen aus einem Nomen und einem Verb allerdings zusammen, wenn das Nomen als eigenständiges Wort verblasst ist und die Verbindung darum einen feststehenden Begriff bildet.

teilnehmen   preisgeben   eislaufen   kopfstehen   leidtun   irreführen

R3 Werden Verbindungen aus Nomen + Verb als zusammengesetzte Nomen gebraucht, schreibst du sie groß und zusammen.

das Radfahren   **das S**kilaufen

Verb + Verb

R4 Wortverbindungen aus Verb + Verb werden getrennt geschrieben.

essen gehen   spazieren gehen   laufen lernen

In diesen Verbindungen wird nur das zweite Verb konjugiert, das erste steht im Infinitiv.

Wir sind spazieren gegangen.

Verbindungen, in denen *lassen* und *bleiben* den zweiten Bestandteil bilden, sind von dieser Regel ausgenommen. Du kannst sie zusammenschreiben, wenn sie in übertragenem Sinne gebraucht werden.

hängen bleiben/hängenbleiben (nicht versetzt werden)
hängen lassen/hängenlassen (jemanden im Stich lassen)

Auch die Verbindung *kennen lernen/kennenlernen* bildet eine Ausnahme. Du kannst sie ohne Bedeutungsunterschied getrennt oder zusammenschreiben.

R5 Werden Verbindungen aus Verb + Verb als nominalisierte Zusammensetzung gebraucht, schreibst du sie zusammen und mit großem Anfangsbuchstaben.

lesen lernen	**das L**esenlernen	Auto fahren	**das A**utofahren
spazieren gehen	**das S**pazierengehen	essen gehen	**das E**ssengehen
Schlittschuh laufen	**zum S**chlittschuhlaufen verabredet sein		

Adjektiv + Verb

R6 Verbindungen aus einem Adjektiv und einem Verb werden getrennt geschrieben, wenn das Adjektiv die Umstände näher bestimmt.

leise sprechen langsam gehen laut rufen

R7 Verbindungen aus Adjektiv + Verb schreibst du zusammen, wenn die Verbindung eine neue Bedeutung ergibt und als fester Begriff aufgefasst werden kann. Du erkennst diese Zusammensetzungen auch daran, dass du das Adjektiv nicht sinnvoll steigern oder erweitern kannst (Steigerungsprobe).

ein Beweisstück sicherstellen	(nicht sinnvoll: sicher*er*stellen)
etwas schönreden	(nicht sinnvoll: schön*er*reden)
jemanden krankschreiben	(nicht sinnvoll: kränk*er*schreiben)

R8 Gibt in einer Verbindung mit einem Verb das Adjektiv das Ergebnis der Tätigkeit an, die mit dem Verb beschrieben wird, kannst du die Wörter getrennt, aber auch zusammenschreiben.

glatt bügeln	(auch: glattbügeln)
blank polieren	(auch: blankpolieren)
fein mahlen	(auch: feinmahlen)

Werden diese Verbindungen aus Adjektiv + Verb als Nomen gebraucht, schreibst du sie zusammen und mit großem Anfangsbuchstaben.

das Glattbügeln **das F**einmahlen

Partizip + Verb

R9 Eine Verbindung aus Partizip und Verb schreibst du grundsätzlich auseinander.

geschenkt bekommen gefangen halten getrennt schreiben

Präfix/Präposition/Adverb + Verb

Wir unterscheiden **trennbare** und **untrennbare** Zusammensetzungen mit Verben.

R10 Zu den untrennbaren Verbindungen gehören alle Verben, die mit **Präfixen** gebildet werden.

verschließen **be**stellen **er**reichen **emp**fangen

Du schreibst untrennbare Verben in allen konjugierten Formen zusammen.

verschließen	(Infinitiv)
Sie **verschließt** die Tür.	(Präsens)
Sie **verschloss** die Tür.	(Präteritum)
Sie hat die Tür **verschlossen**.	(Perfekt)
Sie hatte die Tür **verschlossen**.	(Plusquamperfekt).
Sie wird die Tür **verschließen**.	(Futur I)

Die gebräuchlichsten Vorsilben, mit denen untrennbare Verben gebildet werden können, lauten: *ge-*, *be-*, *er-*, *ver-*, *zer-*, *emp-*, *ent-*, *miss-*. Die Präfixe *de-*, *des-*, *dis-*, in- und *re-* kommen meist in Fremdwörtern vor.

Du erkennst untrennbare Zusammensetzungen mit Verben daran, dass sie stets auf dem zweiten Teil der Verbindung (Verbstamm) betont werden.

verschließen bestellen erreichen empfangen (untrennbar)

R11 Zu den so genannten trennbaren Zusammensetzungen gehören vor allem Verben, die mit **Präpositionen** und **Adverbien** (Verbpartikel/Verbzusätze) gebildet werden.

vorsagen **mit**gehen **weg**laufen **hin**sehen

Trennbare Verben werden im Infinitiv, im Partizip I und Partizip II und am Ende eines Nebensatzes zusammengeschrieben, alle anderen Formen schreibst du getrennt.

aufgehen	(Infinitiv)
Die Sonne **geht** morgens im Osten **auf**.	(Präsens)
Die Sonne **ging** schon früh **auf**.	(Präteritum)
Ihn hat die **aufgehende** Sonne geweckt.	(Partizip I)
Die Sonne ist im Sommer früher **aufgegangen**.	(Partizip II, Perfekt)
Die Sonne war früher **aufgegangen**.	(Partizip II, Plusquamperfekt)
Die Sonne wird im Winter später **aufgehen**.	(Infinitiv, Futur I)
Die Vögel zwitschern, wenn die Sonne **aufgeht**.	(Ende eines Nebensatzes)

Zu den Präpositionen und Adverbien, die mit Verben gebildet werden können, gehören: *an-, auf-, mit-, vor-, zu-, neben-, zwischen-, durch-, um-, über-, unter-, hin-, her-, weg-, ab-, abwärts-, aufwärts-, empor-, heraus-, hervor-, hinterher-, vorher-, zurück-, zusammen- ...*

Du erkennst trennbare Zusammensetzungen mit Verben daran, dass sie in der Regel auf dem ersten Teil der Verbindung betont werden.

vorsagen mitgehen weglaufen hinsehen (trennbar)

In einigen Zusammensetzungen werden vor allem *um, über, unter* als trennbare wie auch als untrennbare Verbzusätze gebraucht. Um zu entscheiden, um welche Art der Zusammensetzung es sich handelt, kannst du dich an der Betonung orientieren. Wieder gilt: Trägt der Verbstamm die Hauptbetonung, handelt es sich um eine untrennbare Verbindung, wird der erste Bestandteil des Wortes betont, handelt es sich um eine trennbare Verbindung. Je nach Art der Zusammensetzung nimmt die Verbindung eine andere Bedeutung an.

übersetzen	Ich **übersetze** den Text ins Deutsche.
übersetzen	Wir **setzen** mit der Fähre **über**.
überspringen	Dieses Kapitel **überspringen** wir.
überspringen	Der Funke **springt über**.
umfahren	Sie **umfährt** den Stau.
umfahren	Er **fährt** beim Wenden die Tonne **um**.
umstellen	Polizisten **umstellen** das Gelände.
umstellen	Im Sommer und im Winter **stellen** wir die Uhr **um**.
unterstellen	Sie **unterstellt** ihnen unlautere Absichten.
unterstellen	Bei Regen **stelle** ich mich irgendwo **unter**.
unterziehen	Er **unterzieht** sich dieser Prozedur nur ungern.
unterziehen	Ich **ziehe** einen Pullover **unter**.

R 12 Liegt bei einer Verbindung aus Adverb + Verb die Betonung auf beiden Wörtern, wird sie in der Regel in allen Formen getrennt geschrieben.

Wir haben das Referat **zusammen geschrieben.** (zusammen schreiben)
Es haben sich mehrere Häuser **dazwischen befunden.** (dazwischen befinden)

R13 Bei trennbaren Zusammensetzungen (Präposition / Adverb als Verbzusatz) steht das Flexionspräfix *ge-* nach dem Zusatz.

anfahren	an**ge**fahren	durchsteigen	durch**ge**stiegen
aufschreiben	auf**ge**schrieben	gegenrechnen	gegen**ge**rechnet
auslegen	aus**ge**legt	vorführen	vor**ge**führt

Auch die Erweiterung *zu* beim Infinitiv steht nach dem Verbzusatz.

anfahren	an**zu**fahren	durchsteigen	durch**zu**steigen
aufschreiben	auf**zu**schreiben	gegenrechnen	gegen**zu**rechnen
auslegen	aus**zu**legen	vorführen	vor**zu**führen

R14 Trennbare Verben werden auch im Imperativ auseinandergeschrieben. Der Verbzusatz steht dann am Ende des Aufforderungssatzes.

Ruf bitte **an.** (anrufen)
Sammelt die Hefte **ein**! (einsammeln)
Schließen Sie bitte die Tür **ab.** (abschließen)

Verbindungen mit *sein*

R15 Das Verb *sein* schreibst du in Verbindungen mit anderen Wörtern immer klein und getrennt.

an sein, ab sein, auf sein, da sein, hier sein, dabei sein, dazwischen sein, fort sein, neu sein, zusammen sein

Wird die Verbindung als Nomen gebraucht, schreibst du sie groß und zusammen.

das Dasein
das Zusammensein
das Alleinsein
das Sosein

Groß- und Kleinschreibung von Partizipien

R16 Partizipien werden in aller Regel kleingeschrieben. Nur am Anfang eines Satzes, auch eines vollständigen Satzes nach einem Doppelpunkt schreibst du sie groß. Ebenso werden sie als erstes Wort in der direkten Rede, in Überschriften und Titeln (Buch, Film, Zeitschrift) großgeschrieben.

Geröstete Mandeln schmecken lecker.
Allerdings: **G**esalzene Erdnüsse sind auch nicht zu verachten!
Mein Bruder schwärmt: „**G**ebratene Tauben wären toll."
Unsere Mutter schreibt gerade ein Kochbuch mit dem Titel „**E**ingelegte Heringe für Anfänger".

R17 Werden Partizipien als Nomen gebraucht, schreibst du sie groß. Nominalisierte Partizipien haben oft Artikel oder unbestimmte Mengenangaben (*viel*, *wenig*, *nichts*, *etwas*, *alles*, *allerlei*, *einiges*, *genug*), mitunter auch Pronomen als Begleiter, an denen du sie – wie andere nominalisierte Wortarten auch – erkennen kannst.

der Reisende	**etwas G**ebratenes
die Erziehende	**allerlei G**ebackenes
das Gesagte	**nichts G**esalzenes
auf **dem L**aufenden sein	**viel G**ezuckertes

Auch nach Präpositionen, die mit einem Artikel verschmolzen sind, schreibst du Partizipien groß.

(in dem) **im V**erborgenen, (in dem) **im F**olgenden, (zu dem) **zum G**ehörten

Wenn der Begleiter fehlt, aber hinzugedacht werden kann, handelt es sich gleichfalls um ein nominalisiertes Partizip; du schreibst es groß.

Er isst am liebsten (**viel**) **G**esalzenes und (**allerlei**) **G**ezuckertes.

R18 Du schreibst ein Partizip mit Begleiter aber klein, wenn vorher ein Nomen genannt wurde oder noch im gleichen Satz genannt wird, auf das sich das Partizip bezieht.

Unbehandeltes Obst ist meist gesünder als das gespritzte.

Frische Tomaten schmecken gut, die getrockneten aber auch.

Getrennt- und Zusammenschreibung bei Verbindungen mit Partizipien

R19 Bei Verbindungen aus einem Nomen und einem Partizip kannst du dich grundsätzlich an der Schreibung der entsprechenden Verbindung aus Nomen + Verb orientieren: Wird die zugrunde liegende Verbindung getrennt geschrieben, schreibst du auch die Verbindung aus Nomen und Partizip auseinander.

Schlange stehen   Schlange stehend warteten sie vor dem Kino.

Wird die zugrunde liegende Verbindung aus Nomen + Verb zusammengeschrieben (das ist in der Regel der Fall, wenn das Nomen als eigenständiges Wort verblasst ist und die Verbindung darum einen feststehenden Begriff bildet), schreibst du auch die Verbindung mit dem Partizip zusammen.

preisgeben	preisgebend
irreführen	irreführend
teilnehmen	teilnehmend

R20 Wenn in einer Verbindung mit einem Partizip der erste Bestandteil einen längeren Ausdruck oder eine Wortgruppe verkürzt, schreibst du die Verbindung zusammen. Meistens ist der erste Teil der Verbindung ein Nomen oder ein Verbstamm.

schreibgeschützt	(für: vor unbefugten Eingriffen geschützt)
computergestützt	(für: mit Hilfe eines Computers erstellt)
angsterfüllt	(für: von / mit Angst erfüllt)
lichtdurchflutet	(für: von Licht durchflutet)
schmutzbefleckt	(für: mit Schmutz befleckt)
hausgemacht	(für: im Hause hergestellt)

R21 Wird die Verbindung aus einem Nomen und einem Partizip als eine nicht verkürzte Wortgruppe aufgefasst, darfst du diese Verbindung auch getrennt schreiben.

die **Erdöl fördernden/erdölfördernden** Staaten
viele **Rat suchende/ratsuchende** Bürger
eine **Respekt einflößende/respekteinflößende** Erscheinung

Folgende Einschränkung musst du aber beachten: Wird die Verbindung erweitert, schreibst du sie klein und zusammen, wenn sich die Erweiterung auf die gesamte Verbindung bezieht.

eine **besonders** respekteinflößende Erscheinung

Bezieht sich die Erweiterung nur auf den ersten Bestandteil der Verbindung, schreibst du sie auseinander und das Nomen mit großem Anfangsbuchstaben.

eine **besonderen R**espekt einflößende Erscheinung

R22 Verbindungen mit Partizipien, bei denen der erste Bestandteil die Bedeutung des zweiten verstärkt oder abschwächt, schreibst du zusammen.

altbewährt	(seit langem bewährt)
eisgekühlt	(sehr kalt)
hochbetagt	(sehr alt)

R23 Bei Verbindungen aus Adjektiv + Partizip ist sowohl Getrennt- als auch Zusammenschreibung möglich.

allein erziehende/alleinerziehende Mütter
weit reichende/weitreichende Veränderungen
eine blau gestreiftes/ein blaugestreiftes Kleid
ein schwer beladener/ein schwerbeladener Lkw

Eine wichtige Einschränkung musst dir aber merken: Steht bei Verbindungen aus Adjektiv + Partizip das Adjektiv im Komparativ, ist es also gesteigert oder auf eine andere Weise erweitert, schreibst du die Verbindung immer getrennt.

weit**er** reichende Veränderungen
sehr weit reichende Veränderungen
äußerst weit reichende Veränderungen

Wird hingegen der zweite Teil einer solchen Verbindung, also das Partizip, gesteigert, schreibst du die Verbindung stets zusammen.

schwerwiegend**ere** Probleme
weitreichend**ere** Veränderungen

R24 Verbindungen aus Adjektiv + Partizip, die keinen wörtlichen, sondern einen übertragenen Sinn haben, schreibst du zusammen.

ein frischgebackenes Ehepaar

Verbindungen, die dagegen aus einem Partizip + Adjektiv gebildet werden, schreibst du immer getrennt.

Das T-Shirt ist **schreiend bunt.**

Das Geräusch war **ohrenbetäubend grell.**

R25 Verbindungen aus *nicht* und einem adjektivisch gebrauchten Partizip kannst du getrennt oder zusammenschreiben.

ein nicht rostendes Material (auch: nichtrostendes Material)

eine nicht organisierte Gruppe (auch: nichtorganisierte Gruppe)

ein nicht eingeplanter Zwischenfall (auch: ein nichteingeplanter Zwischenfall)

Groß- und Kleinschreibung bei Infinitiven

R26 Infinitive können, so wie viele andere Wortarten, als Nomen gebraucht werden. Nominalisierte Infinitive werden großgeschrieben. Du erkennst sie an ihren Begleitern (Artikel, Pronomen, unbestimmte Mengenangaben). Fehlt der Begleiter, kann er aber hinzugedacht werden, schreibst du gleichfalls groß.

Das lange **W**arten fiel ihm schwer.

Vom Fasten hält sie nicht viel.

Wir haben uns **zum E**ssen verabredet.

Zeichensetzung

Die Zeichensetzung bei der direkten Rede, bei Titeln und Überschriften

Z1 Die direkte Rede wird in schriftlichen Texten durch Anführungszeichen kenntlich gemacht: Am Anfang der Rede stehen sie unten, am Ende oben. Anführungszeichen am Ende der Rede stehen nach dem Satzschlusszeichen (Punkt, Frage- und Ausrufezeichen), wenn dieses Teil der Aussage ist. Ein zusätzlicher Punkt am Ende der Gesamtaussage ist nicht zulässig.

Benny sagte: „Morgen gehe ich schwimmen."
Lara fragte: „Wirst du es dann noch schaffen, deine Hausaufgaben zu machen?"
Benny bekräftigte: „Sicher, das packe ich! Ganz bestimmt!"

Z2 Meist begleiten Sprecherangaben (Begleitsätze) die direkte Rede. Sie können vor der Rede stehen, eingeschoben oder nachgestellt sein. Nach vorangestellten Sprecherangaben steht ein Doppelpunkt, der die direkte Rede ankündigt. Sie wird mit Anführungszeichen umschlossen.

Benny sagte: „Morgen gehe ich schwimmen."

Eine eingeschobene Sprecherangabe wird durch Kommas, die direkte Rede jeweils durch Anführungszeichen umschlossen.

„Morgen Nachmittag", kündigte Benny an, „gehe ich schwimmen."

Steht die Sprecherangabe nach der direkten Rede, muss nach dem abschließenden Anführungszeichen ein Komma gesetzt werden, auch wenn ein Frage- oder Ausrufezeichen zu der direkten Rede gehört.

„Wirst du dann noch deine Hausaufgaben schaffen?", fragte Lara.
„Sicher, das packe ich! Ganz bestimmt!", bekräftigte Benny.

Handelt es sich bei der direkten Rede um einen Aussagesatz, entfällt der Punkt, im Übrigen gelten die genannten Regeln.

„Tim wird auch kommen", sagte Benny.

Z3 Nach Aufforderungssätzen steht in der Regel ein Ausrufezeichen.

Schließt die Fenster!

Soll Aufforderungssätzen kein besonderer Nachdruck verliehen werden – das ist häufig bei höflichen Aufforderungen und Anreden der Fall –, steht anstelle des Ausrufezeichens ein Punkt.

Begleichen Sie die Rechnung bitte bis zum 31. Mai.
Lasst bitte einen Korrekturrand.
Setzen Sie sich doch.
Grüßen Sie Ihre Frau bitte von mir.

Z4 Auch Buch- und Filmtitel, Überschriften, Namen von Zeitungen und Zeitschriften werden in Anführungszeichen gesetzt.

Im Theater werden „Die Räuber" aufgeführt.
Hast du den Artikel im „Stadtanzeiger" gelesen?

Z5 Durch Anführungszeichen können einzelne Wörter und Begriffe besonders hervorgehoben werden.

Das Wort „plietsch" stammt aus dem Plattdeutschen und bedeutet so viel wie „aufgeweckt" und „gescheit".
Das Thema „Klimawandel" wird viel diskutiert.

Z6 Wenn innerhalb der Anführungszeichen noch einmal zitiert wird, werden einfache Anführungszeichen verwendet.

Suse sagte: „Ich will mir morgen ‚Die Räuber' im Theater anschauen."

Der Apostroph

Z7 Der Apostroph wird als Auslassungszeichen verwendet: Er kennzeichnet Buchstaben, die in einem Wort weggelassen worden sind. Ein Apostroph wird vor allem dann gesetzt, wenn er die Lesbarkeit eines verkürzten Wortes verbessert oder Missverständnisse vermeiden hilft.

'S ist höchste Zeit. (für: **E**s ist höchste Zeit.)

Z8 Werden im Wortinnern Buchstaben ausgelassen, setzt man gleichfalls einen Apostroph.

Ku'damm (*für*: Kurfürstendamm)

Z9 Allerdings steht kein Apostroph, wenn im Wortinnern ein unbetontes *-e* entfällt wird.

ich bastele ⟶ bastle

ich segele ⟶ segle

Z10 Bei Namen, die auf *s*, *ss*, *ß*, *tz*, *z*, *x* enden, im Genitiv und ohne Artikel gebraucht werden, steht ein Apostroph.

Asterix' Abenteuer (die Abenteuer des Asterix)

Franz Xaver Kroetz' Theaterstücke (die Theaterstücke des Franz Xaver Kroetz)

Anna Seghers' Gedichte (die Gedichte der Anna Seghers)

Z11 Vor der Adjektivendung *-sch* bei Eigennamen setzt du einen Apostroph, wenn der Name großgeschrieben wird.

die Schiller'sche Kunsttheorie (*aber*: die schillersche Kunsttheorie)

die Grimm'schen Märchen (*aber*: die grimmschen Märchen)

Z12 Kein Apostroph steht, wenn bei bestimmten Verbformen – dem Imperativ und der 1. Person Singular – und bei Adjektiven und Nomen das Schluss-*e* entfällt.

Schreib(e) ihm doch eine Mail. (Imperativ)

Ich lauf(e) mal schnell zum Bäcker. (1. Person Singular)

Das ist doch fad(e). (Adjektiv)

Z13 Ebenso werden Verschmelzungen von Präposition und Artikel in der Regel ohne Apostroph geschrieben.

vorm Fenster (vor dem Fenster)

aufs Geratewohl (auf das Geratewohl)

Adverbien

R 1-4 Mit Adverbien lassen sich die Umstände eines Geschehens genauer angeben, sie heißen darum auch **Umstandswörter:** *also, dort, drinnen, gern, oft, sehr, besonders, sogar* ... Adverbien werden nicht dekliniert; sie gehören zu den **Partikeln** (Singular: die Partikel), also zur Gruppe der **unveränderlichen Wörter**, der auch die Präpositionen, Konjunktionen und Interjektionen zugeordnet werden.

Bildung

R 6-9 Manche Adverbien lassen sich von Nomen ableiten. Hierfür gibt es zwei Endungen: *-s* und *-weise*.

der Morgen	→	morgen**s**	der Mittag	→	mittag**s**
der Sonntag	→	sonntag**s**	die Nacht	→	nacht**s**
das Stück	→	stück**weise**	der Teil	→	teil**weise**
der Stapel	→	stapel**weise**	die Wahl	→	wahl**weise**

Alle Adjektive können als Adverbien gebraucht werden, auch in der Komparativ- und Superlativform. Allerdings werden sie bei adverbialem Gebrauch nicht dekliniert. Man nennt sie in dieser Verwendung auch **Adjektivadverbien**.

Das Obst schmeckt **lecker**. Die Aufgabe fiel ihm **schwer**.
Sie essen **langsam**. Er läuft **schnell/schneller/am schnellsten**.

Ebenso können bestimmte Adjektive, die auf *-lich* enden, durch Anhängen der Endung *-erweise* in Adverbien umgewandelt werden.

fälschlich**erweise** freundlich**erweise** glücklich**erweise** möglich**erweise**

Funktion

Das Adverb kann verschiedene Funktionen übernehmen.

1. Es kann sich auf das Verb und ebenso auf einen ganzen Satz beziehen. Es bildet dann als so genanntes **Adverbial** ein selbstständiges Satzglied.

   Wir **laufen** **schnurstracks** nach Hause. (Bezug auf Verb)

   Vielleicht **ist der Schokoladenpudding schon fertig.** (Bezug auf Satz)

2. Das Adverb kann sich auf ein Adjektiv oder ein adjektivisch gebrauchtes Partizip oder auf ein anderes Adverb beziehen. Es hat dann die Funktion eines **Attributs**.

   Das ist ein besonders **witziger** Roman. (Bezug auf Adjektiv)
   Es war eine sehr **gelungene** Aufführung. (Bezug auf adjektivisch gebrauchtes Partizip)
   Das Training findet immer **mittwochs** statt. (Bezug auf Adverb)

3. Das Adverb kann sich auf ein Nomen beziehen und dieses genauer erläutern. Es steht dann als **Attribut nach dem Nomen**.

   Die **Treppe** links führt zur Aula. (Bezug auf Nomen)
   Der **Rucksack** dort drüben gehört mir. (Bezug auf Nomen)

4. Das Adverb kann zusammen mit einer Präpositionalgruppe stehen, die eine Zeitangabe einschließt.

   Spätestens **am Freitag** wird das Gerüst aufgebaut.
   Die Bauarbeiten werden frühestens **im August** abgeschlossen sein.

5. Adverbien verbinden Sätze und erfüllen damit wichtige stilistische Aufgaben. Man nennt sie in dieser Funktion **Konjunktionaladverbien**.

   Ich kannte mich nicht aus, also fragte ich nach dem Weg.
   Erst ging ich langsam, später beeilte ich mich.

6. Einige Adverbien kommen häufig in Verbindungen mit Präpositionen vor. Zwischen den Adverbien *da/wo* + Präposition wird ein *r* eingefügt, wenn die Präposition mit einem Vokal beginnt. R5

da	→	da**bei**, da**durch**, da**gegen**, da**mit**, da**nach**, dar**an**, dar**um**
hier	→	hieran, hier**auf**, hier**bei**, hier**durch**, hier**her**, hier**hin**, hier**mit**
wo	→	wo**bei**, wo**durch**, wo**her**, wo**hin**, wor**an**, wor**um**, wor**über**

   Statt *dar-* wird umgangssprachlich häufig die verkürzte Form *dr-* *(drüber, drum, dran)* gebraucht.

Diese Verbindungen ersetzen Präpositionalgruppen aus Präposition und Nomen und werden dabei wie Demonstrativpronomen, Interrogativpronomen und Relativpronomen gebraucht. Man nennt sie auch **Pronominaladverbien**. Pronominaladverbien beziehen sich nur auf Dinge oder Sachverhalte, nicht auf Personen.

Er war **mit dem Ergebnis** zufrieden.
Er war damit zufrieden. (demonstrativ gebraucht für: *Mit dem* war er zufrieden.)
Sie wundert sich **über den** seltsamen **Text**.
Worüber wundert sie sich? (interrogativ gebraucht für: *Über was* ...)

Der Fahrer erinnerte sich nur **an einen lauten Aufprall**.
Es war das Einzige, **woran** er sich erinnerte. (relativisch gebraucht für: *an was* …)

Unterschiedliche Arten des Adverbs

Adverbien lassen sich nach der Art der Angaben, die mit ihnen gemacht werden können, in vier verschiedene Gruppen einteilen.

Lokale Adverbien (Adverbien des Ortes)

da, dort, dorthin, draußen, drinnen, fort, herum, hier, hierauf, hierher, hinten, vorn, links, rechts, überall, nirgends, umher, weg …

Mit ihnen wird ein Ort, ein Ziel oder die Herkunft angegeben. Nach lokalen Adverbien fragst du mit *wo?*, *wohin?*, *woher?*.

Wir konnten **nirgends** einen Parkplatz finden (Wo?)
Er geht **hinein**, denn es fängt an zu nieseln. (Wohin?)
Von **überallher** reisten die Fans an. (Woher?)

Temporale Adverbien (Adverbien der Zeit)

abends, bald, bisher, damals, dann, demnächst, ehemals, endlich, erst, erstmals, heute, immer, inzwischen, jetzt, kürzlich, längst, mehrmals, mittags, mittwochs, montags, morgen, nachmittags, nie, niemals, oft, oftmals, schließlich, sofort, später …

R 6-9 Sie nennen einen Zeitpunkt, geben eine Dauer oder eine Wiederholung an. Nach temporalen Adverbien fragst du vor allem mit *wann?*, *wie oft?*.

Im Winter wird es **abends** früher dunkel. (Wann?)
Er hat **mehrmals** angefragt. (Wie oft?)

Modale Adverbien (Adverbien der Art und Weise)

auch, besonders, bestimmt, doch, durchaus, ebenfalls, genauso, genug, hoffentlich, insbesondere, jedoch, keineswegs, sehr, sicher, so, sogar, ungefähr, vergebens, vielleicht …

Sie geben die Art und Weise eines Geschehens genauer an. Nach modalen Adverbien fragst du mit *wie?*, *auf welche Weise?*, *womit?*.

Sie hat **vergebens** versucht, ihn zu erreichen. (Wie/Auf welche Weise?)
Sie haben **sicher** Recht. (Wie/Auf welche Weise?)

Kausale Adverbien (Adverbien des Grundes)

also, daher, darum, demnach, dennoch, deshalb, folglich, nämlich, sonst, trotzdem, somit ...

Sie informieren genauer über den Grund oder die Ursache eines Geschehens. Nach modalen Adverbien fragst du mit *warum?*, *wieso?*, *weshalb?*.

Die Chemiestunde war ausgefallen, **darum** konnten sie früher gehen. (Warum?)
Sie hatten im Stadtplan nachgesehen, **also** fanden sie sich bald zurecht. (Warum?)

Frageadverbien

Mit **Frageadverbien** (*wann?*, *warum?*, *wie?*, *wo?*, *wodurch?*, *wohin?*, *woran?*, *worum?*, *wovon?* usw.) werden **Ergänzungsfragen** eingeleitet, mit denen man sich nach genaueren und ausführlicheren Informationen erkundigt.

Wann zieht ihr um?	Wir ziehen **am Dienstag** um.
Wo liegt eure neue Wohnung?	Sie liegt direkt **am Waldrand**, **im Kiefernweg**.
Wie groß ist die Wohnung?	Sie ist **130 m²** groß.

Steigerung

Obwohl Adverbien unveränderlich sind, können einige wenige von ihnen gesteigert werden. Sie bilden ihre Formen wie die Adjektive, allerdings wird die Grundform meist von einem anderen Stamm abgeleitet als der Komparativ und der Superlativ.

bald	eher	am ehesten
gern	lieber	am liebsten
sehr	mehr	am meisten
wohl	besser	am besten
oft	öfter	(am häufigsten)

hin oder *her*?

Mit *hin* und *her* zusammengesetzte Wörter kann man leicht verwechseln. Die unterschiedliche Bedeutung beider Wörter hilft dir aber, sie richtig zu verwenden: Das Wort *hin* gibt eine Bewegung an, die vom Sprecher wegführt. Das Wort *her* bezeichnet dagegen eine Bewegung, die zum Sprecher hinführt.

Komm her! Geh doch hin!

Die zehn Wortarten

Rechtschreibung

Groß- und Kleinschreibung

R1 Adverbien schreibst du in der Regel klein. Nur am Satzanfang und als Nomen werden sie mit großem Anfangsbuchstaben geschrieben. Nominalisierte Adverbien, du erkennst sie an ihren Begleitern (Artikel, unbestimmte Mengenangaben), kommen vor allem in Paarformeln vor.

das ganze **D**rum und **D**ran
nach **längerem H**in und **H**er

Getrennt- und Zusammenschreibung

Verbindungen aus Adverb + Verb

R2 Verbindungen aus Adverb + Verb schreibst du im Infinitiv, im Partizip I und Partizip II und am Ende eines Nebensatzes in aller Regel zusammen, wenn das Adverb, also der erste Teil der Verbindung, die Hauptbetonung trägt.

vorbeifahren	(Infinitiv)
Der Zug **fährt vorbei.**	(Präsens)
Der Zug fuhr **vorbei.**	(Präteritum)
Der **vorbeifahrende** Zug ist lang.	(Partizip I)
Der Zug ist **vorbeigefahren.**	(Partizip II, Perfekt)
Der Zug war **vorbeigefahren.**	(Partizip II, Plusquamperfekt)
Der Zug wird **vorbeifahren.**	(Infinitiv, Futur I)
Es ist laut, wenn der Zug **vorbeifährt.**	(Ende eines Nebensatzes)

Merke dir besonders: Auch den erweiterten Infinitiv mit *zu* schreibst du in diesen Verbindungen am Ende eines Nebensatzes zusammen.

... um **vorbeizufahren**
... um **zuvorzukommen**
... um **wegzugehen**
... um **auseinanderzugehen**

Trägt dagegen das Verb, also der 2. Teil der Verbindung, die Hauptbetonung, oder werden beide Teile gleichermaßen betont, schreibst du die Verbindung in allen Formen getrennt.

wieder gewinnen	(Infinitiv)
Das Team **gewinnt wieder.**	(Präsens)
Das Team **gewann wieder.**	(Präteritum)
Das vermutlich **wieder gewinnende** Team legt sich ins Zeug.	(Partizip I)
Das Team hat schon **wieder gewonnen.**	(Partizip II, Perfekt)
Das Team hatte schon **wieder gewonnen.**	(Partizip II, Plusquamperfekt)
Es wird **wieder gewinnen.**	(Infinitiv, Futur I)
Das Team wird sich freuen, wenn es **wieder gewinnt.**	(Ende eines Nebensatzes)
Das Team trainiert, um beim nächsten Spiel **wieder zu gewinnen.**	(erweiterter Infinitiv mit *zu*)

Bei den schwierigen Verbindungen mit dem Adverb *wieder* kannst du dich übrigens nicht nur an der Betonung, sondern auch an der Bedeutung orientieren: Hat *wieder* die Bedeutung von *nochmals*, *erneut* und drückt es also eine Wiederholung aus, wie im Beispiel zuvor, schreibst du getrennt.

Das Buch wird **wieder aufgelegt.** (*erneut auflegen*)
Ihr ist der Name **wieder eingefallen.** (*erneut einfallen*)

Wenn *wieder* im Sinne von *zurück* gebraucht wird, schreibst du die Verbindung dagegen zusammen.

Morgen wird er **wiederkommen.** (*zurückkommen*)
Sie hat mir mein Buch **wiedergegeben.** (*zurückgeben*)

Verbindungen aus *anders, oben, unten, links, rechts* + Verb

R3 Verbindungen aus den Adverbien *anders*, *oben*, *unten*, *links*, *rechts* + Verb werden in aller Regel getrennt geschrieben.

Er blinkt, weil er **rechts abbiegen** muss.
Gestern hast du darüber noch **anders gedacht.**

Wird aber das Verb als adjektivisch gebrauchtes Partizip verwendet, kannst du die Verbindung getrennt, aber auch zusammenschreiben.

anders denkende/andersdenkende Menschen
die oben stehenden/obenstehenden Erläuterungen

Verbindungen mit dem Adverb *nicht*

R4 Verbindungen mit *nicht* + Adjektiv oder *nicht* + Partizip kannst du getrennt oder auch zusammenschreiben.

eine nicht amtliche/nichtamtliche Handlung	(*nicht* + Adjektiv)
eine nicht öffentliche/nichtöffentliche Verhandlung	(*nicht* + Adjektiv)
eine nicht zutreffende/nichtzutreffende Antwort	(*nicht* + Partizip)
ein nicht rostendes/nichtrostendes Material	(*nicht* + Partizip)

Werden diese Verbindungen nominalisiert, kannst du sie gleichfalls getrennt oder zusammenschreiben.

nicht Organisierte/Nichtorganisierte
nicht Zutreffendes/Nichtzutreffendes

Die Worttrennung bei Pronominaladverbien

R5 Pronominaladverbien, bei denen zwischen dem Adverb und der Präposition ein *r* eingefügt ist, kannst du vor oder nach dem *r* trennen.

daran	da-ran	oder:	dar-an
darum	da-rum	oder:	dar-um
worauf	wo-rauf	oder:	wor-auf
worüber	wo-rüber	oder:	wor-über

Die Schreibung bei Zeitangaben und Wochentagen

R6 Adverbien, mit denen Zeitangaben gemacht werden, schreibst du wie die übrigen Adverbien klein. Das gilt auch, wenn sie auf *-s* enden.

heute, **g**estern, **v**orgestern, **m**orgen, **ü**bermorgen
frühmorgens, **m**orgens, **v**ormittags, **m**ittags, **n**achmittags, **a**bends, **n**achts,
montags, **d**ienstags, **m**ittwochs, **d**onnerstags, **f**reitags, **s**amstags, **s**onntags

Oft folgt auf die Adverbien *heute*, *gestern*, *vorgestern*, *morgen*, *übermorgen* noch eine weitere Zeitangabe, die du dann großschreiben musst.

heute **M**orgen, gestern **A**bend, morgen **N**acht

R7 Werden Tageszeiten als Nomen gebraucht, schreibst du sie groß. Du erkennst sie an ihren Begleitern (Artikel, Pronomen).

Es war **ein** kühler **M**orgen.
Am Nachmittag bin ich verabredet.
Er joggt **jeden A**bend.

Statt eines Artikels oder Pronomens kann auch eine Präposition stehen.

Wir treffen uns **gegen A**bend.
Sie essen immer gegen 14.00 Uhr **zu M**ittag.

R8 Auch Wochentage werden großgeschrieben, wenn sie als Nomen gebraucht werden. Du erkennst sie gleichfalls an ihren Begleitern.

Wir wollen **am D**ienstag ins Kino.
Der Termin ist auf **den** nächsten **M**ontag verlegt worden.

R9 Verbindungen aus einem Wochentag und einer Zeitangabe schreibst du zusammen.

Am **Mittwochabend** haben wir Orchesterprobe.
Ich rufe dich am **Freitagnachmittag** an.

Präpositionen

R 1-3 Präpositionen geben bestimmte Beziehungen und Verhältnisse an; wir nennen sie darum auch **Verhältniswörter**. Sie gehören zur Gruppe der **Partikeln**, ihre Form ist also unveränderlich.

Bedeutung

Präpositionen lassen sich ihrer Bedeutung nach in vier Gruppen einteilen:

1. Präpositionen können **lokale (örtliche) Verhältnisse** angeben.
   (Frage: wo?, wohin?) *an, auf, aus, entlang, in, neben, über, vor, zwischen …*
   Neben dem Kaufhaus befindet sich ein Parkplatz.
   Wir wandern **entlang** des Flusses.

2. Präpositionen können **temporale (zeitliche) Verhältnisse** angeben.
   (Frage: wann?) *an, binnen, gegen, in, nach, seit, um, vor, während …*
   Die Vorbereitungen waren **binnen** weniger Stunden abgeschlossen.
   Unser Besuch kommt **gegen** Abend, aber nicht **vor** 17.00 Uhr.

3. Präpositionen können **modale Verhältnisse (Art und Weise)** angeben.
   (Frage: wie?) *anhand, gegen, gemäß, mangels, mit, ohne, zuzüglich …*
   Er hat sich **gegen** meinen Vorschlag entschieden.
   Der Angeklagte wurde **mangels** eindeutiger Beweise freigesprochen.

4. Präpositionen können **kausale Verhältnisse (Grund, Folge, Zweck)** angeben.
   (Frage: warum?, wozu?) *anlässlich, aufgrund, dank, durch, trotz, vor, wegen …*
   Die Feier fand **anlässlich** seines Geburtstags statt.
   Vor lauter Freude sprang er in die Luft.

5. Einige Präpositionen können **mehrere** der genannten **Verhältnisse** ausdrücken. Ihre Bedeutung lässt sich aus dem jeweiligen Zusammenhang erschließen.

Wir treffen uns **am** nächsten Sonntag.	(temporal)
Er lehnt sich **an** die Wand.	(lokal)
Sie wandern **durch** den Wald.	(lokal)
Durch sein lautes Bellen vertrieb er die Rehe.	(kausal)

Präposition und Kasus

Präpositionen beziehen sich immer auf ein anderes Wort (Nomen, Pronomen, Adjektiv), mit dem zusammen sie eine Wortgruppe, die so genannte **Präpositionalgruppe**, bilden. Dabei bestimmen, man sagt auch: regieren sie den Kasus ihres Beziehungswortes. Präpositionen können den Genitiv, den Dativ und den Akkusativ, nie den Nominativ verlangen.

Präposition + Beziehungswort im Genitiv

abseits, angesichts, anhand, anlässlich, anstatt, anstelle, aufgrund, außerhalb, bezüglich, dank, diesseits, einschließlich, entgegen, halber, hinsichtlich, infolge, inmitten, innerhalb, jenseits, laut, mangels, mittels, oberhalb, seitens, statt, trotz, ungeachtet, unterhalb, während, wegen, um … willen, zeit, zufolge, zugunsten …

(Frage: wessen?)

aufgrund Ihres Schreibens	**dank** deiner Hilfe
trotz aller Ermahnungen	**außerhalb** der angegebenen Sprechzeiten

Sie haben das Picknick **wegen des** schlechten **Wetters** verschoben.

Präposition + Beziehungswort im Dativ

ab, aus, außer, bei, entgegen, entsprechend, fern, gegenüber, gemäß, mit, nach, nahe, samt, seit, von, von … an, vor, zu, zuliebe, zufolge …

(Frage: wem? welchem?)

aus diesem Grunde	**nach** dem Essen
mit freundlichen Grüßen	**nahe** dem Wald gelegen

Das Training findet **nach dem Unterricht** statt.

Präposition + Beziehungswort im Akkusativ

bis, gleich, durch, für, gegen, ohne, um, wider …

(Frage: wen? was?)

durch den Wald	**für** dich
gegen die Vorschrift	**ohne** die Erlaubnis

Diese Pasta-Sauce schmeckt **ohne Parmesankäse** nicht so gut.

Präposition + Beziehungswort im Dativ oder Akkusativ

Einige lokale Präpositionen verlangen den Dativ oder den Akkusativ.

Geben sie eine Richtung an (wohin?), regieren sie den Akkusativ.

Kennzeichnen sie eine Lage oder einen Standort (wo?), verlangen sie den Dativ.

Das betrifft die Präpositionen *an, auf, hinter, in, neben, über, unter, vor, zwischen.*

Er stellt die Lebensmittel **in den** Kühlschrank.	(**Wohin?** Richtung = Akkusativ)
Das Eis liegt **in dem (im)** Gefrierfach.	(**Wo?** Lage/Standort = Dativ)

Stellung der Präposition

Die meisten Präpositionen stehen vor dem Wort, auf das sie sich beziehen. Es gibt aber Präpositionen, die nach dem Beziehungswort stehen, manche umklammern es auch.

gegen den Uhrzeigersinn, **seit** 24 Stunden	(vor dem Beziehungswort)
der Ehrlichkeit **halber**, dem Gesetz **zufolge**	(nach dem Beziehungswort)
um der Sache **willen**, **von** dem Zeitpunkt **an**	(Umklammerung)

R4 Vorangestellte Präpositionen können mit dem bestimmten Artikel verschmelzen (Kontraktion). Gebräuchlich sind vor allem folgende Verschmelzungen:

in + dem	im Garten	bei + dem	beim Fahrradhändler
um + das	ums Haus laufen	in + das	ins Schwimmbad radeln
an + dem	am Wochenende	von + dem	vom 5-Meter-Brett springen
für + das	fürs Erste		
zu + dem	zum Bus laufen	an + das	ans Meer fahren
zu + der	zur Schule gehen	auf + das	aufs Geratewohl

Adjektiv oder Verb mit Präposition

Einige Adjektive und Verben verlangen eine bestimmte Präposition.

Adjektiv + Präposition		**Verb + Präposition**	
besorgt über	stolz auf	denken an	reden über
dankbar für	zufrieden mit	sich freuen über	warten auf
froh über		lachen über	

Diese Präpositionen geben kein bestimmtes Verhältnis (lokal, temporal, modal, kausal) an, sie verbinden lediglich das Adjektiv oder Verb mit dem Objekt.

Er ist froh **über die gute Nachricht.**

Ich warte **auf den Bus.**

Rechtschreibung

Groß- und Kleinschreibung

R1 Präpositionen schreibst du klein. Nur am Satzanfang werden sie großgeschrieben. Ebenso schreibst du sie groß, wenn sie als Nomen gebraucht werden. Das ist vor allem in Paarformeln der Fall. Du erkennst nominalisierte Präpositionen an ihren Begleitern (Artikel, Pronomen).

das Für und **W**ider

Getrennt- und Zusammenschreibung

R2 Verbindungen aus Präpositionen + Verb schreibst du im Infinitiv, im Partizip I und II und am Ende eines Nebensatzes in aller Regel zusammen, wenn die Präposition, also der erste Teil der Verbindung, die Hauptbetonung trägt. Die anderen Verbformen dieser Verbindungen schreibst du auseinander (trennbare Verben).

aufgehen	(Infinitiv)
Die Sonne **geht** morgens im Osten **auf.**	(Präsens)
Die Sonne **ging** schon früh **auf.**	(Präteritum)
Ihn hat die **aufgehende** Sonne geweckt.	(Partizip I)
Die Sonne ist im Sommer früher **aufgegangen.**	(Partizip II, Perfekt)
Die Sonne war früher **aufgegangen.**	(Partizip II, Plusquamperfekt)
Die Sonne wird im Winter später **aufgehen.**	(Infinitiv, Futur I)
Die Vögel zwitschern, wenn die Sonne **aufgeht.**	(Ende eines Nebensatzes)

Auch den erweiterten Infinitiv mit *zu* schreibst du in diesen Verbindungen am Ende eines Nebensatzes zusammen.

... um **anzukommen**

... um **aufzustehen**

... um **mitzugehen**

Trägt dagegen das Verb, also der 2. Teil der Verbindung, die Hauptbetonung schreibst du die Verbindung aus Präposition + Verb in allen Formen zusammen (untrennbare Verben).

... **hintergehen**	(Infinitiv)
... **hintergeht**	(Präsens)
... **hinterging**	(Präteritum)
... hat/hatte **hintergangen**	(Partizip II, Perfekt/Partizip II, Plusquamperfekt)
... wird **hintergehen**	(Infinitiv, Futur I)
... um ihn nicht zu **hintergehen**	(Ende eines Nebensatzes)

R3 Bei etlichen Verbindungen aus **Präposition + Nomen** ist das Nomen inzwischen verblasst und seine Bedeutung also nicht mehr klar zu erkennen. Diese Fügungen sind zu neuen Präpositionen bzw. Adverbien geworden und werden zusammengeschrieben. Sie können allerdings auch oft als Wortgruppen aufgefasst und getrennt geschrieben werden. Das Nomen schreibst du bei Getrenntschreibung groß.

anstatt, inmitten, zuliebe	mithilfe/mit **H**ilfe
anstelle/an **S**telle	vonseiten/von **S**eiten
infrage/in **F**rage (stellen, kommen)	zugrunde/zu **G**runde (legen, richten)

Manche Verbindungen aus Präposition + Nomen können nur getrennt geschrieben werden, weil das Nomen in seiner Bedeutung nicht verblasst ist. Präge sie dir am besten ein oder schlage im Wörterbuch nach, wenn du unsicher bist.

zu **F**uß gehen
zu **E**nde sein/gehen
von **S**innen sein
bei der **H**and haben
von **H**and machen

R4 Bei Verschmelzungen von Präpositionen und dem bestimmten Artikel entfallen Buchstaben. Es wird anstelle der ausgelassenen Buchstaben kein Apostroph gesetzt.

um ~~das~~ Haus	→	ums Haus
zu ~~der~~ Schule gehen	→	zur Schule gehen
bei ~~dem~~ Fahrradhändler	→	beim Fahrradhändler

Konjunktionen

Konjunktionen werden auch **Bindewörter** genannt. Sie gehören zu den Partikeln, sind also unveränderlich. Konjunktionen können gleichrangige Wörter, Wortgruppen, Satzteile und Sätze miteinander verbinden. Wir unterscheiden zwei Arten von Konjunktionen: neben- und unterordnende Konjunktionen.

Nebenordnende Konjunktionen

Nebenordnende Konjunktionen verbinden Wörter, Wortgruppen und Hauptsätze miteinander.

Sie stellte Schalen, Teller **und** Gläser auf den Tisch.	(*Verbindung von Wörtern*)
Er ist **sowohl** in Mathe **als auch** in Biologie sehr versiert.	(*Verbindung von Wortgruppen*)
Ich hätte gern ein Eis gegessen, **doch** das Eiscafé war schon geschlossen.	(*Verbindung zweier Hauptsätze*)

Nebenordnende Konjunktionen lassen sich nach verschiedenen inhaltlichen Hinsichten gruppieren.

Sie ermöglichen **Aufzählung** und **Reihungen.**	und sowie wie sowohl – als auch weder – noch	Sie stellte Schalen, Teller **und** Gläser auf den Tisch. Er mag **weder** Grünkohl **noch** Spinat.
Sie drücken **Alternativen** aus.	entweder – oder oder beziehungsweise	Ich kann mit dem Bus **oder** mit dem Fahrrad zu Schule fahren.
Sie können einen **Grund** angeben.	denn	Er muss sich beeilen, **denn** der Unterricht beginnt gleich.
Sie können eine **Einschränkung** oder einen **Gegensatz** ausdrücken.	aber außer doch, jedoch sondern statt, anstatt	Es ist trübe, **aber** nicht regnerisch. Sie reisen nicht mit der Bahn, **sondern** mit dem Auto an.
Mit ihrer Hilfe können **Vergleiche** angestellt werden.	wie als	Der Mount Everest ist höher **als** die Zugspitze. Das Wörterbuch ist so schwer **wie** ein Ziegelstein.

Unterordnende Konjunktionen (Subjunktionen)

Unterordnende Konjunktionen leiten Nebensätze, die so genannten **Konjunktionalsätze**, ein und können in zehn Bedeutungsgruppen eingeteilt werden.

temporal (die Zeit betreffend)	als, bevor, bis, ehe, nachdem, seit, sobald, solange, während, wenn	Es war schon spät, **als** wir endlich nach Hause kamen. Im Winter stehen wir immer auf, **bevor** es hell wird.
kausal (begründend)	da, weil, zumal	Sie schließt das Fenster, **weil** es kühl wird.
final (den Zweck betreffend)	dass, damit	Er hebt die Bananenschale auf, **damit** niemand ausrutscht.
konditional (eine Bedingung stellend)	wenn, falls, sofern, soweit	**Falls** ich mich verspäten sollte, fangt bitte ohne mich an!
modal (die Art und Weise betreffend)	indem, ohne dass, statt dass	Er lief am schnellsten von allen, **ohne dass** es ihn angestrengt hätte.
komparativ (vergleichend)	als, als ob, wie wenn	Sie macht den Eindruck, **als ob** sie nicht zuhöre.
konzessiv (einräumend)	obgleich, obschon, obwohl, wenn auch, wenngleich	Wir waren pünktlich, **obwohl** wir uns verlaufen hatten.
adversativ (einen Gegensatz ausdrückend)	während, wohingegen	Tina gefallen farbige Fliesen, **während** Silke weiße schöner findet.
konsekutiv (eine Folge betreffend)	sodass/so dass, als dass, dass	Sie sprangen alle ins Wasser, **sodass** es hoch aufspritzte.
ohne eigene Bedeutung	dass, ob	In der Bedienungsanleitung steht, **dass** die Installation ganz leicht sei. Ich frage mich, **ob** das stimmt.

Folgt den Partikeln *während*, *seit* und *bis* ein Nomen, werden sie nicht als Konjunktionen, sondern als **Präpositionen** gebraucht.

Während sie im Sommer gern verreisen, bleiben sie Weihnachten meist zu Hause.	(Konjunktion)
Während der **Sommerferien** verreisen sie.	(Präposition)
Ich warte, **bis** du fertig bist.	(Konjunktion)
Ich werde das Referat **bis Freitag** bestimmt schaffen.	(Präposition)
Seit wir am Stadtrand wohnen, sind wir viel draußen.	(Konjunktion)
Seit Mai wohnen wir am Stadtrand.	(Präposition)

Rechtschreibung

das oder *dass*?

R1 Das Wort *das* kann als bestimmter Artikel, als Demonstrativpronomen oder als Relativpronomen vorkommen und wird in all diesen grammatischen Funktionen stets mit einfachem *s* geschrieben.

Bestimmter Artikel	**Das** neue Handy ist defekt.
Demonstrativpronomen	**Das** ist schade.
Relativpronomen	Das Handy, **das** ich gestern gekauft habe, ist defekt.

Daneben gibt es die gleich lautende Konjunktion (Bindewort) *dass*. Sie verbindet zwei Sätze miteinander und wird immer mit *ss* geschrieben.

Es ist schade, **dass** mein neues Handy defekt ist.

Die unterschiedliche Schreibung von *das* und *dass* bereitet oft Schwierigkeiten. Es gibt aber einen ganz einfachen Trick, der dir hilft, richtig zu schreiben: Du schreibst *das* immer mit einfachem *s*, wenn du stattdessen sinnvoll auch *ein*, *welches*, *dies(es)* oder *jenes* einsetzen kannst.

Ersatzprobe	**Schreibung**
Ein / dieses / jenes Handy ist defekt.	**Das** Handy ist defekt
Dies(es) ist schade.	**Das** ist schade.
Jenes Handy, **welches** ich gestern gekauft habe, ist defekt.	**Das** Handy, **das** ich gestern gekauft habe, ist defekt.

Ergibt diese Ersetzung keinen sinnvollen Satz, schreibst du *dass* immer mit *ss*. Es handelt sich dann um die Konjunktion *dass*.

Es ist schade, (~~**welches**~~) dass mein neues Handy defekt ist.

Interjektionen

Interjektionen kommen vor allem in der Umgangssprache vor. Sie drücken – knapp und häufig nur mit einem Wort – Empfindungen aus und werden darum auch **Empfindungs-** oder **Ausrufewörter** genannt. Interjektionen werden nicht verändert und gehören also zu den Partikeln. Ihrer Bedeutung nach können sie in drei Gruppen unterteilt werden:

R1 Z1 R2

1. Interjektionen können Gefühle und Empfindungen ausdrücken.

ätsch	(Spott, Schadenfreude)	igitt	(Ekel)
aua/autsch	(Schmerz)	juhu	(Freude)
auweia	(Schreck)	nanu	(Überraschung, Erstaunen)
huch	(Überraschung, Erstaunen)	oh	(Erstaunen)
hm	(Zweifel)	pfui	(Abscheu, Ekel)

2. Mit einigen Interjektionen lassen sich Aufforderungen zum Ausdruck bringen. Sie haben dann meist Satzcharakter.

Hallo!	(Sieh her! Wer ist da!)
Halt!	(Werda? Halten sie an! Bleiben Sie stehen!)
He!	(Heda! Was fällt dir ein!)
Pst!	(Seid leise! Sei leise!)
Stop!/Stopp!	(Halten Sie an! Bleiben Sie stehen!)

3. Häufig ahmen Interjektionen Geräusche oder Tierlaute nach. Sie haben dann eine lautmalerische Funktion.

klirr	(für ein klirrendes Geräusch)
iah	(für den Schrei eines Esels)
hui	(für das Sausen einer schnellen Bewegung)
miau	(für den Laut einer Katze)
muh	(für das Brüllen eines Rindes)
peng	(für den Schuss aus einer Waffe/einen Knall)
rums	(für das Geräusch bei einem Aufprall)
wuff	(für das Bellen eines Hundes)

In diese Gruppe gehören in gewissem Sinne auch die so genannten **Kommentarwörter**, die du aus Comics kennst. Sie sind Verkürzungen von Verben und geben Geräusche und Laute wieder, die nicht gezeichnet werden können.

stöhn (stöhnen), kreisch (kreischen), ächz (ächzen)

Rechtschreibung

R1 Interjektionen (Ausrufe- oder Empfindungswörter) stehen meist am Satzanfang und werden dann großgeschrieben. Sie können auch als Nomen gebraucht werden; du erkennst sie an ihren Begleitern, vor allem am Artikel, und schreibst sie dann mit großen Anfangsbuchstaben.

Sie kommentierte den Bericht mit **einem** erstaunten **O**h.
Er begrüßte alle mit **einem** fröhlichen **H**allo.

Häufig kommen nominalisierte Interjektionen in Paarformeln vor.

Mit **lautem W**eh und **A**ch hievten wir die Koffer in den Zug.

R2 Die Interjektion *oh* wird oft in Verbindung mit anderen Wörtern verwendet. Sie kann dann auch ohne *h* geschrieben werden.

oh weh/**o** weh **oh** nein/**o** nein

Zeichensetzung

Z1 Interjektionen werden vom nachfolgenden Satz durch ein Komma oder durch ein Ausrufezeichen abgetrennt.

Oh, wie gut, dass du daran gedacht hast!
Juhu! Ich hab's geschafft!
Rums! Die Tür ist zu!

Numeralien

Mit Numeralien (Singular: das Numerale), die im Deutschen Zahlwörter genannt werden, können Maß- oder Mengenangaben gemacht werden.

in der **ersten** Reihe
ein **viertel** Pfund Butter
einmal, **zweimal**, **dreimal** …

R1 Numeralien werden oft als eigenständige Wortart behandelt, denn sie lassen sich nur zum Teil mit anderen Wortarten vergleichen. Die meisten Zahlwörter sind allerdings Adjektive, von denen Nomen oder Adverbien abgeleitet werden können.

das **erste** Haus von rechts	(Adjektiv)
der **Erste**, **Zweite**, **Dritte** …	(Nomen)
erstens, **zweitens** … **einmal**, **zweimal** …	(Adverb)

Numeralien lassen sich ihrer Bedeutung nach in zwei Gruppen, die bestimmten und die unbestimmten Zahlwörter, einteilen.

Bestimmte Zahlwörter

Dazu gehören:

Kardinalzahlen (Grundzahlen)	eins, zwei, drei …
Ordinalzahlen (Ordnungszahlen)	erster, zweiter, dritter …
Bruchzahlen	halb, drittel, viertel …
Vervielfältigungszahlen (Multiplikativzahlen)	einfach, zweifach, dreifach….
Wiederholungszahlen (Iterativzahlen)	einmal, zweimal, dreimal …
Gattungszahlwörter	einerlei, zweierlei, dreierlei …

Kardinalzahlen

R1 Mit Kardinalzahlen bezeichnen wir eine genaue Menge oder eine genaue Anzahl von Personen, Dingen oder Sachverhalten.

R6-7 Die Schule hat **fünfhunderteinundachtzig** Schüler. Das Jahr hat **zwölf** Monate.

Die Zahlen *zwei* und *drei* können den Genitiv bilden, wenn sie ohne Artikel stehen.

Sie erinnerte sich zwei**er** oder drei**er** Ausnahmen.

Haben sie einen Artikel als Begleiter, können sie allerdings nicht dekliniert werden.

Sie erinnerte alle an **die zwei** Ausnahmen.

Die Zahlen *zwei* bis *zwölf* können den Dativ bilden und dann als Pronomen gebraucht werden.

Er hat **dreien** den Weg beschrieben, den anderen Touristen konnte er nicht helfen.

Haben sie ein Nomen als Bezugswort bei sich, können sie nicht dekliniert werden.

Er hat **drei** Touristen den Weg beschrieben.

Ordinalzahlen (Ordnungszahlen)

Mit Ordinalzahlen können wir Reihenfolgen und Rangfolgen ausdrücken. Sie werden dekliniert und häufig auch als Nomen gebraucht. Die Ordinalzahlen von *zweite* bis *neunzehnte* werden mit der Endung *-te* gebildet. Von *zwanzigste* an aufwärts lautet die Endung *-ste*. R1-2

der fünf**te** Teilnehmer	der Zwei**te**, Drit**te**, Vier**te** …
der einundzwanzig**ste** Tag	der Einundzwanzig**ste**

Für die entsprechende Ordinalzahl zur Kardinalzahl *eins* gibt es ein eigenes Wort.

der **erste** Teilnehmer	der **Erste**

Die Adjektive *nächster* und *letzter* können als (unbestimmte) Ordinalzahlen aufgefasst werden.

im **nächsten**/**letzten** Jahr	der **Nächste**/der **Letzte**

Bruchzahlen

R1 R5

Bruchzahlen wie *(ein) halb, drittel, viertel, zwanzigstel, hundertstel* bezeichnen Teile eines Ganzen.

ein **halbes** Pfund	ein **achtel** Kilo

Vervielfältigungszahlen

Mit Vervielfältigungszahlen wird das Mehrfache einer Anzahl oder Menge angegeben. Es gibt Vervielfältigungszahlen, die genau bezeichnen, wie oft etwas vorkommt oder vorhanden ist. Sie werden aus einer Grundzahl gebildet, an die die Endung *-fach* angefügt wird. R7

einfach, zweifach, hundertfach, tausendfach

Daneben gibt es Vervielfältigungszahlen, die eine eher unbestimmte Vervielfältigung angeben.

mehrfach, vielfach, mannigfach

R1 Vervielfältigungszahlen können als Adjektive und auch als Nomen gebraucht werden. Als Adjektive werden sie wie üblich flektiert.

Bitte nimm dieses Mal die dreifach**e** Menge.
Er bot ihm das **Dreifache**, wenn er ihm die Ware früher liefern würde.

Wiederholungszahlen

Wiederholungszahlen setzen sich aus einer Grundzahl + *mal* zusammen.

einmal, zweimal, hundertmal

Wiederholungszahlen werden für gewöhnlich adverbial gebraucht. Erhalten sie die Endung *-ig*, werden sie allerdings zu Adjektiven und entsprechend flektiert.

der zweimalig**e** Olympiasieger, der dreimalig**e** Champion

Die Wiederholungszahl *einmalig* wird oft im übertragenen Sinne von *außergewöhnlich, einzigartig, erstklassig* verwendet.

eine **einmalige** Aufführung, ein **einmaliges** Ergebnis

Gattungszahlwörter

Gattungszahlwörter – sie werden mit der Endung *-lei* (= verschieden) gebildet – drücken aus, dass sich zwei oder mehrere Dinge voneinander unterscheiden. Sie können nicht dekliniert werden.

Das sind **zweierlei** Dinge. (= Das sind **zwei verschiedene** Dinge.)

Das Wort *einerlei*, das auch nominalisiert werden kann, wird im übertragenen Sinne verwendet und hat eine besondere Bedeutung.

Das ist mir **einerlei.** (= Das ist mir **egal.**)
Das tägliche **Einerlei** langweilte sie. (= die tägliche **Gleichförmigkeit**, **Monotonie**)

Neben diesen bestimmten gibt es auch unbestimmte Gattungszahlwörter. Auch sie werden nicht dekliniert.

keinerlei: Er machte keinerlei Anstrengung. (= Er gab sich **nicht** die **geringste** Mühe.)
vielerlei (allerlei/mancherlei): Sie müssen vielerlei Dinge erledigen. (= Sie müssen **viele verschiedene** Dinge erledigen.)

Unbestimmte Zahlwörter

Man gebraucht sie, wenn keine genaue Anzahl oder Menge angegeben werden kann. Größtenteils werden sie dekliniert und als Adjektive gebraucht. Zu den unbestimmten Zahlwörtern gehören: *andere, einige, einzeln, etwas, ganz, mehr, ein paar, viele, wenig, ungezählt, vereinzelt, zahllos, zahlreich.* R1 R3-4

Bei den Filmfestspielen wurden **zahlreiche** neue Filme gezeigt.

Nur **wenigen** Zuschauern gefiel der Film nicht, **viele** waren begeistert.

Nicht nur mit unbestimmten Zahlwörtern, auch mit einigen Indefinitpronomen können unbestimmte Mengenangaben gemacht werden. Wenn du unsicher bist, um welche Wortart es sich handelt, wende die Artikelprobe an: Kannst du vor das Wort sinnvoll den bestimmten Artikel einsetzen, handelt es sich um ein unbestimmtes und adjektivisch gebrauchtes Zahlwort, ergibt die Einsetzung keinen Sinn, liegt ein Indefinitpronomen vor.

viele neue Filme	**die** vielen neuen Filme	(= unbestimmtes Zahlwort)
manche alte Filme	~~die~~ manchen alten Filmen	(= Indefinitpronomen)

Rechtschreibung

Groß- und Kleinschreibung, Getrennt- und Zusammenschreibung bei Zahlwörtern

R1 Zahlwörter werden in der Regel kleingeschrieben. Nur am Satzanfang und wenn sie als Nomen gebraucht werden, schreibst du sie groß. Meist haben nominalisierte Zahlwörter einen Begleiter (Artikel, Pronomen), an dem du sie erkennen kannst. Nominalisierungen sind möglich bei:

Kardinalzahlen:	**Die D**reizehn gilt als Unglückszahl.
Ordinalzahlen:	**Am D**ritten halte ich mein Referat.
Bruchzahlen	**Das** letzte **V**iertel der Torte schaffen wir auch noch.
Vervielfältigungszahlen:	Der Umbau ist um **ein M**ehrfaches teurer geworden.
unbestimmten Zahlwörtern:	Es interessiert ihn nicht **im G**eringsten.

R2 Stehen die Ordinalzahlen *Erste, Zweite ... Nächste, Letzte* allein, werden sie als Nomen aufgefasst und großgeschrieben. Stehen sie vor einem Nomen, werden sie als dessen Begleiter angesehen und kleingeschrieben. Die folgenden Beispiele lassen sich auch auf andere Zahlen übertragen.

Kleinschreibung	**Großschreibung**
der **e**rste Juni	der **E**rste, der ins Ziel läuft
das/beim/zum **e**rsten Mal	als **E**rster ins Ziel laufen
der **e**rste Platz	fürs **E**rste genug haben
den **e**rsten Spatenstich tun	etwas als **E**rstes tun; **E**rste Hilfe leisten
die **e**rsten beiden auszeichnen (= den 1. Sieger und 2. Sieger einer Gruppe)	den beiden **E**rsten gratulieren (= den 1. Siegern zwei verschiedener Gruppen)

R3 Die Zahlwörter *viel, (das) meiste, wenig, (der) eine, (der) andere, einige* schreibst du in der Regel klein, auch wenn ein Begleiter vorausgeht. Nur wenn du sie in einem übertragenen Sinne gebrauchst, werden sie großgeschrieben.

Nur **w**enige hatten Zeit, **v**iele mussten arbeiten, **e**inige waren aber doch gekommen.
Das war etwas ganz **a**nderes.
Aber: Er nimmt Rücksicht auf den **A**nderen.

R4 Unbestimmte Mengenangaben wie *hunderte, dutzende, tausende* kannst du groß- oder auch kleinschreiben.

Viele **t**ausende/**T**ausende von Fans jubelten ihren Spielern zu.

R5 Bruchzahlen in Verbindung mit einer Maßeinheit kannst du klein- und großschreiben. Schreibst du sie klein, gilt Getrenntschreibung; schreibst du sie groß, gilt Zusammenschreibung.

ein **achtel Liter** ein **Achtelliter**

Besonders das Wort *viertel* wird bei Uhrzeiten auch als Adverb oder als Adjektiv gebraucht. Dann schreibt man *viertel* klein.

Der Film beginnt um drei **v**iertel neun.
Die Vorstellung beginnt in drei **v**iertel Stunden.
(*auch möglich*: in Dreiviertelstunden)

R6 Man schreibt Kardinalzahlen als zusammenhängendes Wort, wenn der Wert weniger als eine Million (0 – 999.999) beträgt. Die Zahlen über eine Million werden getrennt geschrieben.

Die Stadt hat **zwei Millionen dreihunderttausend** Einwohner.

Wenn du größere Zahlen als Ziffern schreibst, gliedere sie vom Ende her in Dreiergruppen, indem du Zwischenräume lässt oder Punkte setzt. Dann lassen sich die Zahlen besser lesen.

300 000 Einwohner	**12.859** Zuschauer

Die Schreibung von Verbindungen aus Zahl und Wort

R7 Es gibt Verbindungen, die sich aus einer Zahl und einem Wort zusammensetzen. Du kannst diese Verbindungen als ein Wort oder auch in der Kombination mit einer Ziffer schreiben. Schreibst du die Zahl als Ziffer, steht nach der Ziffer ein Bindestrich.

ein **achtjähriges** Mädchen	ein **8-jähriges** Mädchen
eine **zweitägige** Reise	eine **2-tägige** Reise
ein **vierteiliger** Schrank	ein **4-teiliger** Schrank
viermal, drei- bis viermal	**4-mal, 3- bis 4-mal**

Besteht die Verbindung aus einer Zahl und einer Nachsilbe, steht kein Bindestrich, wenn du die Zahl als Ziffer schreibst. Die Nachsilbe wird dann ohne Leerzeichen angehängt.

ein **Sechzehntel**	ein **16tel**
die **neunziger** Jahre	die **90er** Jahre
hundertprozentig	**100%ig** (*auch möglich*: 100-prozentig)
dreifach	**3fach** (*auch möglich*: 3-fach)

Der Satz

Grundbegriffe

Z 1-2 Die einzelnen Bausteine eines Satzes heißen **Satzglieder**. Wir unterscheiden das **Subjekt**, das **Prädikat**, das **Objekt** und das **Adverbial**. Satzglieder können aus einzelnen Wörtern oder auch aus Wortgruppen gebildet werden. Jedes Wort eines Satzgliedes kann seiner Wortart nach bestimmt werden.

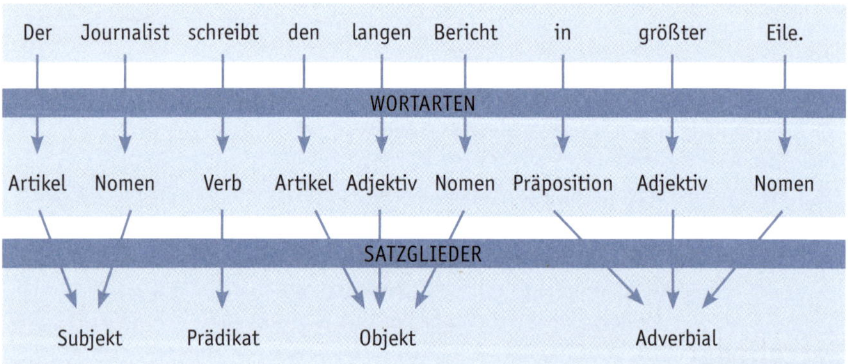

Sätze sind selbstständige sprachliche Einheiten, die zu Texten zusammengesetzt werden können. Es gibt einfache, erweiterte und komplexe Sätze.

Einfache Sätze: Sie bestehen nur aus Satzgliedern, die in einem grammatisch korrekten Satz nicht weggelassen werden können, in aller Regel aus einem **Subjekt** und einem **Prädikat**. Einige Verben verlangen auch ein **Objekt**.

Der Journalist schreibt.	(Subjekt/Prädikat)
Er holt einen Kaffee.	(Subjekt/Prädikat/Objekt)

Z 1-2 **Erweiterte Sätze:** Sie enthalten **Adverbiale**, das sind Satzglieder, die grammatisch nicht notwendig sind, aber wichtige und genauere Auskünfte über die Umstände eines Sachverhalts oder eines Geschehens geben. Man nennt sie darum auch **Umstandsbestimmungen**. Darüber hinaus können Sätze durch so genannte **Attribute** erweitert werden. Attribute sind keine Satzglieder, sondern **Beifügungen**, die sich in aller Regel auf Nomen beziehen und Personen oder Sachen näher kennzeichnen.

Der bienenfleißige Journalist schreibt	(Attribut)
den langen Bericht	(Attribut)
während der Pressekonferenz.	(Adverbial)

Komplexe Sätze: Werden mehrere Sätze zu einem Satz verbunden, spricht man von einem komplexen Satz. Komplexe Sätze können aus mehreren gleichrangigen **Hauptsätzen** bestehen und eine so genannte **Satzreihe** bilden. Sie können auch aus einem Hauptsatz und weiteren untergeordneten, mitunter eingeschobenen Nebensätzen zusammengesetzt sein und ein **Satzgefüge** bilden.

Der Journalist sieht auf die Uhr, | und er beeilt sich, | da stürzt der Computer ab.
Hauptsatz | Hauptsatz | Hauptsatz

Satzreihe

Der Bericht, | der brisante Informationen enthält, | soll schon morgen erscheinen.
Hauptsatz | eingeschobener Nebensatz | Hauptsatz (fortgesetzt)

Satzgefüge

Satzglieder

Umstellprobe/Verschiebeprobe und Ersatzprobe

Satzglieder können aus einzelnen Wörtern oder einfach zusammengesetzten Wortgruppen bestehen. Bei diesen kurzen Sätzen ist es leicht, die Satzglieder voneinander abzugrenzen.

Der Journalist | schreibt | seinen langen Bericht | **sofort**.
Subjekt | Prädikat | Objekt | **Adverbial**

Satzglieder können aber auch aus umfassenderen Wortgruppen bestehen und mehrere Begleiter haben. Dann ist nicht immer gleich zu erkennen, welche Wörter zusammengehören und ein selbstständiges Satzglied bilden. Zwei Methoden helfen dir, die Satzglieder bei diesen oft längeren Sätzen voneinander abzugrenzen: die **Umstell-** oder **Verschiebeprobe** und die **Ersatzprobe**.

Umstellprobe/Verschiebeprobe

Verändere die Satzstellung. Alle Wörter, die bei der Umstellung zusammenbleiben müssen, bilden ein Satzglied. Achte bei der Umstellung darauf, dass sich die Form der Wörter nicht verändern darf und der Satz vollständig und sinnvoll bleiben muss.

Der Satz

Der Journalist schreibt den zweispaltigen Bericht noch während der Pressekonferenz.

↓

Noch während der Pressekonferenz	schreibt	der Journalist	den zweispaltigen Bericht.
Adverbial	Prädikat	Subjekt	Objekt

Der Journalist	schreibt	**noch während der Pressekonferenz**	den zweispaltigen Bericht.
Subjekt	Prädikat	**Adverbial**	Objekt

Den zweispaltigen Bericht	schreibt	der Journalist	**noch während der Pressekonferenz.**
Objekt	Prädikat	Subjekt	**Adverbial**

Das Prädikat steht in einfachen Aussagesätzen immer an zweiter Stelle und verändert seine Position auch bei einer Umstellung der übrigen Satzglieder nicht.

Ersatzprobe

Versuche Wortgruppen jeweils durch ein anderes Wort oder eine andere Wortgruppe zu ersetzen. (Es reicht oft, wenn du sinngemäße Ersetzungen bildest.) Alle zusammenhängenden Wörter, die du auf diese Weise ersetzen kannst, bilden ein Satzglied. Dabei kann jedes Satzglied nur durch ein Satzglied der gleichen Art ersetzt werden. Das Prädikat bleibt erhalten.

Der Journalist	schreibt	den zweispaltigen Bericht	**noch während der Pressekonferenz.**
Er	schreibt	ihn	**währenddessen (gleich, sofort)**
Subjekt		Objekt	**Adverbial**

Subjekt

Funktion

Z 1-2 Mit dem **Subjekt** wird der Gegenstand genannt, über den im Satz etwas ausgesagt werden soll. Es heißt im Deutschen darum auch **Satzgegenstand**. Das Subjekt steht immer im Nominativ (1. Fall). Man erfragt es mit *wer?* oder *was?*.

Der Dirigent hebt den Taktstock.	(Wer?)
Das Orchester verschläft den Einsatz.	(Wer? Was?)
Nur ein Triangel ist zu hören.	(Was?)

Bildung

Das Subjekt kann mit verschiedenen Wortarten und ebenso mit Wortgruppen gebildet werden.

Simon Rattle ist ein berühmter Dirigent.	(Nomen/Eigenname)
Das Pult wackelt.	(Artikel + Nomen)
Es ist zu klein für die schwere Partitur.	(Pronomen)
Alle freuen sich auf das Konzert.	(Numerale)
Einzutreten ist noch nicht erlaubt.	(einfacher Infinitiv mit *zu*)
Nele und Jan blättern im Programmheft.	(Aufzählung)
Schlange zu stehen, ist anstrengend.	(Infinitivgruppe)
Der große Saal füllt sich.	(attributive Wortgruppe)
Gut gestimmt ist halb gewonnen.	(Partizipialgruppe)
Wer zu spät kommt, wird erst nach der Pause eingelassen.	(Nebensatz/Subjektsatz)

Stellung im Satz

Das Subjekt steht im Aussagesatz meist am Anfang, es kann aber auch in der Mitte oder am Satzende stehen.

Alle freuen sich auf das Konzert.
Es freuen sich alle auf das Konzert.
Auf das Konzert freuen sich alle.

Das Subjekt bei Aufforderungssätzen

In Aufforderungsätzen, die im Imperativ stehen, wird das Subjekt nur bei der höflichen Anrede genannt.

Setzt euch! *Aber:* Nehmen Sie Platz!

Prädikat

Funktion

Mit dem **Prädikat** wird eine Aussage über das Subjekt, also den Satzgegenstand, gemacht. Es heißt im Deutschen darum auch **Satzaussage**. Das Prädikat wird meist mit *Was tut das Subjekt?* oder *Was geschieht?* erfragt. Z 1-2

Die Theater-AG probt „Romeo und Julia“.	(Was tut die Theater-AG?)
Die Kulisse kippelt.	(Was geschieht?)

Der Satz

Bildung

Das Prädikat wird immer mit einer Personalform des Verbs gebildet und stimmt in Person und Numerus mit dem Subjekt überein. Man nennt diese Übereinstimmung auch **Kongruenz.**

Sven lernt seinen Text. (3. Person Singular)
Die Kostüme hängen auf dem Garderobenständer. (3. Person Plural)

Das Prädikat kann **einteilig** sein und besteht dann nur aus der Personalform, man sagt auch: aus der konjugierten (finiten) Form des Verbs.

Die Schminkutensilien liegen auf dem Tisch.

Es kann aber auch **mehrteilig** (zusammengesetzt) sein. Die Personalform des Verbs wird dann durch weitere, nicht konjugierte (infinite) Prädikatsteile ergänzt.

1. Die **Personalform** kann durch ein **Partizip** ergänzt werden; das ist bei der Bildung bestimmter Zeiten (Perfekt, Plusquamperfekt, Passivkonstruktionen) der Fall.

   Sven hat sich gut vorbereitet. (Perfekt)
   Sven hatte seinen Text gelernt. (Plusquamperfekt)
   Die Kulisse wird aufgebaut. (Präsens Passiv)
   Die Kulisse wurde umgearbeitet. (Präteritum Passiv)

2. Die **Personalform** kann mit einem **Infinitiv** zusammengesetzt werden, das gilt für das Futur I und II und ebenso für Bildungen mit Modalverben.

   Das Ensemble wird viel Beifall bekommen/haben. (Futur I/II)
   Ich möchte bei der nächsten Aufführung mitspielen. (Modalverb + Infinitiv)

3. Die **Personalform** kann durch einen **Verbzusatz** ergänzt werden, das ist bei den so genannten trennbaren Verben der Fall.

   Alle Schauspieler räumen die Aula auf. (aufräumen)
   Die Mitschüler aus der Kunst-AG bauen das Bühnenbild ab. (abbauen)

Mehrteilige Prädikate bilden eine **Verb**- oder **Satzklammer**, die andere Satzglieder umschließt.

Sven hatte seinen Text gelernt. Alle Schauspieler räumen die Aula auf.

Stellung im Satz

Die Personalform des Prädikats steht in Aussagesätzen immer an zweiter Stelle des Satzes und in einfachen Aussagesätzen für gewöhnlich nach dem einleitenden Subjekt.

Der Stadtanzeiger berichtet begeistert von der gelungenen Aufführung.
Der Rezensent lobt auch das Bühnenbild.
Er begrüßt sehr, dass weitere Stücke einstudiert werden.

Wird ein Satz nicht durch ein Subjekt, sondern durch ein anderes Satzglied oder einen Nebensatz eingeleitet, ändert sich die Reihenfolge von Subjekt und Prädikat, die Personalform des Prädikats steht dann vor dem Subjekt. Wir sprechen bei einer solchen Umstellung der beiden Satzglieder von **Inversion**. Auch in diesen Fällen steht aber die Personalform des Prädikats stets an der zweiten Stelle des Satzes.

Begeistert berichtet der Stadtanzeiger von der gelungenen Aufführung.
Auch das Bühnenbild lobt der Rezensent.
Dass weitere Stücke einstudiert werden sollen, begrüßt er sehr.

Prädikativ

In manchen Sätzen gibt es neben dem Subjekt oder dem Akkusativobjekt ein weiteres Satzglied, das im Nominativ bzw. Akkusativ steht. Wir nennen es das **Prädikativ** oder – mit Blick auf seinen Kasus – den **prädikativen Nominativ** oder **Akkusativ**.
Meist bilden Nomen das Prädikativ (Prädikatsnomen), aber auch Adjektive können prädikativ gebraucht werden. Das Prädikativ ist Teil des Prädikats. Bezieht es sich auf das Subjekt, steht es im Nominativ; ist es auf das Akkusativobjekt bezogen, wird es entsprechend im Akkusativ verwendet.

Das Prädikativ steht nur nach bestimmten Verben, die nicht zahlreich sind, aber häufig vorkommen.
Zu den Verben, die den prädikativen Nominativ verlangen, gehören vor allem *sein, werden, bleiben, scheinen, heißen*.

Er **wird** später sicher Anwalt.
Freistunden **bleiben** die Ausnahme.

Der prädikative Akkusativ steht vor allem zusammen mit den Verben *finden, heißen, nennen, schelten, schimpfen*.

Das **nenne** ich eine Überraschung.
Sie **schimpfte** ihn ein Zwergferkel.

Prädikative Adjektive, die sich auf das Subjekt beziehen, stehen meist bei den Verben *sein*, *werden*, *bleiben*.

Der Kellner **war freundlich**.
Das Essen **wurde kalt**.
Der Platz **blieb frei**.

Die Zahl der Verben, die ein prädikatives Adjektiv im Akkusativ nach sich ziehen, lässt sich nicht klar begrenzen.

Er **fand** den Test **schwer**.
Sie **streichen** die Wand **blau**.
Sie **isst** die Möhren **roh**.

Mitunter lässt sich bei Adjektiven nicht entscheiden, ob sie prädikativ verwendet werden und sich auf das Subjekt bzw. Objekt beziehen oder ob sie eher auf das Verb bezogen und adverbial gebraucht sind. In diesen Fällen sind beide Bestimmungen zulässig.

Sonja ging **enttäuscht** nach Hause.

Der Sturm drehte **tosend** auf.

Die Wellen brachen sich **bedrohlich** an den Klippen.

Objekt

Funktion

Z 1-2 Viele Sätze geben nicht nur an, wer handelt und was geschieht, sondern informieren auch darüber, auf wen oder was sich eine Handlung bezieht. Solch einen zusätzlichen Hinweis auf das Ziel einer Handlung nennen wir **Objekt** (**Ergänzung**). Objekte kommen in unterschiedlichen Kasus vor: Sie können im Akkusativ, im Dativ, seltener auch im Genitiv stehen. Daneben gibt es so genannte Präpositionalobjekte; sie werden im Akkusativ oder Dativ und stets zusammen mit einer Präposition gebraucht. In aller Regel bestimmt das Verb die Art und den Kasus des Objekts und ebenso die Anzahl der Objekte, die in einem Satz erforderlich ist.

Bildung

Akkusativobjekt

Am häufigsten wird das Akkusativobjekt (4. Fall) verwendet. Es antwortet auf die Frage *wen?* oder *was?*.

Patrick deckt den Frühstückstisch.	(Was deckt er?)
Er will seine Schwester überraschen.	(Wen will er überraschen?)

Das Akkusativobjekt kann aus verschiedenen Wortarten und ebenso mit Wortgruppen gebildet werden.

Patrick ruft Klara.	(Nomen/Eigenname)
Er sucht die Erdbeermarmelade.	(Artikel + Nomen)
Im Kühlschrank kann er sie nicht finden.	(Pronomen)
Er bringt alles durcheinander.	(Numerale)
Klara rät ihm zu hungern.	(einfacher Infinitiv mit *zu*)
Sie holt Milch und Honig.	(Aufzählung)
Patrick beschließt, die Suche aufzugeben.	(Infinitivgruppe)
Sie bereiten ein leckeres Müsli zu.	(attributive Wortgruppe)
Auch den am Vortag gebackenen Kuchen essen sie.	(Partizipialgruppe)
Sie überlegen, ob sie einen Kakao kochen sollen.	(Nebensatz/Objektsatz)

Verben, die zusammen mit einem Akkusativobjekt stehen können, werden **transitive Verben** (zielende Tätigkeitswörter) genannt.

Dativobjekt

Das Dativobjekt (3. Fall) wird mit der Frage *wem?* bestimmt. Meist bezeichnet es Personen bzw. Lebewesen.

Patrick reicht seiner Schwester das Honigglas.	(Wem reicht er das Glas?)

Das Dativobjekt kann auf verschiedene Weise gebildet werden.

Klara dankt ihrem Bruder.	(Nominalgruppe)
Sie geben ihrem verfressenen Hund ein Stück Kuchen.	(attributive Wortgruppe)
Das gefällt ihm.	(Pronomen)

Verben, die ein Dativobjekt nach sich ziehen, gehören zu den **intransitiven Verben,** die auch nicht zielende Tätigkeitswörter genannt werden.

Genitivobjekt

Nur wenige Verben verlangen das Genitivobjekt (2. Fall), und es wird entsprechend selten gebraucht. Man bestimmt es mit Hilfe der Frage *wessen?*.

Einige Abgeordnete enthielten sich der Stimme. (Wessen enthielten sie sich?)

Auch das Genitivobjekt kann auf unterschiedliche Weise gebildet werden.

Er war sich seiner Sache sicher. (Nominalgruppe)
Er war sich dessen sicher. (Pronomen)
Er war sich sicher, die Prüfung zu bestehen. (Nebensatz)

Zu den Verben, die ein Genitivobjekt nach sich ziehen, gehören zum Beispiel: *bedürfen, sich brüsten, sich bewusst sein, sich erinnern, gedenken*. Oft wird anstelle des Genitivobjekts aber auch ein präpositionales Objekt gebraucht.

Sie erinnerte sich des Ereignisses. (Genitivobjekt)
Sie erinnerte sich an das Ereignis. (Präpositionalobjekt)

Verben, die ein Genitivobjekt verlangen, gehören ebenfalls zur Gruppe der **intransitiven Verben**.

Präpositionalobjekt

Das Präpositionalobjekt wird durch eine Präposition eingeleitet. Es steht im Dativ oder im Akkusativ. Die Präposition, die immer vom Verb abhängt, bestimmt den Kasus des Objekts. Ein Präpositionalobjekt erfragt man mit der Präposition und einem Fragewort:

Präposition + *wem?* (Präpositionalobjekt im Dativ)
Präposition + *wen?* oder *was?* (Präpositionalobjekt im Akkusativ)
Sie unterhalten sich **mit Freunden über den Film.**

(**Mit wem** unterhalten sie sich?) (**Über was/Worüber** unterhalten sie sich?)

Das Präpositionalobjekt kann auf verschiedene Weise gebildet werden.

Einige lachen **über den Witz.** (präpositionaler Ausdruck)
Andere ärgern sich **darüber.** (Pronominaladverb)

Präpositionalobjekt oder adverbiale Bestimmung?

Wird eine adverbiale Bestimmung aus einer Präposition und einem Nomen gebildet, gleicht sie formal einem präpositionalen Objekt, und beide Satzglieder können leicht miteinander verwechselt werden.

Die Obstschale steht auf dem Tisch. (lokales Adverbial)
Er besteht auf seiner Forderung. (präpositionales Objekt)

Die Unterscheidung zwischen adverbialen Bestimmungen und Präpositionalobjekten fällt aber leicht, wenn du dir merkst:

Die Frage nach einem Adverbial kann allein mit einem Fragepronomen und ohne Präposition gebildet werden.

Die Obstschale steht auf dem Tisch. (Wo? = lokales Adverbial)

Bei der Frage nach einem Präpositionalobjekt ist dagegen neben dem Fragepronomen die Präposition unerlässlich. Dabei können das Fragepronomen und die Präposition miteinander verschmelzen und ein so genanntes Pronominaladverb bilden (*wofür?*, *wonach?*, *woran?*, *worauf?*, *woraus?*, *worüber?*, *worum?*, *wovon?*, *wovor?*).

Er besteht auf seiner Forderung. (Auf was?/Worauf? = präpositionales Objekt)

Mehrere Objekte und ihre Stellung im Satz

In einem Satz können mehrere Objekte vorkommen.

Sie reicht ihm Milch und Honig. (Dativobjekt/Akkusativobjekt)

Das Dativobjekt kann wegfallen, das Akkusativobjekt nicht.

Sie reicht Milch und Honig. (Akkusativobjekt) (*Nicht möglich*: Sie reicht ihm.)

Enthält ein Satz ein Dativ- und ein Akkusativobjekt, entscheiden Zusammensetzung und Bildung der Objekte darüber, in welcher Reihenfolge sie stehen müssen.

1. Setzen sich beide Objekte aus einem Nomen oder einer Wortgruppe zusammen, steht das Dativobjekt für gewöhnlich vor dem Akkusativobjekt, sofern die Betonung nicht die umgekehrte Reihenfolge fordert.
   Er reicht seiner Schwester das Brot. (Dativobjekt/Akkusativobjekt)

2. Wird eines der Objekte durch ein Pronomen ersetzt, steht das Pronomen vor dem Nomen oder der Wortgruppe.
   Er reicht es seiner Schwester. (Akkusativobjekt/Dativobjekt)
   Er reicht ihr das Brot. (Dativobjekt/Akkusativobjekt)

3. Werden beide Objekte durch ein Pronomen ersetzt, steht das Akkusativobjekt vor dem Dativobjekt.
   Er reicht es ihr. (Akkusativobjekt/Dativobjekt)

Der Satz

Adverbial

Funktion und Bildung

Z 1-2 Die **adverbiale Bestimmung**, auch das Adverbial oder Adverbiale (Plural: Adverbiale/Adverbialien) genannt, ist ein Satzglied, mit dem die Umstände eines Sachverhalts oder Geschehens näher angegeben werden. Man spricht im Deutschen auch von der **Umstandsbestimmung.**
Adverbiale können mit verschiedenen Wortarten gebildet werden.

abends, dort, erst, gern, gestern, jetzt, kürzlich, schon ...	(Adverbien)
köstlich, langsam, gewaltig, gut, schnell, vergeblich ...	(Adjektivadverbien)
aus Neugier, bei Sturm, im Ernst, mit Erlaubnis ...	(Präposition + Nomen)

Ebenso können Nebensätze als adverbiale Bestimmungen dienen.

Wir gingen nach Hause, **als es anfing zu regnen.**	(Adverbialsatz)

Adverbiale können sich auf den gesamten Satz oder auch nur auf das Verb beziehen.

Heute wurde die neue Schulbücherei eröffnet.

Alle stöbern **neugierig** in den Regalen.

Bedeutungsvarianten des Adverbials

Mit Adverbialen lassen sich unterschiedliche Angaben machen. Wir unterscheiden vor allem:

1. Das **Temporaladverbial** (adverbiale Bestimmung der Zeit)
   Es bezeichnet den Zeitpunkt oder auch die Dauer eines Sachverhalts oder Geschehens. Ebenso können mit ihm Angaben über die Häufigkeit oder Wiederholung eines Geschehens oder Sachverhalts gemacht werden. Adverbiale Bestimmungen der Zeit stehen häufig zusammen mit den Präpositionen *seit, bis, nach, vor, während*. Man fragt nach ihnen mit den Fragewörtern *wann?, seit wann?, bis wann?, wie lange?, wie oft?*.
   Gestern hat es gestürmt.
   Wir werden uns noch **bis morgen** gedulden müssen.
   Die Besprechung zog sich **den ganzen Nachtmittag** hin.
   Er geht **jeden Mittwoch** zum Training.

2. Das **Modaladverbial** (adverbiale Bestimmung der Art und Weise)
   Es gibt nähere Auskunft über die Art und Weise eines Sachverhalts oder eines Geschehens und steht oft zusammen mit den Präpositionen *aus, durch, mit, unter, um*. Nach adverbialen

Bestimmungen der Art und Weise kann mit den Fragewörtern *wie?*, *auf welche Weise?*, *woraus?*, *wie viel? wie sehr?* gefragt werden.

Er freute sich **riesig** über die Geburtstagsüberraschung.
Sie arbeiten **im Team**.
Der Tisch ist **aus Teakholz**.
Alle Versuche waren **vergebens**, der Motor sprang nicht an.

3. Das **Lokaladverbial** (adverbiale Bestimmung des Ortes)
Es kennzeichnet den Ort, die Herkunft oder Richtung oder auch die räumliche Ausdehnung eines Sachverhalts oder Geschehens. Häufig wird es zusammen mit den Präpositionen *auf*, *bis*, *in*, *unter*, *über*, *vor*, *zwischen* gebraucht. Man fragt nach adverbialen Bestimmungen des Ortes etwa mit *wo?*, *wohin?*, *woher?*, *wie weit?*.

Binz ist ein Ostseebad **auf Rügen**.
Morgen fahren wir **in die Dolomiten**.
Sie kommt **aus Nordrhein-Westfalen**.

4. Das **Kausaladverbial** (adverbiale Bestimmung des Grundes)
Es gibt den Grund oder die Ursache eines Geschehens oder Sachverhalts an. Oft steht es zusammen mit den Präpositionen *aus*, *infolge*, *wegen*. Adverbiale Bestimmungen des Grundes können mit *warum?*, *weshalb?*, *wieso?* erfragt werden.

Wegen einer Erkältung konnte er nicht teilnehmen.
Das hat er nur **aus Jux** gesagt.
Infolge des heftigen Sturms mussten viele Dächer ausgebessert werden.

5. Das **Instrumentaladverbial** (adverbiale Bestimmung des Mittels)
Es gibt genauere Auskunft über die Mittel, die an einem Geschehen oder Sachverhalt teilhaben oder mit denen ein Sachverhalt ausgeführt wird. Es steht oft zusammen mit den Präpositionen *durch* und *mit* und gibt Antwort auf die Frage *womit?* oder *wodurch?*.

Er fuhr **mit der Straßenbahn** ins Stadtzentrum.
Durch einige Tipps seiner Freunde fand er sich gleich zurecht.

6. Das **Finaladverbial** (adverbiale Bestimmung des Zwecks)
Es beschreibt die Absicht einer Handlung oder den Zweck eines Geschehens oder eines Sachverhalts genauer. Meist wird es zusammen mit der Präposition *zu* (*zur*, *zum*) gebraucht. Man erfragt es mit *wozu?*, *zu welchem Zweck? in/mit welcher Absicht?*.

Zu seiner/Zur besseren Orientierung hatte er einen Stadtplan mitgenommen.
Er war nur **zum Vergnügen** hier.

7. Das **Konditionaladverbial** (adverbiale Bestimmung der Bedingung)
   Es gibt die Bedingungen eines Geschehens oder eines Sachverhalts an und steht oft mit der Präposition *unter* oder *bei*. Nach adverbialen Bestimmungen der Bedingung kann mit *in welchem Fall?, unter welcher Bedingung?* gefragt werden.

   Unter besseren Voraussetzungen hätte sie am Marathon teilnehmen können.
   Bei kühleren Temperaturen läuft sich ein Marathon leichter.

8. Das **Konzessivadverbial** (adverbiale Bestimmung der Einräumung)
   Es gibt den Gegengrund eines Sachverhalts oder eines Geschehens an und steht oft zusammen mit der Präposition *trotz*. Die adverbiale Bestimmung der Einräumung gibt Antwort auf die Fragen *trotz welchen Umstands? trotz welcher Voraussetzungen?, trotz wessen?*.

   Trotz ihres großen Einsatzes unterlag die Mannschaft 2:3.

9. Das **Konsekutivadverbial** (adverbiale Bestimmung der Folge)
   Es nennt die Folge eines Geschehens oder Sachverhalts. Es wird häufig zusammen mit der Präposition *zu* (*zur, zum*) gebraucht und gibt Antwort auf die Frage mit *welcher Wirkung/Folge?*.

   Zu unserer großen Erleichterung wird der Mathe-Test verschoben.
   Zur Freude der Geburtstagsgäste gibt es Schokoladeneis mit Vanillesoße.
   Zum Erstaunen aller traf der Stürmer nur den Pfosten.

Attribut als Satzgliedteil

Funktion

Z 1-2 Das **Attribut** wird im Deutschen **Beifügung** genannt. Es bezieht sich in aller Regel auf Nomen und gibt genauere Auskunft über Personen oder Sachen.

Die neuen Nachbarn haben einen großen Teich in ihrem schönen Garten angelegt.

Das Attribut ist kein Satzglied, sondern ein **Satzgliedteil**. Es lässt sich darum bei der Umstell- oder Verschiebeprobe nur zusammen mit dem Satzglied verschieben, dem es angehört. Das Attribut kann dem Subjekt, dem Objekt und ebenso der adverbialen Bestimmung beigefügt sein.

Die neuen Nachbarn	haben	einen großen Teich	in ihrem schönen Garten	angelegt.
Subjekt	Prädikat	Objekt	Adverbial	Prädikat

↓

In ihrem schönen Garten | haben | die neuen Nachbarn | einen großen Teich | angelegt.
Die neuen Nachbarn | haben | in ihrem schönen Garten | einen großen Teich | angelegt.

Bildung

Das Attribut kann auf verschiedene Weise gebildet werden und vor oder nach dem Bezugswort stehen.

Das ist ein großer und gepflegter Teich.	(Adjektiv/adjektivisch gebrauchtes Partizip)
Die Seerose dort wird bald blühen.	(Adverb)
Ein Haus mit Garten ist etwas ganz Besonderes.	(Präposition + Nomen)
Alle bewundern den Garten der Nachbarn.	(Nomen im Genitiv)
Einen Garten zu pflegen, macht viel Arbeit.	(Infinitiv mit *zu*)
Der Teich, den die Frösche lieben, ist eine Attraktion.	(Attributsatz)

Eine besondere Form des Attributs ist die **Apposition**. Sie ist eine nähere Erläuterung, die nach dem Wort steht, auf das sie sich bezieht (Nomen/Pronomen), und dessen Kasus übernimmt. Man nennt die Apposition auch einen **nachgestellten Beisatz**. Z 3-10

Prinz Nestor, unser Kater, belauert die Frösche. (Apposition im Nominativ)

Ein Attribut kann durch weitere Attribute näher gekennzeichnet werden.

ein schöner Garten	ein sehr schöner Garten
ein gepflegter Gartenteich	ein besonders gepflegter Gartenteich
der Garten der Nachbarn	der Garten der neuen Nachbarn

Ebenso ist es möglich, dass sich mehrere Attribute auf ein Nomen beziehen.

der **große** Gartenteich unserer neuen Nachbarn mit den schönen Seerosen

Zeichensetzung

Das Komma bei Aufzählungen

Z 1 Gleichrangige Satzglieder und Attribute werden in Aufzählungen durch Komma voneinander abgetrennt.

Sven, Nele, Patrick bauen eine Seifenkiste.	(Subjekte)
Alle sägen, bohren, schrauben unentwegt.	(Prädikate)
Sie sortieren Muttern, Scheiben, Federringe.	(Objekte)
Tagein, tagaus denken sie nur an die Meisterschaft.	(Adverbiale)
Sicher wird die schnittige, bunte Karosserie Eindruck machen.	(Attribute)

Z2 Kein Komma steht, wenn gleichrangige Satzglieder und Attribute durch die Konjunktionen *und, oder, sowie, sowohl – als auch/wie auch, weder – noch, beziehungsweise, entweder – oder* verbunden werden.

Sven und Nele und Patrick bauen eine Seifenkiste.
(*Auch möglich*: Sven, Nele und Patrick bauen eine Seifenkiste.)
Alle sägen und bohren oder schrauben unentwegt.
Sie sortieren sowohl Muttern als auch Scheiben wie auch Federringe.
Tagein und tagaus denken sie nur an die Meisterschaft.

Diese Einschränkung gilt nur für die genannten Konjunktionen. Werden gleichrangige Satzglieder und Attribute durch andere Bindewörter, etwa durch entgegensetzende oder einschränkende Konjunktionen (*aber, doch, jedoch, sondern, wenn auch* ...) verbunden, musst du ein Komma setzen.

Die Meisterschaften finden bei trübem, aber trockenem Wetter statt.
Es starten nicht zwanzig, sondern fünfzig Seifenkisten.
Alle Teilnehmer sind konzentriert, wenn auch aufgeregt.

Das Komma bei Appositionen

Z3 Eine Apposition ist ein nachgestellter Beisatz, der ein vorangehendes Nomen oder Pronomen näher bestimmt und eine Gleichsetzung zum Ausdruck bringt. Du musst eine Apposition durch ein Komma vom übrigen Satz abtrennen. Wird sie in den Satz eingeschoben, was häufig der Fall ist, musst du die Apposition in Kommas einschließen.

Es gibt viele Wolkenkratzer in Frankfurt, der großen Bankenmetropole.
Der Eiffelturm, das Wahrzeichen von Paris, ist 300 Meter hoch.

Das Komma nach einer eingeschobenen Apposition darfst du auch darum nicht vergessen, weil es die Apposition gegebenenfalls von einer Aufzählung unterscheidet und daher die Bedeutung eines Satzes beeinflussen kann.

Lisa, meine Schwester, und ich gehen heute Abend ins Kino.
(Apposition/2 Personen)
Lisa, meine Schwester und ich gehen heute Abend ins Kino.
(Aufzählung/3 Personen)

Z4 Eine Apposition kann durch ein hinweisendes Wort oder durch eine Wortgruppe angekündigt werden. Es gelten die genannten Regeln.

Wie sollte er, der große Champion, mit dieser Niederlage fertig werden?

Gerade dies, einen verregneten Urlaub, hatten sie sich nicht gewünscht.

Z5 Oft werden Personennamen durch nachgestellte Berufs-, Verwandtschafts- oder Herkunftsbezeichnungen näher gekennzeichnet. Bei all diesen Bestimmungen handelt es sich um Appositionen, die wieder durch Komma abgetrennt bzw. eingeschlossen werden.

Neill Armstrong, der berühmte Astronaut, betrat als Erster den Mond.

Zu den Gästen gehörte auch Wanda Wolkenreich, die Frau des Bürgermeisters.

Z6 Wird ein Personenname durch einen nachgestellten Beinamen ergänzt, steht allerdings kein Komma. Der Beiname ist dann, wie häufig bei Namen historischer Persönlichkeiten, Teil des Personennamens.

Pippin der Kurze, der Vater Karls des Großen, starb im September 768.

Am Weihnachtstag des Jahres 800 wurde Karl der Große zum Kaiser gekrönt.

Friedrich der Große, der sich für Kunst interessierte, spielte sehr gut Querflöte.

Der Beiname wird aber mit Kommas eingeschlossen, wenn er aus einem Nomen mit einer näheren Erläuterung besteht.

Friedrich Wilhelm I. von Brandenburg, der Große Kurfürst, lebte von 1620 bis 1688.

Z7 Oft werden auch nachgestellte Geburtsnamen als Teil des Namens angesehen und ohne Komma angeschlossen. Meist wird der Geburtsname mit der Abkürzung *geb.* angehängt. Du kannst hier aber Kommas setzen. Oft machen sie die Struktur des Satzes deutlicher und verbessern die Lesbarkeit.

Katja Mann [,] geb. Katharina Hedwig Pringsheim [,] war die Ehefrau des Schriftstellers Thomas Mann.

Z8 Werden mehrere Appositionen aneinandergereiht, trennst du sie durch Kommas.

Alexander von Humboldt, ein weit gereister Naturforscher, Mitbegründer der Geografie als empirischer Wissenschaft, wurde auch „der zweite Kolumbus“ genannt.

Das Komma bei Orts-, Wohnungs-, Zeit- und Literaturangaben

Z9 Bei mehrteiligen Ort-, Wohnungs-, Zeit- und Literaturangaben werden die einzelnen Angaben durch Komma voneinander getrennt, wenn ihnen keine Präposition vorangestellt ist.

Orts- und Wohnungsangabe (Name, Straße, Ort, Gebäudeteil, Stockwerk ...):

Er wohnt in der Heinrich-Heine-Straße 9, Vorderhaus, 4. Stock, 14195 Berlin.

Zeitangabe (Wochentag, Monatsname, Uhrzeit):

Der Termin fürs nächste Training: Freitag, 13. Oktober, 16.00 Uhr.

Literaturangabe (zu Büchern, Aufsätzen, Zeitungsartikeln ...):

Er zitierte einen Artikel aus dem Sachwörterbuch der Literatur, 8. Auflage, Alfred Kröner Verlag, Stuttgart 2001.

Stehen die einzelnen Angaben zusammen mit einer Präposition, entfällt das Komma.

Er wohnt in Berlin **in** der Heinrich-Heine-Straße 9 **im** Vorderhaus.

Wie sind am Donnerstag **um** 16.00 Uhr verabredet.

Der Artikel steht in der neuen Ausgabe **auf** S. 125.

Merk dir aber folgende Ausnahme: Bei Zeitangaben, die mehr als drei Bestimmungen enthalten, wird die Uhrzeit üblicherweise auch dann durch Komma abgetrennt, wenn sie mit einer Präposition (*um, gegen*) steht.

Die nächste Probe findet am Freitag, (dem) 13. Oktober, um 16.00 Uhr.

Z10 Wird ein Satz nach mehrteiligen Orts-, Wohnungs-, Zeit- und Literaturangaben weitergeführt, ist dir freigestellt, ein schließendes Komma zu setzen. (Die Angaben können hier als Apposition oder auch als Aufzählung angesehen werden. Fasst du sie als Apposition auf, musst du die Angaben in Kommas einschließen. Begreifst du sie als Aufzählung, entfällt das schließende Komma nach der letzten Angabe.)

Sie haben in Düsseldorf, Herderstr. 17 [,] kürzlich eine neue Wohnung bezogen.

Die Besprechung wurde auf Dienstag, den 11. November [,] vertagt.

Der Artikel ist nach dem Sachwörterbuch der Literatur, 8. Auflage, Alfred Kröner Verlag, Stuttgart 2001, S. 233 [,] zitiert.

Hauptsatzarten und Satzellipse

Sätze erfüllen verschiedene inhaltliche Funktionen. Mit ihnen können Aussagen gemacht, Fragen gestellt, Aufforderungen und Ausrufe formuliert oder auch Wünsche geäußert werden. Einige dieser Funktionen sind an eine feste Satzform, also an einen bestimmten Aufbau des Satzes gebunden. So etwa die Aussage, bei der die Personalform des Verbs stets an der zweiten Stelle des Satzes steht. Andere Funktionen, der Wunsch beispielsweise, können in verschiedenen Satzformen ausgedrückt werden. Ihrer inhaltlichen Funktion entsprechend lassen sich folgende Satzarten unterscheiden: **Aussagesatz, Fragesatz, Aufforderungssatz, Wunschsatz, Ausrufesatz**. Die genannten Satzarten sind Hauptsätze, da sie sinnvoll allein stehen können und von keinem anderen Satz abhängen.
Die **Satzellipse** dagegen ist ein grammatisch unvollständiger Kurzsatz.

Aussagesatz

Der Aussagesatz (Deklarativsatz) ist die am häufigsten gebrauchte Satzart. Mit Aussagesätzen können Feststellungen, Mitteilungen oder Sachverhalte formuliert werden. Die Personalform des Verbs steht nach dem Subjekt und an zweiter Stelle des Aussagesatzes. Z 1-5

Das Wasser **hat** 19 Grad.
Paula **springt** vom 10-Meter-Brett.
Paula **ist** ausgebildete Rettungsschwimmerin.

Fragesatz

Möchte man sich über einen Sachverhalt informieren, gebraucht man einen Fragesatz (Interrogativsatz). Wir unterscheiden zwei Varianten des Fragesatzes, die **Entscheidungsfrage** und die **Ergänzungsfrage**.

Entscheidungsfrage

Mit einer Entscheidungsfrage möchte man in Erfahrung bringen, ob etwas tatsächlich der Fall ist. Z 6-9
In aller Regel und jedenfalls der Tendenz nach folgt auf eine Entscheidungsfrage die Antwort *Ja* oder *Nein* (oder auch *Sicher/Bestimmt/Keineswegs/Auf gar keinen Fall*). Daneben sind aber auch ausweichende Antworten wie *Vielleicht/Kann sein* o. ä. möglich. Die Personalform des Verbs steht an erster Stelle und leitet die Entscheidungsfrage ein.

Triffst du dich heute mit Paula? Ja./Nein./Vielleicht heute Abend.

Zu den Entscheidungsfragen zählen noch zwei weitere Spielarten, die so genannten Alternativfragen und die Vergewisserungsfragen.

Mit **Alternativfragen** erkundigt man sich danach, welche von zwei oder mehreren Möglichkeiten zutreffend ist. Die Personalform des Verbs steht wieder an erster Stelle und leitet die Frage ein, im Übrigen werden die in Frage stehenden Alternativen mit der Konjunktion *oder* verbunden.

Fährst du mit dem Bus **oder** mit dem Fahrrad zur Schule? Mit dem Bus.

Mit **Vergewisserungsfragen** möchte man prüfen, ob eine Annahme tatsächlich zutrifft. In aller Regel erwartet man eine bejahende Antwort. Bei Vergewisserungsfragen steht das Subjekt an erster Stelle.

Er hat die E-Mail doch gelesen? Ja.

Ergänzungsfrage

Z 6-9

Will man über einen Sachverhalt genauere und zusätzliche Informationen erhalten, formuliert man eine Ergänzungsfrage. Ergänzungsfragen werden mit Fragewörtern eingeleitet, die Personalform des Verbs steht an zweiter Stelle der Frage. Auf Ergänzungsfragen kann mit einem Wort, einer Wortgruppe oder auch mit einem Satz geantwortet werden.

Wann probt die Theater-AG? Sie probt am Mittwoch von 15.00 – 18.00 Uhr.
Wo probt sie? In der Aula.
Welches Stück probt sie? *Romeo und Julia*.

Ergänzungsfragen werden auch W-Fragen genannt, da alle Fragewörter mit dem Buchstaben *w* beginnen. Mitunter steht vor dem Fragewort allerdings noch eine Präposition.

Von wem ist das Stück? Von William Shakespeare.

Rhetorische Frage

Z 6-9

Auf eine rhetorische Frage erwartet man keine Antwort, man stellt sie nur zum Schein und meist, um eine Darstellung wirkungsvoller zu gestalten. Ihrer Form nach können rhetorische Fragen Ergänzungsfragen und ebenso Entscheidungsfragen sein. Oft enthalten sie aber zusätzliche adverbiale Hinweise, die deutlich machen, dass sich eine Antwort erübrigt. Lassen wir diese Hinweise weg, erhalten wir ganz normale Fragesätze.

Ist das **nicht** eine tolle Idee?
(*Ist das ~~nicht~~ eine tolle Idee?* = Entscheidungsfrage)
Wer möchte **schon** in den Ferien Vokabeln lernen?
(*Wer möchte ~~schon~~ in den Ferien Vokabeln lernen?* = Ergänzungsfrage)

Aufforderungssatz

Mit einem Aufforderungssatz (Imperativ- oder Befehlssatz) werden Befehle, Bitten, Vorschläge oder Forderungen formuliert. Wendet man sich mit einem Aufforderungssatz an andere Personen, steht die Personalform des Verbs an erster Stelle des Satzes und im Imperativ (Befehlsform). Bei allgemeinen Aufforderungen kann die Personalform entfallen; der Satz endet dann mit dem Infinitiv des Verbs. Z 10-13

Vergiss deinen Schlüssel nicht!	(Befehl)
Wartet bitte auf mich!	(Bitte)
Nimm doch das Handy mit!	(Vorschlag)
Geht mir aus dem Weg!	(Forderung)
Hunde bitte **anleinen**!	(allgemeine Forderung)

Wendet sich der Sprecher mit einem Aufforderungssatz an eine Gruppe, in die er sich mit dem Pronomen *wir* selbst einbezieht, oder siezt er die angesprochene Person, steht das Verb gleichfalls an erster Stelle des Satzes, aber nicht im Imperativ, sondern im Konjunktiv I Präsens.

Beginnen wir mit der ersten Aufgabe!
Lassen wir uns Zeit!
Setzen Sie sich doch bitte!
Grüßen Sie Ihre Frau von mir!

Neben den Imperativ- oder Befehlssätzen gibt es andere Möglichkeiten und Satzformen, mit denen Aufforderungen zum Ausdruck gebracht werden können.

Jetzt wird geschlafen!	(Aussagesatz)
Du stehst sofort auf!	(Aussagesatz)
Stehst du jetzt endlich auf?	(Entscheidungsfrage)
Achtung! Einsteigen!	(Satzellipsen)

Wunschsatz, Ausrufesatz

Der **Wunschsatz** (Desiderativsatz) kann, ähnlich wie der Aufforderungssatz, unterschiedliche Satzformen annehmen. Häufig werden Wünsche im Konjunktiv II Präteritum oder im Konjunktiv II Plusquamperfekt formuliert. Die Personalform des Verbs steht in diesen Fällen an erster oder an letzter Stelle des Satzes. Oft werden noch die Wörter *nur, doch, bloß* ergänzt. Z 10

Ließe doch der Regen endlich nach!	(Konjunktiv II Präteritum)
Wenn doch der Regen endlich nachließe!	(Konjunktiv II Präteritum)
Wärst du bloß pünktlich gewesen!	(Konjunktiv II Plusquamperfekt)
Wenn du doch nur pünktlich gewesen wärst!	(Konjunktiv II Plusquamperfekt)

Z 10-13 Der **Ausrufesatz** (Exklamativsatz) wird vor allem in der mündlichen Sprache gebraucht und drückt meist Verwunderung oder Bewunderung aus. Darüber hinaus können ihm aber auch andere, mit Nachdruck gesprochene Sätze zugeordnet werden, sofern sie keine Aufforderungen enthalten. Die Stellung der Personalform des Verbs ist nicht festgelegt; werden Ausrufesätze mit einem W-Wort eingeleitet, kann die Personalform an zweiter oder auch an letzter Stelle des Satzes stehen.

Sind das aufregende Ferien!
Was wir nicht alles **unternehmen**!
Wie **freuen** wir uns auf die Nachtwanderung!

Satzellipse

Z 2, 9 Eine **Satzellipse** ist ein grammatisch unvollständiger Kurzsatz. Man spricht oft auch von einem Satzfragment oder einfach von einer Ellipse. Bei Satzellipsen werden Rede- bzw. Satzteile weggelassen, die für das Verständnis entbehrlich sind und aus dem Zusammenhang ohne weiteres erschlossen werden können. Solche Kurzsätze kommen meist in der gesprochenen Sprache vor, werden aber durchaus auch in der Schriftsprache verwendet. Ihnen können alle Satzarten zugrunde liegen.

Vollständiger Satz	**Ellipse**
Ihr habt Glück gehabt. (Aussagesatz)	Glück gehabt!
Ich wünsche dir viel Erfolg. (Aussagesatz)	Viel Erfolg!
Geben Sie mir bitte zwei Eintrittskarten für Kinder und zwei für Erwachsene. (Aufforderungssatz)	Zwei Kinder, zwei Erwachsene.
Wie komme ich zur Bahnhofstraße? (Ergänzungsfrage)	Zur Bahnhofstraße?
Ist bei euch alles in Ordnung? (Entscheidungsfrage)	Alles in Ordnung?

Zeichensetzung

Satzschlusszeichen

Satzzeichen, die einen Satz abschließen – es sind der **Punkt**, das **Fragezeichen** und das **Ausrufezeichen** –, werden Satzschlusszeichen genannt. Das erste Wort nach einem Satzschlusszeichen schreibst du mit einem großen Anfangsbuchstaben.

Punkt

Z1 Der Punkt steht am Ende von Aussagesätzen und am Ende von Satzgefügen aus Haupt- und Nebensätzen.

Bald kommt der Frühling. Die Krokusse blühen schon.
Lukas ist überglücklich, weil er die Prüfung bestanden hat.

Z2 Bilden Satzellipsen (unvollständige Kurzsätze), Wortgruppen oder einzelne Wörter eine Sinneinheit – das ist häufig bei Antworten auf Fragen der Fall –, schließen sie gleichfalls mit einem Punkt.

Wo probt die Theater-AG?	In der Aula.
Welches Stück probt sie?	*Romeo und Julia*.
Von wem ist das Stück?	Von William Shakespeare.
Hast du Eintrittskarten gekauft?	Klar. Zwei für meine Eltern, drei für uns Kinder.

Sind Satzellipsen als Ausrufe aufzufassen, steht anstelle des Punktes ein Ausrufezeichen am Schluss.

Vollständiger Satz	**Ellipse**
Ihr habt Glück gehabt. (Aussagesatz)	Glück gehabt!
Ich wünsche dir viel Erfolg. (Aussagesatz)	Viel Erfolg!
Geben Sie mir bitte zwei Eintrittskarten (Aufforderungssatz)	Zwei, bitte!

Z3 Häufig folgt nach einer Abkürzung oder Ordinalzahl (Ordnungszahl) ein Punkt. Steht die Abkürzung oder die Ordinalzahl am Ende des Satzes, hat der Punkt zugleich die Funktion eines Satzschlusszeichens.

Er räumt den Schreibtisch auf, ordnet die Blätter, die Bücher u.a.m.
Die englische Königin heißt Elisabeth II.

Z4 Auch nach Auslassungspunkten am Satzende steht kein weiterer Punkt.

Die Kinder öffneten die Truhe und staunten nicht schlecht ...

Und wenn sie nicht gestorben sind ...

Z5 Der Punkt entfällt weiterhin, wenn ein Wort, eine Wortgruppe oder ein Satz durch eine eigene Zeile deutlich hervorgehoben ist. Das gilt u. a. für:

Überschriften, Werktitel etc.	Kanzlerin legt neue Reformpläne vor Die unendliche Geschichte Vermischtes
Datumsangaben, Betreffzeilen	Dienstag, der 9. September 2008 Betrifft: Rechnung vom 03.09. 2008
Anschriften	Friedrich-Schiller-Gymnasium Waldstraße 8 70178 Stuttgart
Schlussformeln, Unterschriften in Briefen	Mit besten Grüßen Ihre Suse Saubermann

Fragezeichen

Z6 Nach direkten Fragesätzen steht ein Fragezeichen.

Triffst du dich heute mit Paula? Wann kommst du heute nach Hause?

Z7 Nach indirekten Fragesätzen steht kein Fragezeichen, sondern ein Punkt.

„Triffst du dich heute mit Paula?“	(direkter Fragesatz)
Er fragt, ob sie sich heute mit Paula treffe.	(indirekter Fragesatz)
„Wann kommst du heute nach Hause?“	(direkter Fragesatz)
Sie fragte, wann er heute nach Hause komme.	(indirekter Fragesatz)

Z8 Mitunter wird eine Aufforderung nicht mit einem Imperativsatz (Befehlssatz) wiedergegeben, sondern in eine Frage eingekleidet. In diesen Fällen steht anstelle des Ausrufezeichens ein Fragezeichen.

Stehst du jetzt endlich auf? (Aufforderung als Entscheidungsfrage)

Z9 Eine Frage kann auch als Satzellipse (Kurzsatz) formuliert werden. Die Ellipse schließt dann mit einem Fragezeichen.

Vollständiger Satz	**Ellipse**
Wie komme ich zur Bahnhofstraße? (Ergänzungsfrage)	Zur Bahnhofstraße?
Ist bei euch alles in Ordnung? (Entscheidungsfrage)	Alles in Ordnung?

Ausrufezeichen

Z10 Nach Aufforderungsätzen, nach Ausrufe- und Wunschsätzen steht ein Ausrufezeichen.

Schließt die Fenster!	(Aufforderungssatz)
Sind das aufregende Ferien!	(Ausrufesatz)
Wenn doch nur die Sonne schiene!	(Wunschsatz)

Z11 Wird eine Aufforderung nicht mit einem Imperativsatz, sondern mit einer anderen Satzform zum Ausdruck gebracht, steht gleichfalls ein Ausrufezeichen. Es verleiht der Forderung einen besonderen Nachdruck.

Jetzt wird geschlafen!	(Aussagesatz)
Du stehst jetzt auf!	(Aussagesatz)
Achtung! Einsteigen!	(Satzellipsen)

Z12 Soll Aufforderungssätzen kein besonderer Nachdruck verliehen werden – das ist häufig bei höflichen Aufforderungen und Anreden der Fall –, steht anstelle des Ausrufezeichens ein Punkt.

Begleichen Sie die Rechnung bitte bis zum 31. Mai.
Lasst bitte einen Korrekturrand.
Setzen Sie sich doch.
Grüßen Sie Ihre Frau bitte von mir.

Z13 Nach einem Ausrufesatz, der in der indirekten Rede wiedergegeben wird, steht ein Punkt, kein Ausrufezeichen.

Er rief: „Die Würfel sind gefallen!“	(direkte Rede)
Er rief, die Würfel seien gefallen.	(indirekte Rede)

Der Satz

Satzformen

Hauptsatz

Einen Satz, der sinnvoll allein stehen kann und von keinem anderen Satz abhängt, nennen wir einen **Hauptsatz**. Ein Hauptsatz enthält mindestens ein **Subjekt** und ein **Prädikat**. Einfache Aussagesätze sind Hauptsätze.

Er schwimmt. (Subjekt/Prädikat)

Ein Hauptsatz kann durch weitere Satzglieder, durch Objekte und adverbiale Bestimmungen, ergänzt werden.

Er schwimmt jeden Tag 1000 Meter. (Subjekt/Prädikat/Adverbial/Objekt)

Die Personalform des Verbs steht im Hauptsatz in aller Regel an zweiter Stelle.

Er trainiert am liebsten im Hallenbad.
1 2 3 4

Satzreihe

Z 1-3
Z 8-29

Werden **zwei** oder **mehrere Hauptsätze** miteinander verbunden, nennen wir diese Verbindung eine **Satzreihe** (**Parataxe**).
Satzreihen können durch nebenordnende Konjunktionen (*und, denn, entweder - oder, aber, doch* ...) verbunden sein.

Er schwimmt viel, **und** er joggt auch gern, **aber** Wanderungen findet er langweilig.
Hauptsatz + Hauptsatz + Hauptsatz

Satzreihen können aber auch ohne Konjunktion gebildet werden.

Er schwimmt viel, er joggt auch gern, Wanderungen findet er allerdings langweilig.
Hauptsatz + Hauptsatz + Hauptsatz

Z 8

Hauptsätze müssen nicht immer nacheinander stehen. Es ist auch möglich, einen Hauptsatz in einen anderen Hauptsatz einzuschieben. Den eingeschobenen Satz nennt man **Schaltsatz** oder **Parenthese**.

Er wird, **das ist heute schon klar**, beim nächsten Sportfest ausgezeichnet werden.

Nebensatz

Einen Satz, der nicht sinnvoll allein stehen kann und der von einem Hauptsatz abhängt, nennen wir einen **Nebensatz.** Nebensätze können auf unterschiedliche Weise mit dem Hauptsatz verbunden werden: durch unterordnende Konjunktionen (*als, dass, nachdem, weil, wenn, ob ...*), durch Relativpronomen (*der, die, das, welcher, welche, welches*) oder auch durch Interrogativpronomen (*was, wann, wer, wie, wo, warum ...*).
Die Personalform des Verbs steht – anders als beim Hauptsatz – am Satzende.

Meistens geht er ins Hallenband, **nachdem** er die Hausaufgaben gemacht **hat.**
Er hofft, **dass** er die Meisterschaft im Herbst **gewinnt.**
An der Meisterschaft, **die** in Stuttgart ausgerichtet **wird**, nehmen Sportler aus dem gesamten Bundesgebiet teil.

Satzgefüge

Eine Verbindung aus **Hauptsatz** und **Nebensatz** nennen wir ein **Satzgefüge** (**Hypotaxe**). Z 4-7

Er trainiert täglich, weil er sich auf eine Meisterschaft vorbereitet. Z 8-27
(Hauptsatz) (Nebensatz)

Nebensätze können dem Hauptsatz nachgestellt oder vorangestellt sein. Sie können auch in den Hauptsatz eingeschoben werden.

Er träumt von einer Medaille, während er seine Bahnen zieht.
(nachgestellter Nebensatz)

Während er seine Bahnen zieht, träumt er von einer Medaille.
(vorangestellter Nebensatz)

Er träumt, während er seine Bahnen zieht, von einer Medaille.
(eingeschobener Nebensatz)

Ein Hauptsatz kann mit mehreren gleichrangigen Nebensätzen verbunden werden.

Er wird die Meisterschaft sicher gewinnen, wenn er sich weiterhin anstrengt, wenn er jeden Tag trainiert.

Gleichrangige Nebensätze hängen alle vom selben Hauptsatz ab. Bist du im Zweifel, ob es sich um gleichrangige Sätze handelt, führe folgenden Test durch: Lass einfach erst den einen, dann den anderen Nebensatz weg. Bleibt der Satz dabei vollständig und sinnvoll, sind beide Nebensätze gleichrangig.

Er wird die Meisterschaft gewinnen,	Er wird die Meisterschaft gewinnen,
~~wenn er sich weiterhin anstrengt~~,	wenn er sich weiterhin anstrengt,
wenn er jeden Tag trainiert.	~~wenn er jeden Tag trainiert~~.

Beide Varianten ergeben sinnvolle Sätze, es handelt sich also um gleichrangige Nebensätze.

Ein Hauptsatz kann mit einem Nebensatz verbunden werden, von dem ein weiterer, untergeordneter Nebensatz abhängt. Ihrer Ordnung entsprechend, werden diese Nebensätze nach Graden unterschieden.

Er trainiert täglich,	(Hauptsatz)
weil er sich auf eine Meisterschaft vorbereitet,	(Nebensatz 1. Grades)
die in wenigen Wochen stattfinden wird.	(Nebensatz 2. Grades)

Zeitenfolge im Satzgefüge

Die Handlung eines Nebensatzes steht immer in einem bestimmten zeitlichen Verhältnis zur Handlung des Hauptsatzes. Sie kann gleichzeitig mit der Handlung des Hauptsatzes verlaufen, sie kann vor oder nach der Handlung des Hauptsatzes stattfinden. Man fasst die unterschiedlichen Zeitverhältnisse zwischen Haupt- und Nebensätzen auch unter dem Fachausdruck **Zeitenfolge** (lat. *consecutio temporum*) zusammen.

GLEICHZEITIGKEIT

Die Handlung im Nebensatz findet gleichzeitig mit der Handlung im Hauptsatz statt.

HAUPTSATZ		NEBENSATZ	
Präsens	Sie machen sich Notizen,	während er spricht.	**Präsens**
Präteritum	Ich erkannte ihn,	als er sich umdrehte.	**Präteritum**
Perfekt (umgangssprachlich)	Wir sind zu Hause geblieben,	weil es geregnet hat.	**Perfekt**

VORZEITIGKEIT

Die Handlung im Nebensatz findet vor der Handlung im Hauptsatz statt.

HAUPTSATZ		NEBENSATZ	
Präsens	Er sieht im Stadtplan nach,	weil er sich verlaufen hat.	**Perfekt**
Präteritum	Sie schloss die Tür,	nachdem sie den Schlüssel gefunden hatte.	**Plusquamperfekt**

Futur I	Wir werden gleich an den Strand gehen,	wenn wir angekommen sein werden.	**Futur II**
oder: **futurisches Präsens**	Wir gehen gleich an den Strand,	wenn wir angekommen sind.	oder: **Ergebnisperfekt**

NACHZEITIGKEIT

Die Handlung im Nebensatz findet nach der Handlung im Hauptsatz statt.

HAUPTSATZ		NEBENSATZ	
Perfekt	Er hat sich gewünscht,	dass heute die Sonne scheint.	**Präsens**
Plusquamperfekt	Sie waren schon abgereist,	als er ankam.	**Präteritum**
Futur II	Wir werden das Essen vorbereitet haben,	bevor du zurück sein wirst.	**Futur I**
oder: **Ergebnisperfekt**	Wir haben das Essen vorbereitet,	wenn du zurück bist.	oder: **futurisches Perfekt**

Nicht nur mit Satzgefügen können wir bestimmte Zeitverhältnisse ausdrücken. Auch in Satzreihen wird die Reihenfolge mehrerer Handlungen durch den Gebrauch der verschiedenen Zeiten wiedergegeben.

Letzte Nacht **hat** es **geschneit**,	Perfekt
heute **ist** alles weiß.	Präsens
Unser Nachbar **freute** sich,	Präteritum
denn er **hatte** im Lotto **gewonnen**.	Plusquamperfekt

Das zeitliche Verhältnis in Satzgefügen und Satzreihen muss nicht immer durch unterschiedliche Tempora gekennzeichnet werden. Mitunter machen Zeitadverbien deutlich, in welcher zeitlichen Relation die Handlungen zueinander stehen. Dann ist es vor allem in der Umgangssprache möglich, Handlungen auf verschiedenen Zeitebenen mit ein und demselben Tempus wiederzugeben. So kann etwa anstelle des Futurs I häufig auch das Präsens gebraucht werden.

Alle freuen sich, weil **morgen** endlich die Ferien **beginnen**.
Alle freuen sich, denn **morgen beginnen** die Ferien.
Ich rufe dich **nachher** an, wenn du mir deine Nummer gibst.

Der Satz

Zeichensetzung

Das Komma in Satzreihen

Z1 Hauptsätze, die eine Satzreihe bilden, werden durch Komma voneinander getrennt.

Wir bauen das Zelt auf, du kümmerst dich um die Verpflegung.

Z2 Werden Hauptsätze durch nebenordnende Konjunktionen (*und*, *oder*, *sowie*, *beziehungsweise*, *entweder – oder*, *nicht – doch*, *weder – noch*) verbunden, ist dir freigestellt, ein Komma zu setzen. Du solltest es setzen, wenn es die Gliederung des Satzes klarer hervorhebt und die Lesbarkeit verbessert.

Wir bauen das Zelt auf [,] **und** du kümmerst dich um die Verpflegung.
Entweder essen wir heute belegte Brötchen [,] **oder** ich koche einen Eintopf.

Z3 Werden Hauptsätze in einer Satzreihe durch nebenordnende Konjunktionen verbunden, die einen Gegensatz zum Ausdruck bringen (*aber*, *doch*, *jedoch*, *sondern*), muss allerdings ein Komma stehen.

Das Zelt war endlich aufgebaut, **aber** es wackelte.
Wir lasen die Anleitung noch einmal, **doch** wir konnten den Fehler nicht finden.

Das Komma in Satzgefügen

Z4 Ein Nebensatz wird durch Komma vom Hauptsatz getrennt. Das gilt für vorangestellte und nachgestellte, ebenso für eingeschobene Nebensätze. Denk bei eingeschobenen Nebensätzen daran, dass nicht nur am Anfang, sondern auch am Ende des Nebensatzes ein Komma stehen muss.

Die Katze versteckte sich unter dem Sessel, als es klingelte.
Als es klingelte, versteckte sich die Katze unter dem Sessel.
Die Katze versteckte sich, als es klingelte, unter dem Sessel.

Z5 Folgen einem Nebensatz weitere gleichrangige Nebensätze, so werden sie durch Komma voneinander getrennt.

Wenn du dich rechtzeitig auf den Weg machst, wenn du pünktlich bist, müssen wir uns nicht beeilen.
Ich frage mich, ob wir ohne ihn beginnen sollen, ob wir es allein schaffen.

Weil Timmy eine Erkältung hatte, Paula lesen wollte, Benni das Baumhaus reparieren musste, verschoben die Kinder den geplanten Zoobesuch.

Z6 Werden gleichrangige Nebensätze dagegen durch die Konjunktionen *und, oder, sowie, wie, beziehungsweise, entweder – oder, nicht – noch, sowohl – als auch, weder – noch* verbunden, steht kein Komma.

Wenn du dich rechtzeitig auf den Weg machst **und** wenn du pünktlich bist, müssen wir uns nicht beeilen.

Ich frage mich, ob wir es allein schaffen **oder** ob wir noch auf ihn warten sollen.

Weil Timmy eine Erkältung hatte **und** Paula lesen wollte **und** Benni das Baumhaus reparieren musste, verschoben die Kinder den geplanten Zoobesuch.

(*Auch möglich*: Weil Timmy eine Erkältung hatte, Paula lesen wollte **und** Benni das Baumhaus reparieren musste, verschoben die Kinder den geplanten Zoobesuch.)

Z7 Ein Komma muss aber stehen, wenn von einem Nebensatz weitere Nebensätze (2. oder 3. Grades) abhängen.

Ich freue mich, dass dir die CD gefällt, die ich dir zum Geburtstag geschenkt habe.

Das Komma bei Parenthesen und nachgestellten Erläuterungen

Z8 Ein eingeschobener Hauptsatz (Schaltsatz/Parenthese) wird in Kommas eingeschlossen. Anstelle der Kommas können auch Gedankenstriche oder runde Klammern stehen.

Der Pottwal, er gehört zu den Zahnwalen, kann bis zu 18 m lang werden.

Der Pottwal – er gehört zu den Zahnwalen – kann bis zu 18 m lang werden.

Der Pottwal (er gehört zu den Zahnwalen) kann bis zu 18 m lang werden.

Z9 Nachgestellte Erläuterungen werden durch Komma vom Hauptsatz abgetrennt. Oft werden sie mit folgenden Wörtern eingeleitet: *also, besonders, das heißt* (*d. h.*), *genauer, insbesondere, nämlich, und zwar, vor allem* (*v. a.*), *zum Beispiel* (*z. B.*).

Die Probe findet morgen Nachmittag statt, **nämlich von 15.00 bis 18.00 Uhr.**

Sie sieht gern Dokumentationen, **vor allem zu historischen Themen.**

Gedankenstrich, Klammern, Semikolon, Doppelpunkt

Neben dem Punkt und dem Komma gibt es weitere Zeichen, die Sätze und Texte strukturieren helfen. Dazu gehören der Gedankenstrich, die Klammern, das Semikolon und der Doppelpunkt.

Gedankenstrich

Der einfache Gedankenstrich

Z10 Mit dem einfachen Gedankenstrich wird in einem Satz oft eine Sprechpause kenntlich gemacht. Er kündigt an, dass etwas Unerwartetes oder Wichtiges folgt, hebt die folgende Aussage besonders hervor und kann dabei auch Spannung erzeugen. Du schreibst das erste Wort nach dem Gedankenstrich klein, wenn es kein Nomen ist.

Sie schreckten hoch – mit großer Wucht schlug der Blumenkasten auf dem Boden auf.

Z11 Auch ein Nachtrag wird häufig durch einen einfachen Gedankenstrich angekündigt. Du beginnst das erste Wort eines Nachtrags mit einem kleinen Buchstaben, wenn es kein Nomen ist.

Jeden Samstag mäht er den Rasen – sehr zum Ärger seiner Nachbarn.

Z12 Ebenso kann der einfache Gedankenstrich einen Themen- oder Sprecherwechsel ankündigen oder einen Rede- oder Gedankenabbruch markieren.

Hoffentlich hört es bald auf zu regnen. – Ich habe vorhin übrigens mit Laurenz telefoniert. (Themenwechsel)

„Wann wollt ihr euch treffen?" – „Heute Nachmittag." (Sprecherwechsel)

„Ach, und du hast nicht gefragt, ob – ?" Ratlos ging er auf und ab. (Rede- und Gedankenabbruch)

Z13 Schließlich kann der einfache Gedankenstrich anstelle eines Absatzes stehen. Er kündigt dann den Wechsel eines Themas oder Gedankens an.

Ein Gedankenstrich empfiehlt sich hier vor allem, wenn du etwa aus Platzgründen keinen neuen Absatz beginnen kannst oder die folgende Ausführung für einen eigenen Absatz nicht umfangreich genug ist.

Darüber kann erst entschieden werden, wenn verlässliche Daten vorliegen. – Ich will auf eine weitere Schwierigkeit hinweisen.

Der paarige (doppelte) Gedankenstrich

Z14 Mit dem so genannten paarigen Gedankenstrich können Einschübe (Satz, Teilsatz) oder andere Zusätze (z. B. Appositionen) hervorgehoben und vom übrigen Satz abgegrenzt werden. Das erste Wort eines Einschubs oder Zusatzes schreibst du klein, wenn es kein Nomen ist.

Beim Ausbruch des Vesuvs – er gehört zu den bekanntesten Vulkanen der Welt – wurden im Jahre 79 n. Chr. die römischen Städte Pompeji, Herculaneum und Stabiae zerstört.

Z15 Mit dem paarigen Gedankenstrich können Zusätze hervorgehoben und eingeschlossen werden, die vor dem Bezugswort stehen. Häufig steht er dann an Stellen, an denen andere Satzzeichen (vor allem das Komma) nicht erlaubt sind.

Wir sollten diesen – für unser Referat sehr wichtigen – Artikel gründlich durcharbeiten.

Z16 Punkt und Komma am Ende eines Einschubs entfallen. Ein Einschub kann aber mit einem Frage- oder Ausrufezeichen enden. Diese Satzschlusszeichen stehen vor dem schließenden Gedankenstrich.

Der Artikel – habt ihr ihn eigentlich schon gelesen? – geht auch auf die Ausgrabungen in den antiken Städten Pompeji und Herculaneum ein.

Der Artikel – lest ihn bitte endlich! – enthält interessantes Bildmaterial.

Z17 Achte bei paarigen Gedankenstrichen darauf, dass sie die Satzzeichen des Begleitsatzes nicht ersetzen oder überflüssig machen. So kann es durchaus vorkommen, dass auf einen schließenden Gedankenstrich ein Komma folgt. In Zweifelsfällen hilft dir folgender Trick: Streiche den Einschub oder den Zusatz in Gedanken und prüfe, welche Satzzeichen im Begleitsatz stehen müssen. Diese musst du auch in den erweiterten Satz übernehmen.

Ich denke – aber vielleicht habt ihr einen anderen Vorschlag –, dass wir für unser Referat Overheadfolien anfertigen sollten. (*Ich denke, dass wir …*)

Das Satzzeichen des Begleitsatzes wird ohne Zwischenraum (Leerzeichen) an den schließenden Gedankenstrich angeschlossen.

Z 18 Der Gedankenstrich sollte nicht am Anfang einer neuen, sondern am Ende der vorherigen Zeile stehen. Wenn du es einrichten kannst, setze ihn aber besser innerhalb der Zeile, dann wird die Struktur des Satzes deutlicher.

Zu den erloschenen Vulkanen –
so werden Vulkane bezeichnet, die
seit 10 000 Jahren nicht mehr tätig sind –
gehören der Kaiserstuhl und der Vogelsang.

Besser: Zu den erloschenen Vulkanen – so werden Vulkane bezeichnet, die seit 10 000 Jahren nicht mehr tätig sind – gehören der Kaiserstuhl und der Vogelsang.

Klammern

Runde Klammern

Z 19 Erklärende Zusätze und Nachträge aller Art – sie können aus einzelnen Wörtern oder Sätzen bestehen – werden häufig in runde Klammern eingeschlossen und so vom Begleitsatz abgegrenzt. Du schreibst das erste Wort eines eingeklammerten Zusatzes oder Nachtrags klein, wenn es kein Nomen ist.

Der Eisbär (lat. ursus maritimus) lebt in den nördlichen Polarregionen. Einige Wissenschaftler befürchten, dass die Lebensräume der Eisbären (der größten an Land lebenden Raubtiere neben den Kodiakbären) durch eine ungünstige Klimaentwicklung (globale Erwärmung) zunehmend bedroht werden könnten.

Z 20 Runde Klammern können oft das Komma ersetzen, allerdings auch an Stellen stehen, an denen das Komma nicht erlaubt ist. Das ist zum Beispiel bei eingeklammerten Zusätzen der Fall, die dem Bezugswort vorangestellt sind.

Das (gelblich-weiße) Fell der Eisbären ist sehr dicht und ölig. Die Fettschicht unter der (bei ausgewachsenen Tieren schwarzen) Haut beträgt 5 bis 10 Zentimeter.

Z21 Auch ein Schaltsatz, die sog. Parenthese, kann in Klammern eingeschlossen werden. Das ist sinnvoll, wenn du den Schaltsatz nicht besonders betonen oder hervorheben möchtest. Daneben ist es natürlich auch möglich, ihn in Kommas zu setzen.

Der Eisbär (er lebt in den nördlichen Polarregionen) hat einen besonders gut ausgebildeten Geruchssinn.

Der Eisbär, er lebt in den nördlichen Polarregionen, hat einen besonders gut ausgebildeten Geruchssinn.

Willst du die Parenthese dagegen deutlicher herausstellen, schließe sie besser in Gedankenstriche ein; sie verleihen ihr größeren Nachdruck.

Der Eisbär – er ernährt sich im Gegensatz zu anderen Bärenarten vor allem von Fleisch – ist ein geschickter Robbenjäger.

Z22 Ein eingeklammerter Zusatz oder Nachtrag kann mit einem Ausrufe- oder Fragezeichen enden. Das Satzschlusszeichen steht dann vor der schließenden Klammer.

Die meiste Zeit des Tages (etwa 18 Stunden!) verbringen Eisbären schlafend oder ruhend.

Punkt oder Komma am Ende eines eingeklammerten Zusatzes oder Nachtrags entfallen allerdings.

Eisbären sind Einzelgänger (ausgenommen sind Mütter mit Jungtieren), darin gleichen sie allen anderen Bären.

Z23 Du kannst auch längere Textabschnitte in Klammern einschließen, wenn du sie als selbstständige Einheit kennzeichnen möchtest. Eingeklammerte Texte, die nicht in einen Satz eingeschoben sind, enden mit den erforderlichen Satzschlusszeichen (Punkt, Ausrufezeichen, Fragezeichen), die vor der schließenden Klammer stehen. Nach der Klammer folgt kein weiteres Satzschlusszeichen.

Eisbären halten keine Winterruhe. Auch leben sie nicht in Höhlen. Bei extremer Witterung lassen sie sich einschneien und sind so vor Schneestürmen und Blizzards geschützt. (Nur trächtige Weibchen ziehen sich im Oktober oder November in Geburtshöhlen zurück, die ihnen und den Jungtieren Schutz bieten. Etwa im März oder April verlassen sie die Höhlen wieder.)

Z24 Wie für paarige Gedankenstriche gilt auch für Klammern: Sie ersetzen die Satzzeichen im Begleitsatz nicht. So kann nach einer schließenden Klammer durchaus ein Komma stehen, wenn der Begleitsatz es erfordert. In Zweifelsfällen hilft dir die Weglassprobe: Streiche den eingeklammerten Einschub oder Zusatz in Gedanken und prüfe, welche Satzzeichen im Begleitsatz stehen müssen. Diese musst du auch in den erweiterten Satz übernehmen.

Es wird befürchtet (allerdings nicht einhellig), dass die Populationen von Eisbären durch die Klimaerwärmung in den kommenden Jahren drastisch zurückgehen könnten. (*Es wird befürchtet, dass die ...*)

Eckige Klammern

Z25 Mitunter kommt es vor, dass innerhalb eines eingeklammerten Textes ein weiterer Zusatz nötig wird. In diesen Fällen wird der erste Zusatz in runde, der zweite in eckige Klammern eingeschlossen.

Eisbären halten keine Winterruhe. Auch leben sie nicht in Höhlen. (Nur trächtige Weibchen ziehen sich im Oktober oder November in Höhlen zurück [sog. Geburtshöhlen], die ihnen und den Jungtieren Schutz bieten. Etwa im März oder April verlassen sie die Höhlen wieder.)

Z26 Eckige Klammern musst du auch setzen, wenn du einen zitierten Text durch eigene Kommentare, Anmerkungen etc. ergänzt.

„Der Eisbär [auch Polarbär genannt] lebt in den nördlichen Polarregionen. Einige Wissenschaftler befürchten, dass die Lebensräume der Eisbären durch eine ungünstige Klimaentwicklung [globale Erwärmung] zunehmend bedroht werden könnten."

Z27 Zitierst du einen Text nicht vollständig, so musst du die Auslassung durch Auslassungspunkte kenntlich machen, die du gleichfalls in eckige Klammern einschließt.

„Der Eisbär [...] ist ein geschickter Robbenjäger."

Vollständiges Zitat: „Der Eisbär, er ernährt sich im Gegensatz zu anderen Bärenarten vor allem von Fleisch, ist ein geschickter Robbenjäger."

Semikolon

Z28 Das Semikolon (Strichpunkt) steht zwischen gleichrangigen Sätzen oder Wortgruppen und trennt sie stärker als ein Komma, schwächer als ein Punkt. Wann ein Semikolon zu setzen ist, kannst du weitgehend selbst entscheiden. Willst du herausstellen, dass Aussagen enger miteinander zusammenhängen, als ein Punkt es zum Ausdruck bringt, setzt du ein Semikolon. Willst du sie deutlicher voneinander trennen, als ein Komma es leistet, kannst du ebenfalls ein Semikolon setzen. Nach einem Semikolon schreibst du klein weiter, wenn kein Nomen folgt.

Schwache Trennung durch Komma: Der Journalist sah auf die Uhr, er beeilte sich, da stürzte der Computer ab.

Mittlere Trennung durch Semikolon: Der Journalist sah auf die Uhr; er beeilte sich; da stürzte der Computer ab.

Starke Trennung durch Punkt: Der Journalist sah auf die Uhr. Er beeilte sich. Da stürzte der Computer ab.

Mögliche Varianten: Der Journalist sah auf die Uhr. Er beeilte sich; da stürzte der Computer ab.

Der Journalist sah auf die Uhr; er beeilte sich. Da stürzte der Computer ab.

Doppelpunkt

Z29 Der Doppelpunkt kündigt eine wörtliche Rede, eine Zusammenfassung, eine Schlussfolgerung o.ä. an. Folgt nach einem Doppelpunkt eine wörtliche Rede oder ein vollständiger Satz, schreibst du das erste Wort mit einem großen Anfangsbuchstaben.

Taschen, Koffer, Rucksäcke: Das ist einfach zu viel Gepäck für den kleinen Kofferkuli. (Zusammenfassung)

Einige Passagiere laufen eilig zum Fahrstuhl: Sie wollen wohl den Anschlusszug nicht verpassen. (Schlussfolgerung)

Aus dem Lautsprecher ertönt eine freundliche Stimme: „Der ICE Walpurgisnacht hat etwa 30 Minuten Verspätung.“ (wörtliche Rede)

Der Satz

Nebensätze

Z 1-4 Nebensätze sind untergeordnete Sätze. Sie hängen von einem anderen Satz – meist einem Hauptsatz – ab und können nicht allein stehen.
Nebensätze werden nach verschiedenen Hinsichten eingeteilt:

1. Sie lassen sie sich nach der **Art ihrer Verknüpfung** mit dem Hauptsatz ordnen. Dabei unterscheiden wir **Konjunktionalsätze**, **Relativsätze**, **indirekte Fragesätze**, **Infinitivsätze**, **Partizipialsätze**. In gewissem Sinne können dieser Gruppe auch die **uneingeleiteten Nebensätze** zugerechnet werden, Nebensätze also, die ohne Konjunktionen, Pronomen oder Pronominaladverbien mit dem Hauptsatz verbunden sind. Meist liegen diesen Nebensätzen, die auch **verkappte Nebensätze** genannt werden, nämlich Sätze mit einleitenden Wörtern zugrunde.

2. Nebensätze werden nach **Art der Satzglieder** geordnet, deren Stelle sie einnehmen können. In dieser Hinsicht werden Nebensätze oft auch **Gliedsätze** genannt. Wir unterscheiden **Subjektsätze**, **Objektsätze**, **Adverbialsätze** und (als so genannte Gliedteilsätze) **Attributsätze**.

Konjunktionalsatz

R 1 Ein Konjunktionalsatz wird durch unterordnende Bindewörter (Konjunktionen) mit dem Hauptsatz verbunden. Dazu gehören: *als, bevor, während, wenn, da, weil, dass, damit, wenn, falls, indem, obgleich, ob, sodass ...*

Es war schon spät, **als** wir endlich nach Hause kamen.
Im Winter stehen wir immer auf, **bevor** es hell wird.
Er hebt die Bananenschale auf, **damit** niemand ausrutscht.
In der Bedienungsanleitung steht, **dass** die Installation ganz leicht sei.
Ich frage mich, **ob** das wirklich funktioniert.

Relativsatz

R 1 Der Relativsatz wird durch Relativpronomen (*der, die, das, welcher, welche, welches, wer, was*) oder Pronominaladverbien (*wo, wohin, wohin, woran, worüber, worauf ...*) eingeleitet.

Der Test, **den** wir heute geschrieben haben, war recht schwer.
Das Buch, **das** du mir geliehen hast, ist sehr spannend.

Es war das Einzige, **woran** sich der Zeuge erinnern konnte.
Dort, **wo** wir früher gespielt haben, steht heute ein großer Supermarkt.

Das Relativpronomen kann den Relativsatz zusammen mit einer Präposition einleiten.
Der Film, **von dem** du mir neulich erzählt hast, wird heute wiederholt.

Das Relativpronomen bezieht sich auf ein Nomen oder ein Pronomen im übergeordneten Satz und bestimmt dieses näher. In Genus und Numerus stimmt das Relativpronomen mit dem Bezugswort überein; sein Kasus richtet sich nach dem Satzglied, das es im Nebensatz vertritt.

Neutrum Singular

Das Fußballspiel, das wir gestern gesehen haben, war eine große Enttäuschung.

Akkusativobjekt

Relativsätze haben hinsichtlich ihres Bezugswortes die Funktion eines Attributs.

Der defekte Wecker hat heute Morgen nicht geklingelt.	(Attribut)
Der Wecker, der defekt ist, hat heute nicht geklingelt.	(Relativsatz als Attribut)

Indirekter Fragesatz (Interrogativsatz)

Wie bei direkten Fragesätzen unterscheiden wir auch bei indirekten Fragesätzen zwischen Ergänzungs- und Entscheidungsfragen. Z 12

Ergänzungsfragen werden mit Fragewörtern eingeleitet, die alle mit einem *W* beginnen: *wann?*, *was?*, *wer?*, *wo?*, *wie?*, *wohin?*, *womit?* ... Man nennt Ergänzungsfragen darum verkürzt auch W-Fragen. Bei der Umwandlung einer direkten in eine indirekte Ergänzungsfrage, bleibt das Fragewort erhalten.

„**Wann** wird er zurück sein?“	(direkte Ergänzungsfrage)
Sie möchte wissen, **wann** er zurück sein wird.	(indirekte Ergänzungsfrage)
„**Wie lange** wird die Besprechung dauern?“	(direkte Ergänzungsfrage)
Er fragt, **wie lange** die Besprechung dauern wird.	(indirekte Ergänzungsfrage)

Die indirekte Frage kann im Konjunktiv I, häufig aber auch im Indikativ stehen.

Er fragt, wie lange die Besprechung dauern **wird**.	(Indikativ)
Er fragt, wie lange die Besprechung dauern **werde**.	(Konjunktiv I)

Wird eine direkte **Entscheidungsfrage** in einen indirekten Fragesatz umgewandelt, wird diese mit der Konjunktion *ob* eingeleitet.

Felix fragt: „Hilfst du mir bitte bei den Matheaufgaben, Paula?“
Felix fragt, **ob** Paula ihm bei den Matheaufgaben hilft.

Auch die indirekte Entscheidungsfrage kann im Konjunktiv I oder im Indikativ formuliert werden.

Klara fragt, ob er heute früher nach Hause **kommt**. (Indikativ)
Klara fragt, ob er heute früher nach Hause **komme**. (Konjunktiv I)

Der indirekte Fragesatz kann anstelle eines Subjekt- oder eines Objektsatzes stehen.

Wer die Aufgabe gelöst hat, kann in die Pause gehen. (**Wer** kann in die Pause gehen?)
Ich frage mich, was damit gemeint ist. (**Was** frage ich mich?)

Infinitivsatz

Z 5-8 Der Infinitivsatz wird aus einer Infinitivgruppe mit *zu* gebildet und kann ein Objekt oder eine adverbiale Bestimmung als Erweiterung enthalten. Um ein Subjekt kann er nicht erweitert werden.

Timmy hat den Plan, **ein Baumhaus** zu bauen. (**Objekt** als Erweiterung)
Um sich **genau** zu informieren, (**Adverbial** als Erweiterung)
sucht er im Internet nach Bauanleitungen.

Der Infinitivsatz kann als Subjekt- oder Objektsatz oder auch als Adverbialsatz gebraucht werden.

Es ist wichtig, die Konstruktion eines Baumhauses genau zu prüfen.
(**Was** *ist wichtig?* = Subjektsatz)
Timmy freut sich, so viele interessante Tipps zu finden.
(**Worüber**/*Über wen oder was freut sich Timmy?* = Objektsatz)
Er speichert wichtige Hinweise, um sie später nachlesen zu können.
(**Wozu**/*Zu welchem Zweck speichert er sie?* = Adverbialsatz)

Partizipialsatz

Der Partizipialsatz wird mit einem erweiterten Partizip I oder Partizip II gebildet. Er bezieht sich auf das Subjekt des Hauptsatzes und wird meist anstelle eines Attribut- oder Adverbialsatzes gebraucht. Z 9-11

Der Trainer, der nervös am Spielfeldrand hin und her läuft, glaubt noch an den Sieg.
Attributsatz
↓
Der Trainer, nervös am Spielfeldrand hin und **herlaufend**, glaubt noch an den Sieg.
Partizipialsatz (P I)

Der Stürmer, weil ihn endlich der Ehrgeiz packt, schießt das entscheidende Tor.
Adverbialsatz
↓
Der Stürmer, endlich vom Ehrgeiz **gepackt**, schießt das entscheidende Tor.
Partizipialsatz (P II)

Uneingeleitete Nebensätze

Es ist möglich, Nebensätze ohne einleitende Wörter, also ohne Konjunktionen, Pronomen oder Pronominaladverbien zu bilden. Meist werden bei diesen Nebensätzen, die man auch **verkappte** oder **uneingeleitete Nebensätze** nennt, die Konjunktionen *wenn* oder *dass* weggelassen. Die Personalform des Verbs kann entweder an der ersten oder an der zweiten Position des Nebensatzes stehen.

Bin ich fit, nehme ich am Marathon teil.
(*statt*: Wenn ich fit bin, nehme ich am Marathon teil.)
Unser Mathelehrer meint, wir **müssten** uns alle mehr anstrengen.
(statt: Unser Mathelehrer meint, dass wir uns alle mehr anstrengen müssten.)

Subjektsatz

Das Subjekt eines Satzes kann nicht nur aus einzelnen Wörtern gebildet werden, sondern auch aus einem Nebensatz, dem so genannten Subjektsatz, bestehen. Du bestimmst einen Subjektsatz wie jedes andere Subjekt mit Hilfe der Fragen *wer?* oder *was?*.

Wer an der Meisterschaft teilnehmen will, muss sich bis zum 30. März anmelden.

Wer *muss sich bis zum 30. März anmelden?*

↓

Wer an der Meisterschaft teilnehmen will. (Subjektsatz)

Es ist klar, dass jeder Teilnehmer die Meisterschaft gewinnen will.

Was *ist klar?*

↓

Dass jeder Teilnehmer die Meisterschaft gewinnen will. (Subjektsatz)

Objektsatz

Das Objekt eines Satzes kann aus einzelnen Wörtern oder auch mit einem Nebensatz, dem so genannten Objektsatz, gebildet werden. Wie jedes andere Objekt bestimmst du den Objektsatz mit Hilfe der Fragen *wen?*, *was?* (Akkusativobjekt), *wem?* (Dativobjekt), *wessen?* (Genitivobjekt). Objektsätze im Akkusativ kommen häufiger vor, seltener stehen sie im Dativ und Genitiv.

Ich verstehe, dass ihr ungeduldig seid.

Was *oder* **wen** *verstehe ich?*

↓

Dass ihr ungeduldig seid. (Objektsatz im Akkusativ)

Wer mir bei den Matheaufgaben hilft, dem spendiere ich ein Eis.

Wem *spendiere ich ein Eis?*

↓

Wer mir bei den Matheaufgaben hilft. (Objektsatz im Dativ)

Ich bin mir sicher, die Prüfung zu bestehen.

Wessen *bin ich mir sicher?*

↓

Die Prüfung zu bestehen. (Objektsatz im Genitiv)

Adverbialsatz

Adverbialsätze werden anstelle von adverbialen Bestimmungen gebraucht. Mit ihnen lassen sich die Umstände eines Geschehens im Hauptsatz näher bestimmen. Wie bei den Adverbialen unterscheiden wir auch bei den Adverbialsätzen mehrere Bedeutungsvarianten.

Kausalsatz

Ein Kausalsatz gibt über **Grund** oder **Ursache** eines Geschehens im Hauptsatz Auskunft. Meist wird er durch die Konjunktionen *da* oder *weil* mit dem Hauptsatz verbunden. Du fragst nach einem Kausalsatz mit *warum?, weshalb?, aus welchem Grund?*.

Er konnte am Turnier nicht teilnehmen, **weil** er eine Erkältung hatte.

Es mussten viele Dächer ausgebessert werden, **da** der Sturm sie beschädigt hatte.

Modalsatz

Er bestimmt die **Art** und **Weise** des Geschehens im Hauptsatz näher und wird häufig durch die Konjunktionen *indem, dadurch dass, (so) wie, wobei* mit dem Hauptsatz verbunden. Du kannst nach einem Modalsatz mit *wie? wodurch?, unter welchen Umständen?* fragen.

Er stimmt dem Vorschlag zu, **indem** er mit dem Kopf nickt.

Sie fanden den Weg, **wobei** sie immer wieder auf die Straßenkarte schauten.

Finalsatz

Der Finalsatz gibt nähere Auskunft über **Ziel**, **Zweck** oder die **Absicht** einer Handlung im Hauptsatz. Oft leiten ihn die Konjunktionen *damit* oder *(auf) dass* ein. Auch ein Infinitivsatz kann final gebraucht werden; er steht zusammen mit der Konjunktion *um*. Du fragst nach einen Finalsatz mit *wozu?, zu welchem Zweck?, in/mit welcher Absicht?*.

Er schließt das Fenster, **damit** es nicht hereinregnet.

Sie hatte einen Stadtplan eingesteckt, **um** sich nicht zu verlaufen.

Lokalsatz

Ein Lokalsatz gibt Auskunft über den **Ort** oder die **Richtung** eines Geschehens im Hauptsatz und wird häufig durch die Adverbien *wo, wohin, woher* eingeleitet. Du erfragst ihn mit *wo?, wohin?* oder *woher?*.

Wir wollen nur dort unsere Ferien verbringen, **wo** es warm ist.

Das Boot schaukelt, **wohin** der Wind es treibt.

Der Lokalsatz wird gelegentlich auch dem Relativsatz zugeordnet. Das liegt vor allem dann nahe, wenn sich der Lokalsatz auf ein Nomen im Hauptsatz bezieht.

Wir verbringen unsere Ferien nur an Orten, **wo/an denen** es mollig warm ist.

Temporalsatz

Er kennzeichnet den **Zeitpunkt** oder die **Dauer** einer Handlung und wird oft mit den Konjunktionen *als, bevor, bis, ehe, seit, nachdem, während* eingeleitet. Nach Temporalsätzen kann mit *wann?, seit wann?, bis wann?, wie lange?* gefragt werden.

Wir tranken eine heiße Schokolade, **während** draußen ein Unwetter tobte.

Temporalsätze können in unterschiedlicher zeitlicher Relation zum Hauptsatz stehen. Findet die Handlung im Nebensatz gleichzeitig mit der Handlung im Hauptsatz statt, spricht man von **Gleichzeitigkeit.** Ereignet sie sich vor der Handlung im Hauptsatz, spricht man von **Vorzeitigkeit**, folgt sie der Handlung im Hauptsatz, nennt man diesen zeitlichen Bezug **Nachzeitigkeit.**

Sie machen sich Notizen, **während** er spricht.	(Gleichzeitigkeit)
Sie schloss die Tür, **nachdem** sie den Schlüssel gefunden hatte.	(Vorzeitigkeit)
Wir waren schon abgereist, **als/bevor** er ankam.	(Nachzeitigkeit)

Konditionalsatz

Der Konditionalsatz nennt die **Bedingung** oder **Voraussetzung** einer Handlung im Hauptsatz. Meist leiten ihn die Konjunktionen *wenn, falls, sofern* ein. Du erfragst den Konditionalsatz mit *unter welcher Bedingung/Voraussetzung?.*

Fangt bitte ohne mich an, **falls** ich mich verspäte.

Wenn sie bis dahin wieder fit ist, wird sie im Herbst am Marathon teilnehmen.

Ich will auf den nächsten Gesichtspunkt eingehen, **sofern** Sie keine Fragen haben.

Konditionalsätze können erfüllbare und unerfüllbare Bedingungen angeben. Entsprechend unterscheidet man reale und irreale Konditionalsätze. Der irreale Konditionalsatz wird mit dem Konjunktiv II gebildet.

Wenn ich fit **bin**, nehme ich am Marathon teil.

(Die Möglichkeit besteht = realer Konditionalsatz.)

Wenn ich fit **wäre**, würde ich am Marathon teilnehmen.

(Tatsächlich ist es unmöglich = irrealer Konditionalsatz.)

Konsekutivsatz

Der Konsekutivsatz nennt die **Folge** oder die **Wirkung**, die eine Aussage des Hauptsatzes hat. Er steht meist zusammen mit den Konjunktionen *sodass/so dass, dass*. Fragen, mit denen du ihn bestimmen kannst, lauten: *mit welcher Folge?, mit welcher Wirkung?.*

Die Schlange vor dem Kino war lang, **sodass** wir warten mussten.

Ohne Mikrofon musste er so laut sprechen, **dass** er anschließend ganz heiser war.

Adversativsatz

Der Adversativsatz gibt einen **Gegensatz** zur Aussage des Hauptsatzes an. Er wird oft durch Konjunktionen wie *außer dass, (an)statt, während, wohingegen* eingeleitet. Du fragst nach ihm mit *was geschieht im Gegensatz zu (nicht)?, was geschieht andererseits (nicht)?*.

Mein Bruder ist ein Frühaufsteher, **während** ich gerne ausschlafe.

Du solltest dich besser beeilen, **(an)statt** dass du Löcher in die Luft starrst.

Wenn der Hauptsatz und der Adversativsatz das gleiche Subjekt besitzen, kannst du anstelle von *(an)statt dass* auch *(an)statt zu + Infinitiv* gebrauchen. Meist klingt der Satz dann flüssiger.

Du solltest dich besser beeilen, **(an)statt** Löcher in die Luft **zu starren**.

Konzessivsatz

Mit dem Konzessivsatz wird eine **Einräumung** formuliert; man kann auch sagen: Der Konzessivsatz nennt einen **nicht ausreichenden** oder **unzureichenden Gegengrund**. Meist wird er durch die Konjunktionen *obwohl, obgleich/wenngleich, auch wenn/wenn auch* mit dem Hauptsatz verbunden. Du fragst nach einem Konzessivsatz mit *trotz wessen?, trotz welcher Hindernisse?*.

Obwohl er wenig Lust hat, knöpft er sich endlich die Hausaufgaben vor.

Ich erledige alles noch heute, **auch wenn** es spät wird.

Attributsatz

Ein Attribut kann nicht nur aus einzelnen Wörtern bestehen, auch ein Nebensatz kann Attribut sein. Der so genannte Attributsatz kennzeichnet sein Bezugswort im Hauptsatz näher und ist fast immer ein Relativsatz. Du erfragst den Attributsatz mit *welcher?, welche?, welches?*.

Die längst geplante Reise konnten wir leider nicht antreten. (Attribut)

↓

Die Reise, die wir längst geplant hatten, konnten wir nicht antreten. (Attributsatz)
(**Welche** *Reise?)*

Seltener kommt der Attributsatz als Konjunktionalsatz vor. Er wird dann mit der Konjunktion *dass* eingeleitet.

Die Annahme, dass der Einbrecher keine Spuren hinterlassen hat, bestätigte sich. (**Welche** *Annahme?)* (Attributsatz)

Der Satz

Rechtschreibung

Relativsatz oder Konjunktionalsatz?

R1 Mitunter fällt es schwer zu entscheiden, ob es sich um einen Relativsatz handelt, der mit dem Pronomen *das* eingeleitet werden muss, oder ob ein Konjunktionalsatz vorliegt, der mit dem Bindewort *dass* an den Hauptsatz angeschlossen werden muss. Die so genannte Ersatzprobe erleichtert dir aber die Unterscheidung: Kannst du *das* durch *welches* ersetzen, handelt es sich um einen Relativsatz; *das* schreibst du in diesem Fall mit einfachem *s*. Ergibt die Ersetzung keinen sinnvollen Satz, schreibst du *dass* mit *ss*. Es handelt sich dann um die Konjunktion *dass*.

Das Handy, (**welches**) das ich gestern gekauft habe, ist defekt. (Relativsatz)
Es ist schade, (~~**welches**~~) dass mein neues Handy defekt ist. (Konjunktionalsatz)

Zeichensetzung

Das Komma bei Nebensätzen und in Satzgefügen

Z1 Ein Nebensatz wird durch Komma vom Hauptsatz getrennt. Das gilt für vorangestellte und nachgestellte, ebenso für eingeschobene Nebensätze.

Die Katze versteckte sich, als es klingelte, unter dem Sessel.

Z2 Folgen einem Nebensatz weitere gleichrangige Nebensätze, so werden sie durch Komma voneinander getrennt.

Weil Timmy eine Erkältung hatte, Paula lesen wollte, Benni das Baumhaus reparieren musste, verschoben die Kinder den geplanten Zoobesuch.

Z3 Ein Komma muss auch stehen, wenn von einem Nebensatz weitere Nebensätze (2. oder 3. Grades) abhängen.

Ich freue mich, dass dir die CD gefällt, die ich dir zum Geburtstag geschenkt habe.

Z4 Werden gleichrangige Nebensätze dagegen durch die Konjunktionen *und, oder, sowie, wie, beziehungsweise, entweder – oder, nicht – noch, sowohl – als auch, weder – noch* verbunden, steht kein Komma.

Weil Timmy eine Erkältung hatte **und** Paula lesen wollte **und** Benni das Baumhaus reparieren musste, verschoben die Kinder den geplanten Zoobesuch.

(*Auch möglich*: Weil Timmy eine Erkältung hatte, Paula lesen wollte **und** Benni das Baumhaus reparieren musste, verschoben die Kinder den geplanten Zoobesuch.)

Das Komma bei Infinitivgruppen

Alle Infinitive, die mit *zu* oder darüber hinaus erweitert sind, bilden so genannte **Infinitivgruppen**. Man nennt sie auch **satzwertige Infinitive** oder **Infinitivsätze**.

Z5 Eine Infinitivgruppe musst du vom übrigen Satz durch Komma abtrennen, wenn sie mit *um, ohne, (an)statt, außer* oder *als* eingeleitet wird. Ist sie in den Satz eingeschoben, denk daran, dass nicht nur am Anfang, sondern auch am Ende der Gruppe ein Komma stehen muss.

Er las, **um** sich zu vergewissern, noch einmal in der Betriebsanleitung nach.

Sie stiegen den Berg hinauf, **ohne** eine Pause zu machen.

Statt zu schwimmen, wanderten sie lieber den Strand entlang.

Z6 Hängt eine Infinitivgruppe von einem Nomen ab, steht gleichfalls ein Komma. Das Nomen kann der Gruppe sowohl vorangestellt als auch nachgestellt sein.

Timmy hatte den **Plan**, ein Baumhaus zu bauen.

Hoch oben in den Bäumen den Sternenhimmel zu studieren, **der Gedanke** reizte ihn.

Seine Eltern hatten **Bedenken**, sich auf den Vorschlag einzulassen.

Z7 Wird eine Infinitivgruppe durch ein hinweisendes Wort angekündigt oder wieder aufgenommen, musst du sie durch Komma abtrennen oder gegebenenfalls in Kommas einschließen. Hinweisende Wörter, die häufig gebraucht werden, sind: *es, das, dies, daran, darum, darauf.*

An dem Inline-Skater-Rennen in Berlin teilzunehmen, **das** ist ihr größter Wunsch.
Ich bin **dafür**, die Entscheidung zu vertagen.
Es ist ihr Plan, in den Ferien eine Wandertour zu unternehmen.
Daran, den Computer herunterzufahren, hatte er nicht mehr gedacht.

Z8 In allen anderen Fällen ist dir freigestellt, eine Infinitivgruppe durch Komma abzutrennen. Du solltest aber Kommas setzen, wenn der Satz dadurch übersichtlicher wird oder Missverständnisse vermieden werden können.

An dem Inline-Skater-Rennen in Berlin teilzunehmen [,] ist ihr größter Wunsch.
Wir empfehlen ihnen [,] nichts zu verraten.
Wir empfehlen [,] ihnen nichts zu verraten.

Das Komma bei Partizipgruppen

Partizipgruppen werden mit einem erweiterten Partizip I oder Partizip II gebildet. Man nennt sie auch **satzwertige Partizipien** oder **Partizipialsätze**.

Z9 Partizipgruppen können mit dem Partizip Präsens und ebenso mit dem Partizip Perfekt gebildet werden. Wird eine Partizipgruppe im Satz durch ein hinweisendes Wort oder eine Wortgruppe (*so, genau so, auf diese Weise* ...) wieder aufgenommen, musst du sie durch Komma abtrennen. Das gilt auch, wenn der Hinweis vor der Partizipgruppe steht und sie ankündigt.

Fröhlich trällernd, **so** machte sie sich auf den Weg.
Genau so, fröhlich trällernd, erledigte sie ihre Einkäufe.

Z10 Folgt eine Partizipgruppe einem Nomen oder Pronomen als nachgestellter Zusatz oder als Erläuterung, musst du sie ebenfalls durch Komma abtrennen.

Dieses Haus, um 1900 erbaut, ist kürzlich restauriert worden.
Er stieg in den Zug, mit Tüten und Taschen bepackt.
Er, wie ein Esel bepackt, fand natürlich keinen Sitzplatz.

Z11 In allen anderen Fällen musst du bei Partizipgruppen kein Komma setzen. Du kannst sie aber durch Kommas abtrennen oder einschließen, wenn du die Gliederung eines Satzes deutlich machen oder Missverständnisse vermeiden möchtest.

Er verließ [,] sichtlich verärgert [,] den Klassenraum.
Sie jäten [,] leise murrend [,] das Unkraut im Garten.

Satzschlusszeichen und Anführungszeichen bei Fragesätzen

Z12 Nach einem direkten Fragesatz steht ein Fragezeichen. Der direkte Fragesatz wird in Anführungszeichen eingeschlossen. Nach einem indirekten Fragesatz steht kein Fragezeichen, sondern ein Punkt. Der indirekte Fragesatz wird nicht ein Anführungszeichen eingeschlossen.

„Triffst du dich heute mit Paula?“	(direkter Fragesatz)
Er fragt, ob sie sich heute mit Paula trifft.	(indirekter Fragesatz)

Verneinung

Eine Verneinung (Negation) wird im Deutschen durch so genannte Negationswörter zum Ausdruck gebracht. Dazu gehören *nein, kein, nicht,* verneinende Pronomen, Adverbien und Konjunktionen.

Die Negationswörter *nein, kein, nicht*

nein

Die Interjektion *nein* gibt eine verneinende Antwort auf eine Entscheidungsfrage oder wird als verneinender Einwurf gebraucht.

Hast du den Film schon gesehen? – Nein!	(verneinende Antwort auf Entscheidungsfrage)
Nein, das hätte ich nicht gedacht.	(verneinender Einwurf)

kein

Kein ist die Verneinung des unbestimmten Artikels *ein*. Soll ein Objekt verneint werden, das ohne Artikel steht, wird ebenfalls *kein* gebraucht.

Die Polizei hatte **eine** heiße Spur.	Die Polizei hatte **keine** heiße Spur.
Sie hatten **Glück.**	Sie hatten **kein Glück.**

Anstelle von *kein* kann auch die stärkere Verneinung *nicht ein* stehen.

Sie hatten **keinen** Anhaltspunkt.	Sie hatten **nicht einen** Anhaltspunkt.

nicht

Wird mit *nicht* das Prädikat verneint, gilt die Verneinung dem gesamten Satz. *Nicht* kann dann an verschiedenen Positionen des Satzes stehen.

1. Am häufigsten steht *nicht* am Satzende.

   Sie treffen sich heute **nicht.**

2. Wird das Prädikat aus einem Verb und einem Verbzusatz gebildet, steht *nicht* vor dem Verbzusatz.

   Nein, das sehe ich **nicht ein.**

3. Ist das Prädikat aus der Personalform und einem Partizip II zusammengesetzt, steht *nicht* vor dem Partizip.

   Er hat sich bestimmt **nicht geirrt.**

4. Wird das Prädikat aus der Personalform und einem Infinitiv gebildet, steht *nicht* vor dem Infinitiv.
   Sie möchte jetzt **nicht fernsehen**.

5. Im Nebensatz steht *nicht* vor der Personalform des Verbs.
   Dass du dich über diese Nachricht **nicht freust**, wundert mich.

Mit *nicht* können neben dem Prädikat auch andere Satzglieder verneint werden. *Nicht* steht dann in der Regel vor dem Satzglied.

Das ist **nicht meine Tasche**.
Wir gehen heute **nicht ins Kino**.
Sie freuten sich **nicht über die Nachricht.**

Soll das verneinte Satzglied stärker betont werden, steht es oft am Anfang des Satzes. Das verneinende *nicht* wird in diesen Fällen nicht verschoben, sondern steht am Satzende.

Das ist **nicht** meine Tasche.
Meine Tasche ist das **nicht**.

Wird auch das verneinende *nicht* an den Anfang des Satzes verschoben, folgt oft ein Nebensatz, der das Gegenteil der Verneinung angibt und meist mit *sondern* angeschlossen wird.

Nicht ins Kino gehen wir heute, **sondern** ins Theater.
Nicht meine Tasche ist das, **sondern** Lauras.

Verneinende Pronomen, Adverbien und Konjunktionen

Mit den **Pronomen** *keiner, keine, keines, niemand* oder *nichts* können ebenfalls Verneinungen formuliert werden. Dabei bezieht sich *nichts* auf Sachen oder Sachverhalte, mit *niemand* und *keiner, keine, keines* wird auf Personen Bezug genommen.

Habt ihr schon **etwas** von ihm gehört? – Nein, wir haben noch **nichts** gehört.
Hat **jemand** daran gedacht? – Nein, **niemand/keiner** hat daran gedacht.

Zu den **Adverbien**, mit denen Verneinungen zum Ausdruck gebracht werden können, gehören vor allem *nie, niemals, nirgends, nirgendwo, keinesfalls, keineswegs*. Mit *nie* und *niemals* werden Angaben zur Zeit, mit *nirgends* und *nirgendwo* Angaben zum Ort gemacht; mit *keinesfalls* und *keineswegs* werden die Umstände eines Geschehens näher gekennzeichnet.

Sie hat **nie/niemals** zuvor davon gehört. (**Wann**?= Zeit)
Er kann das Mathebuch **nirgends/nirgendwo** finden. (**Wo**? = Ort)

Ich werde mich **keinesfalls/keineswegs** auf den Vorschlag einlassen.
(**Unter welchen Umständen**? = modale Bedeutung)

Verneinungen lassen sich auch mit den **Konjunktionen** *weder – noch* ausdrücken.
Weder gefielen ihr die blauen, **noch** die roten Schuhe.

Verneinung durch Silben und doppelte Verneinung

Vorsilben wie *un-*, *miss-* oder *in-* und das Suffix *-los* bringen gleichfalls Verneinungen zum Ausdruck.

unfreundlich	nicht freundlich	**in**stabil	nicht stabil
unglaublich	nicht zu glauben	end**los**	ohne Ende
missachten	nicht achten	glück**los**	ohne Glück

Ableitungen vor allem mit dem Präfix *un-* stehen gelegentlich zusammen mit *nicht* und bilden dann eine so genannten **doppelte Verneinung**. Die doppelte Verneinung darfst du nicht als Negation verstehen: Sie ist ein Bejahung.
Er war **nicht unfreundlich**. (= Er war freundlich.)

Es ist im Deutschen nicht möglich, durch eine doppelte Verneinung eine Negation auszudrücken oder aufzuheben.
Niemand hat den Fehler ~~**nicht**~~ erkannt.

Register

A

B

Register

Register

M

N

O

P

Register

Register

Register